ALÉM DO BEM E DO MAL

Copyright da tradução e desta edição © 2019 by Edipro Edições Profissionais Ltda.

Título original: *Jenseits von Gut und Böse. Vorspiel einer Philosophie der Zukunft*. Publicado originalmente na Alemanha em 1886. Traduzido a partir da 1ª edição.

Todos os direitos reservados. Nenhuma parte deste livro poderá ser reproduzida ou transmitida de qualquer forma ou por quaisquer meios, eletrônicos ou mecânicos, incluindo fotocópia, gravação ou qualquer sistema de armazenamento e recuperação de informações, sem permissão por escrito do editor.

Grafia conforme o novo Acordo Ortográfico da Língua Portuguesa.

1ª edição, 1ª reimpressão 2023.

Editores: Jair Lot Vieira e Maíra Lot Vieira Micales
Edição de texto: Marta Almeida de Sá
Produção editorial: Carla Bitelli
Assistente editorial: Thiago Santos
Capa: Studio Mandragora
Preparação: Daniel Rodrigues Aurélio
Revisão: Lygia Roncel e Thiago de Christo
Editoração eletrônica: Estúdio Design do Livro

Dados Internacionais de Catalogação na Publicação (CIP)
(Câmara Brasileira do Livro, SP, Brasil)

Nietzsche, Friedrich, 1844-1900.

    Além do bem e do mal : prelúdio a uma filosofia do futuro / Friedrich Nietzsche ; tradução e notas Saulo Krieger. – São Paulo : Edipro, 2019.

    Título original: Jenseits von Gut und Böse: Vorspiel einer Philosophie der Zukunft.

    ISBN 978-85-521-0043-0 (impresso)
    ISBN 978-85-521-0070-6 (e-pub)

    1. Bem e mal 2. Filosofia alemã I. Krieger, Saulo. II. Título.

18-21754   CDD-193

Índice para catálogo sistemático:
1. Filosofia alemã : 193

Iolanda Rodrigues Biode – Bibliotecária – CRB-8/10014   EDITORA AFILIADA

São Paulo: (11) 3107-7050 • Bauru: (14) 3234-4121
www.edipro.com.br • edipro@edipro.com.br
@editoraedipro   @editoraedipro

O livro é a porta que se abre para a realização do homem.
Jair Lot Vieira

FRIEDRICH NIETZSCHE

ALÉM DO BEM E DO MAL

Prelúdio a uma filosofia do futuro

Tradução, introdução e notas
SAULO KRIEGER

Filósofo graduado pela USP, doutor pela Unifesp,
bolsista Capes na Université de Reims, na França.
É membro do Grupo de Estudos Nietzsche (GEN)
e pesquisador das relações entre processos inconscientes
e conscientes na obra de Nietzsche.

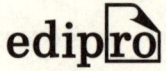

INTRODUÇÃO
PRELÚDIO A UMA FILOSOFIA DO FUTURO[1]

I. A OBRA NO ITINERÁRIO DO FILÓSOFO

Reflexão a simultaneamente coroar e problematizar uma civilização e uma cultura, uma obra filosófica não se projeta como que por um capricho de seu autor. Uma obra filosófica – ou, que seja, um livro de um filósofo – não é uma extravagância intelectual, antecedida e sucedida por um corolário de outros pensamentos extravagantes, de outros filósofos, em relação aos quais se manteria fechado, incomunicável, autodeterminado e autorreferente. Por certo, uma obra filosófica pode parecer assim a algumas pessoas, mas, se bem concebida e recebida por algumas outras, ainda que poucas, e se uma tentativa de compreensão estiver pautada por algumas diretrizes, tal obra estaria bem nos antípodas de uma extravagância, de mera aventura intelectual. É o que se pretende fazer aqui, no que diz respeito a Nietzsche, mais precisamente ao livro que aqui se apresenta, parte de uma obra que a um só tempo atrai o leitor e lhe impõe toda sorte de resistência. Atrair e resistir é bem o caso de *Além do bem e do mal*, obra em que o leitor não raro se debruça com interesse, às vezes até voragem, e que também não raro solta algum tempo depois. Sim, com propriedade, já se disse que Nietzsche é fácil de ler, mas difícil de

---

1. Sobre a referência ao tempo, ou melhor, sobre o posicionamento de sua filosofia e a daqueles a quem ela se dirige numa temporalidade que não é a de seu próprio tempo nem a da eternidade, deve-se ressaltar a sua contraposição à filosofia idealista e à metafísica, desde Platão, com sua ênfase numa negação do tempo em favor da eternidade, na qual pretensamente cabem suas afirmações "de uma vez por todas", isto é, dogmáticas. A esse aspecto está relacionada a insistência, como se verá ao longo da obra – bem como de outras obras de Nietzsche –, na conjunção adverbial "até agora" (*bisher*). A referência precisamente ao tempo futuro também sinaliza que a obra se destina aos homens que, em face de sua condição enfraquecida e ameaçada pelo niilismo vigente em seu tempo, que é a segunda metade do século XIX, aprofundam e convertem esse mesmo niilismo em uma capacidade, tornando-se apto ao futuro, algo relacionado ao tema que lhe é muito caro, da "grande saúde" – a esse respeito, ver o aforismo 382 de *A gaia ciência*. Convém ainda assinalar, por último, a reiterada necessidade de Nietzsche de se contrapor a Richard Wagner, em função de quem idealizara e a quem dedicara sua obra de estreia na filosofia, qual seja, *O nascimento da tragédia*. Assim como dali a dois anos Nietzsche pensaria o título *Crepúsculo dos ídolos* (*Götzendammerung*) como menção arrevesada a *O crepúsculo dos deuses* (*Götterdammerung*), do compositor alemão, também aqui a "filosofia do futuro" se contrapõe à "música do futuro", concebida pelo outrora tão admirado amigo em ensaio do mesmo nome (*Zukunftsmusik*).

entender.² Nestas páginas, a apresentar *Além do bem e do mal*, pretende-se operar bem no sentido contrário, mostrar que Nietzsche na verdade não é fácil de ler, tampouco seria impossível de entender — ao menos, não para alguns, justamente aqueles a quem ele quer se dirigir. Diríamos ao leitor que não o deixe de lado, se o fizer por considerá-lo extravagância — um *outsider*, talvez. Que não se afaste se o fizer por tomar este, como aquele, e aquele outro livro do filósofo ao modo de contas de um colar de extravagâncias. Se dele logo ou com o tempo se afastar, que seja por algo de mais visceral, da ordem do pulsional — e o sentido disso virá nas páginas que seguem.

Além do bem e do mal pode começar a ser interpretado pela chave da falta de ouvidos, da busca de leitores — que não sejam seguidores,³ que absolutamente não sejam seguidores irrefletidos. Se muitos são afastados, como se disse aqui, outros tantos se deixam desvirtuar, pois o que Nietzsche tem a dizer não versa exatamente sobre temas e objetos que, a uma leitura transversal, ele apenas parece eleger e nomear. É sempre bom lembrar que Nietzsche é o autor do *Zaratustra*, e isso aciona e nos faz acionar registros de linguagem distintos do comum e estritamente gregário, e não raro fala de uma coisa para dizer bem outra, como a nos lembrar de que toda linguagem é transposicional e metafórica, e o é a ponto de não ter referentes a não ser as imagens fugidias de sua trama textual. E de tal maneira é transposicional a linguagem que, no limite, ela mesma só fala àquele que a enuncia,⁴ e ainda assim com alguma im-

---

2. A afirmação é de Walter E. Kaufmann, que diz literalmente: "*Nietzsche's books are easier to read but harder to understand than those of almost any other thinker*" ("Os livros de Nietzsche são mais fáceis de ler e mais difíceis de entender que os de qualquer outro filósofo"). Cf. KAUFMANN, W. *Nietzsche – Phylosopher, psychologist, antichrist*. Princeton & Oxford: Princeton University Press, 2013, p. 72.
3. A relação que Nietzsche concebe para com leitores e discípulos é, para usar expressões a que temos recorrido aqui, de natureza sutil e intersticial, e pareceria paradoxal a um olhar talvez apressado, e mais grosseiro. Seria intersticial no sentido de que, se é inegável que Nietzsche quer lhes falar – se quer *nos* falar – e mesmo inspirar como tipo forte, e se a sua reiterada preocupação em ser compreendido é tema de intensos debates, não obstante isso não significa tomá-lo como modelo, segui-lo ou imitá-lo. Isso porque compreendê-lo talvez seja, acima de tudo, buscar, para além de uma identidade, sempre assoreada por um processo de autossuperação, a sua própria singularidade. A esse respeito, vale lembrar que em diferentes momentos de sua produção Nietzsche externa como que um lema "tornar-se o que se é" (FP 5 [8], verão de 1880, e como subtítulo do *Ecce homo*, sua autobiografia intelectual, tem-se a versão "Como se torna o que se é").
4. Isso pode se aplicar mesmo à obra que aqui se apresenta, como comprova carta de Nietzsche, passados dois meses de sua primeira publicação: "Você gostou de meu *Além do bem e do mal*? É uma espécie de comentário de meu *Zaratustra*. Mas seria necessário me compreender bem para

precisão e com tardança (Cf. BM, § 296).⁵ A função expressiva assume sua máxima predominância, a lançar seus braços de sentido sobre a possibilidade de referência.

Mas, para além das armadilhas textuais da parte de um filósofo, muitas e nem um pouco arbitrárias, tem-se a sucessão de temas e questões versando sobre a própria filosofia, sobre moral, religião, sobre arte e sobre ciência. É bem possível que a simples visão desse específico perfilamento de temas desse a entrever aquela que é a sua preocupação primeira, tornada objeto, formulada como grande questão: a cultura. Toda uma cultura – a nossa cultura – e todo um tempo – que era o de Nietzsche – continuam a falar ao nosso tempo, até porque persistem os mesmos problemas. Nietzsche encontra uma cultura descrente sem o reconhecer, desnorteada a ponto de não o saber, desvitalizada, pois desencontrada das fontes que vitalizam, confusa quanto a seus valores, apática mesmo em sua capacidade de desejar. Ora, como Nietzsche mostrará, não se trata de ter ou não ter motivos, que já não motivam, ou ídolos que, ocos, já não respondem, cumprindo um arremedo de função. O homem de seu tempo, o europeu e suas irradiações por outros continentes, desatrelou-se de sua capacidade de desejar, como se tem em *A gaia ciência* por assepsia, dirá Nietzsche na *Genealogia da moral*, por temer que ela lhe saísse do controle, por reconhecê-la nociva a si, aos seus – afinal, a vida em comunidade o pedia. Inventou inúmeros subterfúgios: castigos físicos, leis morais, código penal, dogmas religiosos e, obviamente, a garantia máxima de que o proibido é mesmo proibido, e de que todo esse imenso constructo – e seu reverso, o entrejogo

---

compreender de que modo ele seria um comentário! É um livro para pessoas de cultura muito vasta, Jacob Burkhardt e Hippolyte Taine, por exemplo, que neste momento eu tenho por meus únicos leitores; mas no final das contas não seria nem mesmo para eles, que não compartilham do que eu sofro, nem do que eu quero; eis a solidão: não tenho ninguém para compartilhar meu não e meu sim.". ("Carta a Seidlytz", de 26 de outubro de 1886).
5. Como referências para as citações de obras e escritos de Nietzsche aqui mencionados, usaremos as seguintes abreviações: FP para fragmentos póstumos, sucedida da numeração e do período em que foi redigido o fragmento, conforme convencionado pelos editores Colli e Montinari (p. e., FP 40 [59], ago.-set. 1885); NT para *O nascimento da tragédia*; HH para *Humano, demasiado humano*; OS para *Opiniões, máximas e sentenças*; AS para *O andarilho e sua sombra*; GC para *A gaia ciência*; BM para *Além do bem e do mal*; CI para *Crepúsculo dos ídolos*, com sigla sucedida pelo nome do capítulo (p. e., CI, "Incursões de um extemporâneo", § 41); EH para *Ecce homo*, com sigla sucedida pelo nome do capítulo (p. e., EH, "Por que escrevo livros tão bons", 1). As traduções utilizadas são de Paulo César de Souza, para a Companhia das Letras, porém os fragmentos póstumos foram traduzidos por Saulo Krieger (tradutor desta versão da obra).

de privações – não apenas faz todo o sentido, como será recompensado. Esse garante máximo dispensa apresentações: é Deus.

Por medo das dores e das ameaças do mundo, medo mesmo de estar inserido no mundo, num ímpeto asséptico, um homem arisco criou Deus, à parte do mundo, mais forte que a morte, que os inimigos, que a natureza implacável, que as catástrofes naturais. E com esse aparte do mundo, com essa extensão artificial, a um só tempo ética e reconfortadora, o homem passou a ele se identificar, também a agradá--lo de modo estritamente interessado: criou esperança, criou sentido, inventou finalidade, mas provocou também dois problemas: colocou--os todos fora deste mundo, que passou a não ter valor, e esqueceu-se de que era ele próprio, o homem, o criativo autor a imputar ao mundo reflexos de sentido e finalidade. Reiventou o mundo, mas esqueceu-se de sua criação e tomou-a como dado desde sempre.

Seguindo um pouco além no tempo, quando a religião cedeu algum espaço à possibilidade de se fazer ciência, a curiosidade humana se lançou a um mundo mais amplo que o mundo fechado de sua cultura e de suas crenças. Um mundo plural, desconcertante, relativizador de crenças, infinito. As lentes de uso em terra, militar, Galileu resolveu apontá-las para a Lua e para o céu. E a ciência moderna nascia em parte ali, em parte em Newton, sem esquecer Copérnico, e posteriormente Darwin, tudo isso para dizer que o espaço para Deus, que regia todos os códigos de moral e de sentido, fez-se mais e mais restrito. Onde antes se tinha a ação de Deus, passou-se a buscar pelas causas naturais, pelas explicações racionais, ao alcance de todos quantos se permitiam. E, mais uma vez sem perceber sua própria obra, o homem deixou de crer. Mas sem perceber, isto é, mesmo descrente, passou a insistir em rituais, em repressões, em cultos e ídolos, que já não lhe faziam sentido algum. Na sequência, com o desenvolvimento científico, veio o desenvolvimento industrial, em levas de revolução. Necessidades das mais diferentes ordens iam sendo satisfeitas. E à falta inerente ao seu que se sabe limitado, ao sofrimento intrínseco à sua condição, à sua busca de sentido, este que se perdeu, o homem, irrefletidamente, não perdeu o hábito de se perguntar e inventar respostas enganosas. Já não sabe valorar, arrola pesos sem pesá-los, sente buscando razões; a vida lhe é uma qualidade como qualquer outra. Fantasiou uma "interioridade" que a tudo consome e armazena sem o vivenciar, sem o sentir, perdeu o acesso a si mesmo. O homem de seu tempo, via de regra, é um sonâmbulo, alijado da sua espécie e de si. Em meio à voragem desse processo, em *Além do bem e do mal* o filósofo pretende encontrar uma brecha, encontrar o ouvinte, o leitor, que escape a esse "via de regra", buscando ser ouvido no futuro, por uns poucos, mas não é problema serem poucos: afinal, para Nietzsche, a serventia das multidões estaria apenas em engendrar uns poucos espíritos privilegiados, da casta dos nobres. Ele aposta que alguns muito poucos – e tenha-se em mente as figuras correlatas do espírito livre, do filósofo do futuro, do super-homem... – possam fazer os muitos passarem de um registro esgotado, de um mal-estar, de um sofrimento surdo, de motivações desencontradas, e adentrar outro horizonte, habitado por uma nova humanidade. E não seria uma nova-qualquer humanidade, mas uma espécie de homens sempre revigorados em valores que um homem, a casta privilegiada do filósofo, preparou, criou e fez cultivar. Em *Além do bem e do mal*, enfim, Nietzsche apresenta a tarefa do filósofo.[6] Recupera, para ele e para a filosofia, um papel profundo e abrangente como não era pensado, muito possivelmente, desde Platão. Passados mais de 2 mil anos, perante seu tempo, o filósofo é convocado à maior responsabilidade desde que Platão pensara o filósofo-rei para conduzir a pólis.

Na seção dedicada a *Além do bem e do mal* no *Ecce homo*, o filósofo declara: "Uma vez realizada a parte dessa tarefa que consistia em 'dizer sim', restava aquela de 'dizer não', de 'fazer o não': a conversão de valores que ali estava em curso, a grande guerra..." (EH, "Por que escrevo livros tão bons", 1). Antes de tudo, a fidelidade da visão retrospectiva de Nietzsche sobre sua própria obra e seu percurso não deve ser tomada como valor de face. Afinal de contas, ali é o caso menos de se fazer coincidir, de equacionar relato e percurso, e mais o de fazer ver a mão do filósofo a estetizar sua trajetória filosófica. Não obstante, é de forma sugestiva, e mesmo precisa, que o enunciado acima sobre *Além do bem e do mal* dá conta do marco representado pela obra em questão. Sugestiva, por certo, pelo dom de nos suscitar uma série de questões. Se,

---

6. Para uma abordagem verticalizada da tarefa do filósofo tal como concebida por Nietzsche, em um comentário que é também um guia para a leitura de *Além do bem e do mal*, cf. LAMPERT, L. *Niezsche's task. An interpretation of Beyond good and evil*. New Haven/London: Yale University Press, 2001.

no quadro amplo do projeto nietzschiano, *Além do bem e do mal* versa sobre a *tarefa* do filósofo no âmbito desse projeto, e se "tarefa" pode bem ser algo associado a uma atitude propositiva — de coisas a fazer, de "agenda" —, como pode ser obra em que, predominantemente, se diz "não"? Não seria essa mais uma das deliberadas imprecisões do *Ecce homo*? E, ademais, o "fazer o não" dá mais a ideia de realização prática do que de articulação conceitual. Ocorre que é justamente em *Além do bem e do mal* que Nietzsche introduz noções importantes a qualificar o filósofo, como a retomada do espírito livre, o filósofo do futuro, para não falar das noções de vontade de potência e de espiritualização.[7] Em que medida um "fazer o não" pode se coadunar com esse cabedal, que muito mais seria, ao menos aparentemente, teórico e propositivo?

Além da referência explícita, mas sempre a ser vista com cautela, da autobiografia intelectual de Nietzsche a *Além do bem e do mal* e às demais obras publicadas, há outras relações entabuladas entre as obras de Nietzsche, como de paralelos, de retomada de estruturas e temas, de ecos e remissões. Uma das chaves para compreender o sentido e a função de determinada obra no *corpus* do filósofo é, evidentemente, examinar sua relação com as demais obras, que pode sugerir algo mais do que mera sucessão cronológica. E esse exame a "pesquisa Nietzsche" não se furtou a fazer. Um dos primeiros e grandes comentários sobre Nietzsche na literatura secundária, de Walter A. Kaufmann, com muita propriedade observa que juntamente com *Assim falava Zaratustra*, obra que o antecede, *Além do bem e do mal* representaria um ponto de inflexão no itinerário do filósofo, uma vez que, até antes dela, o pensamento de Nietzsche seria predominantemente ensaio e experimentação, e a partir dali ele já estaria a extrair conclusões de sua investigação, a prover um dos vários balanços provisórios de seu percurso intelectual. Também já se observou em que medida *Além do bem e do mal* retoma elementos e uma estruturação de seções e temas já presentes em *Humano, demasiado humano*, obra de 1878.[8] Mas

---

[7]. A presença dessas três noções e as relações entre elas são abordadas de maneira exemplar por Patrick Wotling em seu ensaio introdutório ao *Além do bem e do mal*. Cf. WOTLING, P. "Introduction". In: NIETZSCHE, F. *Par-delà bien et mal*. Trad. Patrick Wotling. Paris: Garnie Flammarion, 2000, em especial p. 24-25.
[8]. Cf. MARTON, S. *Dicionário Nietzsche*. São Paulo: Loyola, 2016, p. 66 (verbete de autoria de Ivo da Silva Jr.); e ASTOR, D. *Dictionnaire Nietzsche*. Paris: Robert Laffont, 2017, p. 666-671 (verbete de autoria de Marc de Launay).

a retomada, aqui acrescentaríamos, dar-se-ia precisamente num âmbito de maior elaboração, aprofundamento e clareza. Quanto à semelhança na disposição dos capítulos, já se ressaltou, nas duas obras, a consonância de terem os dois primeiros capítulos dedicados à crítica da filosofia, sucedidos por um terceiro, destinado a uma análise da religião, paralelismo também observado quanto ao quinto, dedicado à moral – tem-se alternância entre "alta" e "baixa" civilização no *Humano, demasido humano*, enquanto história "natural" e moral se alternam em *Além do bem e do mal*; tem-se sexto e sétimo capítulos sendo indiretamente políticos – "Homem em sociedade", "Mulher e filho", no *Humano*; "Nós, os eruditos", "Nossas virtudes" em *Além do bem e do mal* – para se chegar a um oitavo que, tanto em um caso como no outro, apresenta-se mais aberta e diretamente político – "Um olhar sobre o Estado", em *Humano, demasiado humano*; "Povos e pátrias", em *Além do bem e do mal*.⁹ Mas o que parece paralelo também pode trazer a singularidade, como com a retomada da noção de "espírito livre" [*Freigeist*], aprofundada de forma robusta na obra de 1886. E ressalte-se ainda que o paralelo é sugestivamente quebrado com o nono capítulo desta última obra, "O que é nobre?", em que nobre seria o filósofo, homem "mais inteiro", de preeminência a se dar pela força psíquica, destinado a encetar uma "sociedade superior" (BM, § 257).

Quanto às intervenções poéticas presentes na obra, paralelos semelhantes, em menor escala, podem ser encontrados entre seções de *Além do bem e do mal* e em outras obras de Nietzsche, como entre o poema ao final da obra, "Do alto das montanhas", e as intervenções poéticas do filósofo em *A gaia ciência* ("Gracejo, astúcia e vingança" e "Canções do príncipe Vogelfrei"). O mesmo se pode dizer do capítulo IV, "Máximas de interlúdio", e do final do livro III de *A gaia ciência*, e sobretudo dos ecos que as máximas de *Além do bem e do mal* vão encontrar nas do primeiro capítulo do *Crepúsculo dos ídolos* ("Máximas e flechas").

Nossa intenção aqui, entretanto, neste momento, não é passar em revista tudo o que de relevante já se fez sobre *Além do bem e do mal*.¹⁰

---

9. Cf. nota anterior.
10. Entre muitas contribuições, poderíamos aqui destacar as de cunho verticalizado, como SOMMER, A. U. *Ein kommentar zur jenseits von gut und böse*. Berlin/Boston: Walter de Gruyter, 2016; LAMPERT, L. *Nietzsche's task. An interpretation of Beyond good and evil*. New Haven/London: Yale University Press, 2001; ACAMPORA, C. D. & ANSELL-PERSON, K. *Nietzsche's Beyond good and evil. A reader's guide*. London/New York: Continuum, 2011. E

É, isso sim, com vistas a proporcionar alguma compreensão da obra, e pela via da interrogação que encetamos anteriormente – sobre dizer não e fazer o não –, trazer à luz um aspecto que lhe é mais ou menos subterrâneo, saliente e determinante mais à época da concepção de *Além do bem e do mal* do que à de *Humano, demasiado humano*. Precisamente por isso, para além de paralelos estruturais, em *Além do bem e do mal* o filósofo estaria a reelaborar, sobre bases mais sólidas e mais profundas,[11] uma percepção apresentada já na obra de 1878. A percepção é a do colapso de toda uma visão metafísica de mundo, a partir da dialética socrática e, sobretudo, a partir de Platão, mas a envolver a moral, a religião, mesmo a arte e também a ciência, sempre tornando a ricochetear na filosofia. Entretanto, se o *Humano* é justamente o livro – concebido ainda como ciclo, complementado por *Máximas, opiniões e sentenças* (1979) e *O andarilho e sua sombra* (1880)[12] – que assinala o início de sua depuração em relação a necessidades metafísicas, o inteiro projeto nietzschiano assenta suas bases já em *O nascimento da tragédia*, que é a sua primeira obra publicada. Ao trazer o nascimento da tragédia ática e seu suicídio, seu solapamento por dentro, mediante a insidiosa racionalidade e "tomada de consciência", introduzida por Sócrates, em sua influência sobre Eurípedes, o que se tem ali são modalidades fundamentais por meio das quais o gênero humano, uma vez tornado espécie consciente de seus atos e de sua frágil condição, encontrou uma forma de se posicionar ante um vir-a-ser que o ameaça, com a voragem do

---

ainda, sob a forma de notas de curso ministrado, "*Note on the plan of Nietzsche's Beyond good and evil*", de Leo Strauss (para indicações, ver bibliografia). Não obstante o caráter exaustivo e de excelência dessas obras, não se tem aí a devida atenção ao papel e à importância da compreensão das interações pulsionais, por Nietzsche, para a sua concepção de *Além do bem e do mal*.

11. Marc de Launay observa que, por mais que existam textos e versões de *Além do bem e do mal* cuja redação data do outono de 1881, inverno de 1882-1883 e verão de 1883 (como as máximas do capítulo IV) e durante o ano de 1884, o cerne do texto teria mesmo sido escrito entre 1885 e 1886 (Cf. ASTOR, D. *op. cit.*, p. 666-667, verbete de autoria de Marc de Launay). De nossa parte, temos em mente a concepção mesma de *Além do bem e do mal*, que data de 1885-1886.

12. Se se quiser situar *Humano, demasiado humano* num enquadramento mais amplo na pesquisa sobre Nietzsche, pouco a pouco se estabelece um consenso voltado a se considerar o ciclo composto das três obras juntamente com *Aurora* (1881) e *A gaia ciência* (da primeira edição, de 1882, a compreender os quatro primeiros livros) como período intermediário no percurso intelectual do filósofo, no qual ele revive as pretensões iluministas e flerta com o positivismo, ainda que sem nenhuma conversão e com bases próprias, quais sejam, a teoria dos impulsos orgânicos, sobre a qual o filósofo viria a se debruçar, em ondas de progressiva compreensão e de aprofundamento, na década de 1880.

tempo e com a aniquilação. Todavia, uma das modalidades básicas de se relacionar com esse vir a ser – a socrática, que logo se fará platônica – é pautada por um crucial esquecimento – que logo se fará assepsia: o esquecimento de que é no seio mesmo desse vir a ser que tal homem foi gerado, de que é no seio mesmo desse vir a ser que ele encontra sempre renovado gozo e motivação, mesmo quando esse vir a ser acena com a necessária e inevitável dissolução. Os gregos da era trágica encontraram um viés artístico para expressar seu pavor, porém, mais ainda, seu gozo com essa incontornável condição, fazendo-o justamente por meio da tragédia, de um Ésquilo, até Sófocles, antes da interferência socrática em Eurípedes. O mundo aparente era então sedutor, propriamente onírico, por intermédio das belas formas que se personificaram no deus Apolo. A subjazer à aparência e às belas formas, o ímpeto de criação e destruição, o prazer embriagador que lhe é intrínseco: na interpretação vigente na Antiguidade, entre Grécia e Oriente,[13] esse ímpeto recebeu a personificação de outro deus, Dioniso.

O equilíbrio de mútua implicação entre apolíneo e dionisíaco, por meio do qual o grego encontrava gozo em fazer parte do vir a ser, diante da alternativa de este o devorar, foi rompido com a miragem da possibilidade de uma sobreposição ao vir a ser, com um "chamado à razão", ou seja, a influência da razão socrática sobre Eurípedes (cf. NT, §§ 10-14). A interferência socrática minou a tragédia por dentro e consistiu basicamente em ali fazer operar um registro consciente que até então não existia: o ator ganha espaço sobre o coro, e, do mesmo modo, assume preponderância algo como um debate racional acerca de suas ações, de suas motivações, do avançar sobre seus limites, que, na tragédia, faz-se devidamente rechaçado por um devir implacável. Ora, com a inserção da conscientização de causas e motivações na tragédia, imaginou que melhor fosse possível se defender da voragem do devir pondo-se de fora dele: a dialética socrática, ao galgar posições que pouco a pouco se libertam de impurezas materiais, não faz outra coisa que se pôr à parte – como se isso fosse possível, como se não viesse a cobrar seu preço – de um vir a ser, por este lhe parecer indômito e ameaçador.

---

13. Sobre o dionisíaco na cultura grega, cf. DETIENNE, M. *Dioniso a céu aberto*. Rio de Janeiro: Jorge Zahar, 1988; e DODDS, E. R. *The greeks and the irrational*. Berkeley: University of California Press, 1973.

Não foi pontual nem isenta de consequências a intervenção socrática, uma vez que a razão e seu ambiente, a consciência, por mais que isso não fosse percebido, longe de autonomia e neutralidade, encarnavam, como no fundo sempre encarnam, a voragem que imaginavam combater. Ao encarnarem impulsos orgânicos sempre ávidos por impor sua perspectiva e prevalecer, acreditaram poder seguir por conta própria, e dominar essa instância outra, que, não obstante, a instava e dominava. Precisamente por isso sucederam-se, pós-Sócrates, teorias filosóficas que, como Nietzsche paulatinamente desdobra no primeiro capítulo de *Além do bem e do mal*, seriam mais tentativas de conferir coerência, deste ou daquele ponto de vista, a uma mesma clivagem que se instalara já desde Sócrates. Basicamente, seriam variações em torno de "vencer" o devir imaginando poder lhe dar as costas: daí sua inquestionada "vontade de verdade" (BM, § 1); daí a crença nas irredutíveis oposições de valores (BM, § 2); daí fantasiar um pensamento consciente apartado dos instintos (BM, § 3); e idolatrar um juízo que aparente corresponder a uma realidade que lhe pareça exterior; e querer viver, como os estoicos, conforme a natureza, imaginando-se de fora dela (BM, § 9); daí a providencial divisão entre "mundo aparente" e "mundo verdadeiro" (BM, § 10); e as invenções kantianas – tábua das categorias, faculdades, imperativo categórico (BM, § 11); daí o apoio conveniente e irrefletido no atomismo materialista, no atomismo da alma (BM, § 12); e os impulsos teleológicos, cuja real serventia não é analisada (BM, § 13); e o conforto das "certezas imediatas", de uma "coisa em si" (BM, § 16), e o refrigério de uma lógica pretensamente alheia a vontades e condicionamentos, transformadora de hábitos gramaticais na superstição de leis (BM, § 17).

De certo modo, a apontar nessa direção de fato estavam as reflexões de Nietzsche no primeiro capítulo de *Humano, demasiado humano* (sintomaticamente chamado "Das primeiras e últimas coisas"). No entanto, em *Além do bem e do mal* as críticas atingem patamar inédito de elaboração; de precisão; de profundidade; de discriminação de seus destinatários e exaustividade quanto ao corolário de escolas (e intenções) filosóficas; enfim, na segurança de Nietzsche ao arrolá-las. Há também uma inédita coragem em realizar críticas com tal radicalidade, quando já não visa a acrescentar teoria ou ponto de vista ao rol das que foram desnudadas. Coragem, ressalte-se, uma vez que, ao contrário do que se tem no *Humano, demasiado humano*, Nietzsche já não carece de um apelo à temperança (HH, § 34) do filósofo para fazer frente à demolição dos pilares metafísicos, religiosos, morais de toda uma cultura. E em *Além do bem e do mal* ele não se limita a pressentir um reconforto na "vivacidade eterna", em detrimento de uma "vida eterna" (OS, § 408) ou "no prazer junto às coisas mais próximas" (AS, § 350). Dada essa paisagem com esses tons, poderíamos enquadrar o questionamento feito anteriormente – sobre o "fazer o não" em *Além do bem e do mal* – em um âmbito um tanto mais subterrâneo e perguntar, afinal de contas, o que teria mudado na compreensão de Nietzsche – e consequentemente na estruturação e na verve de seu texto –, em outras palavras, o que teria se passado nos oito anos que separam a publicação do *Humano* e a da obra que aqui se apresenta?

Essa pergunta pode se mostrar a um só tempo sutil e desafiadora se considerarmos que o percurso intelectual de Nietzsche não tem rupturas ou recusas cruciais em relação a obras e concepções anteriores – embora admita divisão em momentos, para fins metodológicos da pesquisa Nietzsche –,[14] muito mais vindo a apresentar novos delineamentos, novas nuances imputadas a um mesmo problema, novas perspectivas de consideração, deslocamentos de plano, e, o que bem se pretende ressaltar aqui, é também um pensamento que passa a contar com estofos de que sua intuição primeira não dispunha.

Sobre o que teria mudado, ou melhor, se aprofundado em *Além do bem e do mal* em relação às obras do ciclo do *Humano, demasiado humano*, a resposta passa bem pelo caráter de estofo e pelo viés do subterrâneo. E a perspectiva, que bem pode ser vista como um "ganho em perspectiva", evidencia-se, sobretudo, no primeiro capítulo, desde o primeiro aforismo. É o próprio livro que sugestivamente se inicia com "a vontade de verdade", relaciona-a com os riscos, estes que a metafísica da verdade e da certeza[15] sempre buscou evitar, com

---

14. A esse respeito, cf. WOTLING, P. *Nietzsche e o problema da civilização*. Trad. Vinicius de Almeida. São Paulo: Barcarolla, 2013. Alinhamo-nos à concepção de Wotling, ressalvando, porém, que damos importância às tentativas de periodização de sua obra não porque fases ou períodos estejam realmente nela inscritos, mas porque atendem a propósitos metodológicos.
15. Em filosofia, entende-se que a problemática da verdade, de cunho platônico e inerente às filosofias antiga e medieval, tenha sido substituída pela problemática da certeza, a partir de Descartes, com a verdade evidentemente se mantendo no pano de fundo, mas, uma vez que

a pergunta "*o que* em nós aspira realmente 'à verdade?'" (BM, § 1). No § 2 acena-se para a ação de um âmbito insidioso ao se perguntar: "como poderia algo nascer de seu oposto?". No terceiro aforismo, de modo mais explícito: "a maior parte do pensamento consciente deve ser incluída entre as atividades instintivas, até mesmo o pensamento filosófico" (BM, § 3), para o arremate, adiante: "em sua maior parte, o pensamento consciente de um filósofo é secretamente guiado e colocado em certas trilhas pelos seus instintos" (BM, § 3). Complementaríamos dizendo, com Nietzsche, que os filósofos, que desde sempre aliaram o questionamento radical ao rigor metodológico, não se deram conta de que uma e outra atitude, se devidamente compreendidas e respeitadas, deveriam levar o filósofo a proceder aos questionamentos a que ele procede na obra em questão. A verdade, porém, é que nessas afirmações iniciais de *Além do bem e do mal* – e tantas outras poderiam ser aqui arroladas – Nietzsche aponta para toda uma esfera que, embora atuando sobre o filósofo e suas construções, não era considerada por ele, sempre ávido por segurança, a olhar tão somente para as coisas que, assim imaginava, "devem vir do seio do ser, do intransitório, do deus oculto, da 'coisa em si'" (BM, § 2).

Assim como o problema tratado na obra *Além do bem e do mal* na verdade a transcende, a perpassar todo o itinerário do filósofo, também a gênese dos problemas que transpassam esse ou aquele aforismo transcende os limites de cada qual. Ocorre que a gênese dos problemas, do modo como são tratados, do que está em questão e pode ser entrevisto pelo leitor mais atento, não raro é trabalhada, quanto a seus detalhes técnicos, em meras anotações que, em seu cunho diverso e com objetivos variados, não chegaram à obra publicada. Na obra publicada há algo como um "dito reticente", um convite aos pressupostos. Daí os conteúdos sugeridos de "vontade de", "nascer do seu oposto", "colocado em certas trilhas pelos seus instintos". Com referências como essas, Nietzsche aponta para toda uma esfera cuja natureza, bem como as implicações de seu funcionamento, encontra-se mais nos fragmentos póstumos, com lampejos de sua interação

---

buscada agora no âmbito de reconhecida subjetividade, a sua aquisição, consumada ou intentada, passa a ser considerada certeza.

transparecendo na obra publicada – como nos § 113, 116 e 118 de *A gaia ciência*, e sobretudo no § 19 de *Além do bem e do mal*.

II. OS SUBTERRÂNEOS DA OBRA: A QUESTÃO PULSIONAL

Com as referências citadas aqui, tocamos na esfera cujo funcionamento e cujos efeitos permeiam toda a obra de que aqui se trata, sendo propriamente o que está *além do bem e do mal*: a esfera infraconsciente ou pulsional. O que são os impulsos? Os impulsos são disposições ativo-reativas de atração e repulsa a reger as preferências mais basilares, intrinsecamente relacionadas a condições de vida de um organismo ou de um órgão. Estes, nesse sentido, seriam sistemas pulsionais. Na obra de Nietzsche, a noção de impulso é recorrência das mais frequentes, presente desde *O nascimento da tragédia*, com as pulsões cósmicas e naturais de apolíneo e dionisíaco, até os textos de 1888, nos quais as ocorrências são incrementadas com a propositura de uma "psicologia do estado dionisíaco" – com Dioniso sendo uma imagem para um estado pulsional – e uma "psicologia do orgiástico" (CI, "O que devo aos antigos", §§ 4-5). A própria *fisiopsicologia* anunciada no § 23 de *Além do bem e do mal* é ali referida como "uma teoria do condicionamento mútuo dos impulsos 'bons' e 'maus'" (BM, § 23).

Uma vez que na filosofia de Nietzsche um discurso não compreende referentes, mas é uma linguagem que, intrinsecamente transposicional e metafórica, faz referência a outras linguagens, os modos de designar os impulsos variam conforme a trama textual e sua respectiva lógica. Como observa Patrick Wotling, há toda uma rede de significados para essa maneira de metaforicamente expressar uma realidade processual, a compreender "'instinto', 'afeto', mas também 'inclinação', 'tendência', 'aspiração' ou ainda 'força', 'vontade' ou mesmo 'alma'".[16] E, considerando que, para Nietzsche, não há propensões, nem estados ou sentimentos unos – por mais que a linguagem nos induza a pensar o contrário –, por certo que a cada menção de um desses termos pelo filósofo deve-se ter em mente, a rigor, um processo radicalmente plural e, no próprio âmbito pulsional, infinito.

---

16. Cf. ASTOR, D. *Dictionnaire Nietzsche*. Paris: Robert Laffont, 2017, p. 747 ("Pulsion" [Trieb], de autoria de Patrick Wotling).

Os impulsos, que não são nem seres nem unidades, compreendem dimensões. O que podemos ter pela primeira dimensão é a autossatisfação e a descarga. Segundo Nietzsche, "os impulsos [...] querem a sua satisfação" (FP 6 [144], outono de 1880) e, talvez mais do que isso, os impulsos são eles próprios as "fontes do prazer" (FP 6 [59], outono de 1880). Se esse prazer admite extensa gama de adiamentos e travestimentos, é onipresente em se tratando de impulsos, de modo que, por exemplo, mesmo o altruísmo lhe seria um desdobramento, "um gênero de afirmação do próprio prazer" (FP 6 [163], outono de 1880). A sensação agradável como dimensão intrínseca aos impulsos advém de sua ação de descarga,[17] e, quanto ao que propriamente descarregam e lhes dará satisfação e prazer, trata-se de uma força que lhes é inerente e que armazenam (cf. FP 7 [239], primavera-verão de 1883). Por essa dimensão, os impulsos não conhecem ponto de vista a não ser o seu próprio, são a sua própria satisfação, e na verdade se confundem com um estado de embriaguez no âmbito mais íntimo de todo organismo vivo.

Ocorre que essa primeira dimensão seria bastante vaga se se tentasse, apenas por meio dela, dar conta dos processos orgânicos – sem falar que facilmente se incorreria numa "entificação" dos impulsos, na pressuposição de algum tipo de substrato. Contudo, eminentemente processual, a concepção de realidade em Nietzsche não compreende nenhum tipo de substrato. E é propriamente essa ausência que aponta para a segunda dimensão pulsional: além de intrinsecamente prazerosos, os impulsos são intrinsecamente plurais e interacionais. A dimensão interacional deve entrar em linha de conta tanto quanto a primeira dimensão, de autossatisfação. Se os impulsos são apenas aparentes "'estados simples'" (FP 12 [25], verão de 1883), deve-se ressaltar que eles efetivamente coincidem com sua própria interação, não sendo unidades pulsionais passíveis de interagir ou não interagir. Ora, serem equacionados a interações que se dão a todo tempo implica a negação de uma identidade que perdure no tempo, ou seja, de uma substancialidade. A não incidência em nenhum tipo de substancialidade só poderá remeter aos interstícios, aos reflexos a consistir em algo tão pouco palpável, além de

---

17. "Esses impulsos descarregam-se pouco a pouco em nossos estímulos" (FP 7 [15], primavera--verão de 1883).

condicional e interessado, quanto atrações e repulsas. É mediante essas mais elementares atrações e repulsas que um organismo a todo tempo se autorregula e, com isso, mantém-se vivo.[18] E é justamente ao pensar os impulsos como reflexos, e não como unidades,[19] como interstícios, e não como entes, que a interação deve ser concebida não como uma qualidade entre outras, mas como dimensão constitutiva a suscitar processos que se fazem e desfazem, sem um "por trás" – o "por trás" compreendendo apenas infinitos processos pulsionais. Não há substrato, como não há teleologia, e, se não há teleologia, não há ordem predeterminada, mas haverá sempre necessidade nas interações e, com ela, a se fazer e a se corroborar em quaisquer configurações pulsionais, hierarquias. Se do bom funcionamento dos organismos vivos depende a hierarquização de suas tarefas, se sua regulação não se dá por via teleológica, tendo-se a regulação como um fim, ela se constrói no nível mais imediato, sendo um processo que resulta da submissão de impulsos mais fracos a outros mais fortes – os mais fortes são aqueles cuja interação é mais buscada, e o é porque mais prazerosa.

Estivemos a ressaltar que as interações, se pensadas como dimensão – não como uma qualidade entre outras – e de forma rigorosa – não com apoio em unidades nem em substratos –, necessariamente redundariam em processos de atração e repulsa, mesmo a Nietzsche tal compreensão não se deu de forma imediata. Estamos aqui nos referindo ao estofo que veio a calcar uma intuição que Nietzsche já tinha – a de

---

18. Como podemos ver mais adiante, no entanto, em Nietzsche não se trata, por parte de um organismo vivo e de suas estruturas, de meramente se manter vivo. Tampouco a sobrevivência há de ser vista como um princípio teleológico. A reger tudo o que vive – e mesmo o mundo inorgânico – encontra-se a noção hipotética que o filósofo acaba por formular como "vontade de potência", pela qual a tendência básica e estrutural de tudo o que vive, e mesmo do mundo inorgânico, não será a de meramente subsistir, mas a de "ser mais ou sentir-se mais" (BM, § 220). Por isso, em Nietzsche nada pode ser idêntico a si mesmo.
19. A aparência de estados simples é de tal maneira enganadora, além de indireta, que, mesmo algo que depreendemos ser tão puramente instintivo quando indecomponível, como a sensação de fome, compõe-se ela própria de "uma sensação de desprazer e [de] um saber sobre o meio de dar cabo a ela" (FP 12 [25], verão de 1883). O filósofo observa ainda que, sem que se saiba ou se perceba, "pode-se formar uma *sequência de movimentos* no organismo que tenham por finalidade a eliminação da fome" (*idem*; grifo nosso). Essa decomposição de uma sensação que nos parece basilar e una serve para sinalizar que a concepção de impulsos não pode ser simplesmente equacionada a tendências ou inclinações que, cristalizadas, impelem um organismo. Na verdade, são processos ainda mais profundos, mais plurais e mais interiores que os sentimentos de fome, dor, medo, ou o próprio instinto de autoconservação ou de conservação da espécie (cf. FP 6 [123], outono de 1880).

que há um ímpeto natural no ser humano, mais profundo que a dor, e que o faz resiliente ao sofrimento –; esse estofo diz respeito à esfera pulsional ou infraconsciente, que passou por reelaborações por força de todo um amparo científico buscado pelo filósofo. Nietzsche sempre teve interesse nas ciências da Natureza, sobre as quais se debruçava para contrabalançar sua formação humanística, num contrapeso que logo se travestiu em interesse realmente filosófico.[20] Seu interesse passava pela biologia, pela fisiologia, citologia e zoologia, mas também pela química, física, astronomia. Se já era pronunciado em meados da década de 1870, frutificou sobremaneira na década de 1880, com sucessivos aprofundamentos de sua compreensão das interações pulsionais.[21]

No início da década de 1880, ao tentar compreender os processos de prazer e desprazer como sensações mais básicas a estimular a pulsionalidade de um organismo, o filósofo tendia a fazê-los depender de instâncias como o entendimento (FP 6 [366], outono de 1880, e 7 [117], final de 1880), pensamentos e gostos (FP 11 [241], outono de 1881), sendo pensados como consequências de um juízo prévio (FP 11 [268], outono de 1881), como representações (FP 11 [314], outono de 1881), como resultantes de uma complexidade (FP 11 [334], outono de 1881) e como átomos que aspiram ao prazer e fogem do desprazer ou da dor (FP 11 [265], outono de 1881). A associação dos próprios impulsos a nossas valorações – das quais as mais básicas são justamente as de prazer e desprazer – viria à luz algum tempo depois (FP 5 [1], novembro de 1882/fevereiro de 1883, 25 [460] e 26 [72], primavera de 1884, 40 [61], agosto-setembro de 1885), e de tal maneira as valorações se revelam intrínsecas aos impulsos, pautando a segunda dimensão (interacional) pela primeira (a prazedora, da descarga de sua força), que bem pode ser concebida, como aqui propusemos, ao modo de uma terceira dimensão pulsional. Afinal de contas, é por se identificar a uma atitude valorativa que os impulsos são capazes de retardar uma descarga pulsional – em

---

20. Sobre Nietzsche e a ciência, cf. FREZZATTI, W. *Nietzsche contra Darwin*. São Paulo: Loyola, 2014 e "Nietzsche e Théodule Ribot: Psicologia e superação da metafísica". In: *Natureza humana*, v. 12, n. 2, 2010, p. 1-28; MOORE, G. *Nietzsche, biology and metapher*. Cambridge: Cambridge University Press, 2002.
21. A esse respeito, cf. STIEGLER, B. *Nietzsche et la biologie*. Paris: Presses Universitaires de France, 2000; e MÜLLER-LAUTER., W. "Der organismus als innerer kamp. Der einfluß von Wilhelm Roux auf Friedrich Nietzsche". In: *Nietzsche-Studien* 7, 1978, p. 189-223.

busca ou à espera de uma interação que lhe seja mais interessante – e antecipar essa ou aquela interação – imaginando como seria a descarga junto a tal ou qual impulso. Ao antecipar essa ou aquela relação possível com impulsos que se lhes parecem prazerosos, os impulsos interpretam uma "cena" pulsional. Se a interpretam, isso significa que dela não possuem uma ideia imparcial e neutra, pelo contrário: quem percebe são suas próprias preferências, sua valoração a criar e recriar cenas mediante o lastro de embriaguez, ou seja, o lastro da necessidade de encaminhar aquela que é a sua primeira dimensão, a do prazer e da descarga.

Compreender a importância da engrenagem pulsional no pensamento de Nietzsche, e nas questões suscitadas por *Além do bem e do mal*, demanda compreender o que está em jogo nos processos de adiamento de descarga de prazer e antecipação de uma interação, justamente à medida que os impulsos coincidem com o exercício de sua preferência. Por meio dessa "engrenagem pulsional" – "engrenagem" entendida não no sentido mecânico, mas com muito mais implicações e desdobramentos que à primeira vista se possa conceber –, Nietzsche pôde compreender como de sua pura animalidade o homem foi capaz de se alçar às alturas que ele aprendeu a tanto prezar: o conhecimento, a lógica, os ideais, as morais, uma consciência que, de acesso pretensamente imediato e inequívoco a seus próprios conteúdos, imagina observar o mundo entre sobranceira e neutra. Mas como isso poderia ter se dado? Como fazer com que, de ações tão basilares quanto atração e repulsa, se possa rastrear a extensa gama das produções do espírito humano? Por certo, o processo de retardo de descarga e antecipação de interações pode aqui nos prover uma chave de compreensão. Por certo, esse processo, como percepção interessada, vem coincidir com o que Nietzsche entende por "interpretação". Não obstante, persiste o que nos parece uma lacuna entre as referidas interações, que, se estariam na base de todos os processos orgânicos, já não dariam conta da razão própria e unicamente humana, com a lógica, seu instrumento, e com a consciência, esta como ambiente em que a razão poderia entrar em contato consigo própria, com suas motivações.

Ora, a busca das operações pulsionais a preencher essa lacuna ocupou os estudos de Nietzsche nas ciências naturais, proporcionando saltos de compreensão que se fizeram sentir, sobretudo, entre 1883 e 1885.²² Desses esforços dependiam resultados de não pouca monta, como o inteiro projeto apresentado na obra em questão: compreender como a "verdade" e as realizações filosóficas, os conceitos de bem e mal e a moralidade, o sujeito cartesiano, o caráter espiritual de nossas ações, mesmo a consciência humana – a proveniência desta será mostrada por meio de hipótese em obra do ano seguinte²³ ao da publicação de *Além do bem e do mal* –, poderiam provir não de esfera transcendente ao homem, mas de algo que lhe seria imanente, cuja compreensão faria o filósofo reintroduzi-lo num meio em que ele aprendera a inútil e orgulhosamente se apartar – a Natureza.

No âmbito das dimensões pulsionais, a dificuldade em transpor processos naturais que se costumavam imputar tão somente a uma animalidade dependia do que aqui designamos "segunda dimensão pulsional", ou seja, a dimensão interacional.²⁴ Cumpria entender como ela se dava, o que estava em jogo, até que ponto os impulsos interagiam, até que ponto iam suas recíprocas e onipresentes interpretações. Pela natureza das dimensões pulsionais aqui esboçadas, de pronto fica claro que tomar a sério relações causais estava fora de questão.²⁵ Em se tratando de processos pulsionais, e de processos vitais, seria necessário algo de não mecânico, de aderente. Daí a relação de função – por meio da qual os impulsos mais fracos aderem aos mais fortes e passam a atuar em função deles – privilegiada em *A gaia ciência* (edição de 1882).²⁶ Contudo, nos

---

22. Cf. nota anterior.
23. Referência ao célebre e importante aforismo 354, "Do gênio da espécie", de *A gaia ciência* em seu livro V (os quatro primeiros são da primeira edição, de 1882). Ali se tem uma hipótese de surgimento da consciência no gênero humano mediante conversão da necessidade de um meio de comunicação (para compartilhamento de signos referentes a algo que ameaça um grupo) numa capacidade de se compartilhar uma vivência ameaçadora por meio da gregariedade de uma linguagem articulada.
24. Contudo, num primeiro momento, quando o filósofo ainda tendia a pensar os impulsos mais como unidades substancializadas e menos como interações, ele pensa a sua depuração, ainda sem tomá-la por fruto de suas interações: cf. FP 6 [31], [59], [64], [67], [80], [127], [144], [163], [234], [263], [274], [361], [362], [365], outono de 1880.
25. No próprio *Além do bem e do mal*, Nietzsche traz uma crítica a um só tempo contundente e esclarecedora à recorrência nas explicações causais: "Não se deve coisificar erroneamente 'causa' e 'efeito', como fazem os pesquisadores da natureza (e quem, assim como eles, atualmente 'naturaliza' no 'pensar'), conforme a tacanhez mecanicista dominante, que faz espremer e sacudir a causa, até que "produza efeito"; deve-se utilizar a 'causa', o 'efeito', somente como puros conceitos, isto é, como ficções convencionais para fins de designação, de entendimento, não de explicação" (BM, § 21).
26. A relação interpulsional de função de fato se revela no texto da própria *A gaia ciência*, em certo sentido até em maior medida que nos fragmentos póstumos do período. Também referida

anos subsequentes, Nietzsche continuou a se debruçar sobre o problema das interações pulsionais não para rechaçar a modalidade de função, mas para aprofundá-la. Antes de tudo, para que impulsos se façam funções uns dos outros, é preciso que haja entre eles um acordo, e, para que haja um acordo, uma linguagem: à questão de uma linguagem que estaria a pautar as interações entre os impulsos Nietzsche se dedicou, e comprovam-no os fragmentos póstumos do período entre 1884 e 1886,[27] num esforço que se fez sentir especialmente em *Além do bem e do mal*, obra de 1886.[28] No entanto, mesmo esse esforço era legado de uma compreensão anterior, e, se estamos aqui falando em "linguagem" pulsional, o que pode ser visto como uma "semântica" dessa linguagem por Nietzsche estaria presente já em póstumos da série 11 de 1881: para entender como se engendraria uma autoconsciência num ser protoplasmático, o filósofo deslinda aquela que seria a crença basilar a pautar todos os processos orgânicos: a certos estímulos que lhes eram atraentes ou ameaçadores imputavam artigos de crença, a saber, a de que vinham de algo que lhes era exterior, que esse algo seria algo persistente – e não substituído num processo contínuo –, e que seria igual a si mesmo (cf. 11 [268], outono de 1881). Crenças equivocadas, por certo, mas o

---

como de instrumentalização, ferramenta e tirania, será a modalidade por excelência no período de 1880-1882. Tal como se terá com a consciência no aforismo 11, o intelecto (ou a razão) seria *ferramenta* de nossos impulsos, que o tiranizam (FP 6 [31] e 6 [130], outono de 1880, 11 [115], primavera-verão de 1881, 3 [1], verão-outono de 1882). Na primeira edição de *A gaia ciência*, essa modalidade revela-se incontornável à economia da espécie: "muitas hecatombes humanas ocorreram, até esses impulsos chegarem a apreender sua coexistência e a sentir que eram todos *funções* de uma força organizadora dentro de um ser humano" (GC, § 113); e, para o caso das células, "é virtuoso que uma célula se transforme numa *função* de outra célula mais forte? Ela tem de fazê-lo. E é mau que a mais forte a assimile? Ela tem de fazê-lo também" (GC, § 118) – isso para não falar do tratamento dado à consciência, no aforismo 11, no qual se tem que ela é *tiranizada* pelos impulsos.
27. A esse respeito, cf. WOTLING, P. "What language do the drives speak?". *In*: BRANCO, M. J. M. e CONSTÂNCIO, J. *Nietzsche on instinct and language*. Berlim: De Gruyter, 2012, p. 78-79.
28. Em *Além do bem e do mal*, sobretudo nos aforismos 19, sobre vontade como afeto de comando, 23, em que introduz sua psicofisiologia como teoria do condicionamento mútuo dos impulsos, e 36, sobre vontade de potência, à qual nossos impulsos são redutíveis (FP/Nachlass 40 [61], agosto-setembro de 1885). Porém, ressaltaríamos ainda que a referida compreensão possibilitou a Nietzsche uma hipótese para o surgimento da consciência no caso humano (associado a uma drástica desregulação pulsional, em razão de uma ameaça externa) no aforismo 354 de *A gaia ciência* (cf. nota 21 supra), uma hipótese para o surgimento da "interiorização", isto é, da alma humana (mediante a interiorização de impulsos/instintos que não chegam a se descarregar), na seção 16 de *Para a genealogia da moral* II, e, de modo geral, os trabalhos de prospecção fisiopsicológica e de auscultação de valores das obras de 1888.

protoplasma que fosse por demais prudente ou minucioso pereceria logo aos primeiros embates.

Já para compreender a sintaxe dessa linguagem, Nietzsche lança mão da noção de força, que não diz respeito ao conceito científico de força nem deve ser associada a uma ideia de violência. É uma imagem conceitual para dar conta da organização de um sistema pulsional, com as forças menores, e suas interpretações, vindo a abrir mão de um sentido autônomo, passando a atuar no sentido de uma força de maior intensidade – o que nada mais é do que uma explicitação da ideia de função, aqui já referida. Como se não bastasse identificar forças a instintos ou pulsões, já vimos como Nietzsche lança mão de outras imagens deliberadamente metafóricas, já que sua linguagem não tem referentes fixos, assim como, no limite, não teria referente algum.

O caráter de estruturas vivas e mutuamente sensíveis e comunicáveis, em detrimento da tendência a pensá-las como unidades atômicas, é evidenciado em fragmento do ano anterior à publicação de *Além do bem e do mal*: sua hierarquização é expressa em "compreensão lancinantemente rápida de todos esses seres superiores e inferiores" (FP 37 [4], junho-julho 1885), como em "a magnífica interligação da vida múltipla, a disposição e classificação de atividades superiores e inferiores" e, ainda, a obediência – "as milhares de obediências" – e o caráter dessa obediência – "nenhuma [obediência] é cega, menos ainda mecânica, mas sim uma obediência selecionadora, inteligente, considerada e mesmo relutante". Nesse mesmo fragmento, Nietzsche chega a se referir aos impulsos como "consciências", como seres a constituir algo tão espantoso – em suas inteligências, em suas interpretações, em suas linguagens, hierarquias e morais – quanto o corpo. Tais consciências atuariam como intérpretes e selecionadoras dos impulsos cuja relevância, cujo caráter ameaçador, poderia chegar ao que comumente entendemos por "consciência". Se Nietzsche em dado momento, em seu espólio, se pergunta "o que não fala", pois "há muito mais linguagens do que se pensa" (FP/Nachlass 7 [62], verão de 1883), de igual modo ele poderia dizer "o que não pensa?", "o que não hierarquiza?" e "o que não interpreta?". Ora, aqui pode ficar mais claro o que se entende por "interpretação". Interpretação como dispositivo inerente a tudo o que vive, pelo qual se pode indefinidamente subir e descer em uma sutil trama fisiológica, *pari passu* com sua contraparte, a linguagem.

A interpretação está nos antípodas da ideia de verdade como correspondência ou correlação, esta que vigorou em filosofia desde Aristóteles; da ideia de representação, que vigeu na filosofia desde Descartes; da neutralidade de uma percepção entendida como passível de clareza e distinção; de uma contrapartida substancial, que se tem no caso da verdade por correspondência, e também para que se tenha uma percepção possivelmente clara e distinta; de uma causalidade entre pensamentos, como fossem estes unidades atômicas; contrapõe-se à primazia do conceito, que assim muito mais é rastreado e revelado como resultado de um processo – orgânico, fisiológico, no limite –, como a feição mais superficial desse processo. A interpretação se assemelha a uma assimilação de um pseudópode, sendo na verdade uma *interpenetração*: o interpretado o é porque atua sobre o interpretante, e só o é nessa medida; o interpretante só vê no interpretado o que lhe interessa, e somente nessa medida; a interpretação só se dá em uma realidade comum a ambos, o que faz Nietzsche supor "que não possamos descer ou subir a nenhuma outra 'realidade', exceto à realidade de nossos impulsos" (BM, § 36).

III. OS TEMAS NA URDIDURA DA OBRA

Se aqui tocamos no que Nietzsche chama de "realidade" de nossos impulsos, com isso já nos posicionamos perante uma das grandes hipóteses de sua filosofia, a qual o texto de *Além do bem e do mal* prepara, faz aparecer e da qual ensaia desdobramentos: vontade de potência *(Wille zur Macht)*. Nos termos aqui propostos, vontade de potência seria o ímpeto da primeira dimensão pulsional a se valer da segunda, que lhe é a um só tempo obstáculo necessário e possibilidade de domínio e de prazer. Assim, vontade de potência não seria uma aspiração, um desejo por algo que não se tem. Nem deve ser confundido com uma vontade passível de ser saciada e extinta, razão pela qual não deve ser confundida com desejos ou vontades específicas ou detectáveis, como no âmbito da política. Estas, a exemplo de tantas vontades sentidas e tantos poderes exercidos numa esfera mais imediata, são caudatárias da vontade de potência, que na verdade atua a todo tempo e num estrato mais visceral e mais profundo. Já bem se observou ser vontade de potência "a vontade de sobrepujar resistências",[29] para, nesse movimento incessante, recuperar-se mais intenso e mais forte, e isso porque a intensificação do que já se tem só pode produzir sentimento assemelhado ao da embriaguez – ainda uma vez, traço essencial do que aqui designamos como "primeira dimensão pulsional".

A vontade de potência, anunciada por Nietzsche como hipótese, é dispositivo essencial para uma reavaliação do sofrimento e, com isso, para a transvaloração dos valores – tarefa do filósofo do futuro. Desse modo, o sofrimento não seria assim um fundo último e uma objeção à existência, mas sim uma resistência necessária, destinada a ser assimilada e absorvida por um sentimento mais poderoso que, se pode mesmo nos aniquilar, é a natureza atuando em nós – e dessa natureza nós fazemos parte. Com isso, de posse da compreensão dos impulsos e da vontade de potência como uma das questões centrais do presente livro e da filosofia de Nietzsche, podemos passar a outros temas candentes na urdidura de *Além do bem e do mal*. Um deles é a espiritualização (*Vergeistigung*). Se no âmbito de toda uma tradição, platônica e também cristã, "espiritualização" seria algo pensado como a remeter a uma dualidade metafísica, estando nos antípodas de algo "material" ou "carnal", em Nietzsche esses domínios são de todo atravessados pela ideia de impulsos. Os impulsos, ou sua variante "instintos", ou ainda "afetos" – a depender da conotação pretendida e da trama textual –, podem ser espiritualizados à medida que sejam dissolvidos, isto é, à medida que a descarga pulsional seja retardada em nome de uma interação que atenda a algum outro propósito, sobretudo o melhor convívio social – daí serem espiritualizados instintos como o da crueldade e o sexual. O processo de retardo de uma descarga e da antecipação de interações pulsionais pode ocorrer uma vez que, como já vimos, os impulsos a todo tempo valoram. Quando se prolongam sua pressão e coerção, quando se atua sobre elas, estas são transformadas em cultivo, estabelecendo, assim, as modalidades dessa ou daquela cultura; com relação ao ser humano como indivíduo, evidencia-se a proposição de uma integração psicofísica pela via pulsional.

---

29. Cf. REGINSTER, B. *The affirmation of life. Nietzsche on Overcoming Nihilism*. Cambridge/MA: Harvard University Press, 2006, p. 131-132.

Ora, como representantes de configurações pulsionais bem hierarquizadas, psicofisicamente integradas, têm-se as imagens que Nietzsche apresenta em *Além do bem e do mal*, e que estão no cerne da obra: espíritos livres, o nobre, o filósofo do futuro. Quanto à noção de espírito livre, se, bem à maneira do filósofo, ela nos parece cifrada e inconclusiva, tal efeito é deliberado. Sua tematização é retomada, com aprofundamentos, da que aparece em *Humano, demasiado humano*. Com essa noção evidencia-se, antes de tudo, uma superação dos filósofos dogmáticos, mas também dos livre-pensadores (*Freidenker*) do Iluminismo, até porque, ao contrário destes, os espíritos livres poderão se valer das religiões para seu proveito e propósito – como se tem no capítulo 3, "A natureza religiosa".

Bem entendido, a liberdade do espírito livre de modo algum deve ser confundida com alguma indiferença: ele é livre e também cético em relação a toda autoridade, aos apegos dogmáticos e sacerdotais, mas não é livre nem descompromissado em relação a seus impulsos – pelo contrário, afirma sua necessidade. Uma vez que isso não deve ser entendido com um *laisser-aller*, como um dar livre curso à sua natureza, a noção de espírito livre estaria num sutil interstício psicofisiológico quanto à sua vivência. E, já quanto à vigência de seu conceito, seria um interstício enigmático formado por uma constelação de noções nietzschianas: além da noção de probidade (BM, § 227), que se verá em seguida, a de mobilidade a um só tempo experimentadora e tentadora (FP 24 [1], outubro-novembro de 1888), a de comando e legislação (BM 211), a de errância e de uma solidão vivenciada e compreendida (FP 40 [59], agosto-setembro de 1885).

O espírito livre é provido de virtudes que não serão nem cristãs nem socráticas, a principal sendo a probidade ou honestidade (*Redlichkeit*),[30] que em *Além do bem e do mal* é tematizada no aforismo 227, referida no § 62 e no § 295. Termo extraído do léxico da filologia, um ponto de partida para entendê-lo pode ser mesmo o misto de escrúpulo e honestidade com vistas ao rigor da interpretação textual, lembrando

---

30. Para a ideia de *Redlichkeit* em Nietzsche, as duas traduções são encontradas: como honestidade ou como probidade. Numa ou noutra, o que se deve ter em mente é uma atitude escrupulosa devidamente mantida, sustentada, tendo em vista a leitura e a compreensão precisa e rigorosa de um texto.

que em Nietzsche a linguagem sem referentes tem como contrapartida uma realidade pensada como texto. E, para o filósofo, o "indivíduo" (aliás, sempre divisível) é uma configuração temporária de impulsos, e mesmo o trabalho intelectual resulta de uma luta entre impulsos (FP 6 [234], outono de 1880). Para bem interpretar, caberá ao espírito livre sublimar impulsos que não devem estar acionados em dada leitura – isso inclui, sobretudo, os egressos de uma ordem gregária, da ilusão da identidade, das pretensões universalistas –, percebendo, assim, com olhos de psicólogo, algo como "sintomas" que sobressaem num texto primitivo.

A solidão, a singularidade, a contraposição ao homem como animal de rebanho ao que é gregário aproximam a noção de espírito livre, em sua intersecção com a de filósofo do futuro, com a de *pathos* da distância, também presente em *Além do bem e do mal* (BM, § 257). Por mais que o espírito livre se destaque do homem animal de rebanho, até por isso, e de modo análogo ao filósofo na alegoria da caverna de Platão, em *Além do bem e do mal* o filósofo do futuro, como tipo nobre, será providencial à casta não nobre, não aristocrática. Atuando em sentido oposto ao do filósofo na alegoria da caverna, o filósofo não apontará para outro mundo, para um âmbito mais universal e hipoteticamente mais claro, mas para um mundo que nos será próximo e particular demais. Para tanto, agirá por meio de uma linguagem de compreensão indireta, que suscita ruminações incompartilháveis. Por esse expediente, proporcionará a criação e o cultivo fisiopsicológico de valores capazes de suplantar o que é da ordem do gregário, fazendo valer o que é da ordem de cada singularidade. Dessa forma, ele será o vetor de uma humanidade que demanda passar de uma ordem esgotada, vértice da "'autossuperação do homem'" (BM, § 257).

Ao propor tal ação, indireta, do filósofo sobre os não filósofos, Nietzsche pensa num futuro e fala para ele, valendo lembrar o subtítulo da obra: *Prelúdio a uma filosofia do futuro*. Com isso ele se contrapõe à prática e à pretensão "atemporal" e "eternizadora" de filósofos que, como Platão, intentaram posicionar ideias sempiternas para além do mundo ou de nossa percepção atual do mundo. Mas se Nietzsche pensa um futuro e fala para ele, qual seria o seu presente? Ora, esse presente é o da modernidade, e por sinal ele se refere a *Além do bem e do mal* como "uma crítica da modernidade" (EH, *Além do bem e do mal*, § 2). Se for correto associar modernidade a progresso, a conquistas da razão, avanço das ideias e da história, bem como aos ideais de liberdade e igualdade, de universalidade, o que havia de mais avançado em seu tempo eram as formulações dos ingleses Darwin, Stuart Mill e Herbert Spencer (BM, § 253), às quais Nietzsche se refere como "plebeísmo das ideias modernas" (BM, § 253). Indo, porém, mais longe, e de um modo que pode parecer contraintuitivo, Nietzsche situaria o início da modernidade já na Idade Antiga, com a crença na razão instilada por Sócrates. Isso porque, para além de cronologia histórica, o autor de *Zaratustra* tem em mente o fator pulsional: um desarranjo de forças organizadoras teria configurado um homem debilitado e em declínio, cujo apego à razão dialética, a figuras de fixidez – mesmo como os atomizados "alma", "eu" –, a esquemas causais revelaria ausência de hieraquia e coesão entre seus impulsos. Como dirá mais tarde no *Crepúsculo dos ídolos*, a modernidade seria uma "autocontradição fisiológica interna" (CI, "Incursões de um extemporâneo", § 41).

Do que se viu, falar em modernidade, para Nietzsche, é falar em uma condição que se pauta por uma equivocada crença na razão, mas também por uma falseadora ideia de igualdade. Nos planos moral e político, a ideia de igualdade traz em seu bojo pretensões bem menos nobres, como a de uniformização. No plano da moral, especificamente, trata-se de perpetuar uma moral de rebanho. Desse modo, na modernidade se teria um rebanho irrefletido seguindo uma moral de valores caducos em vista de um norte que já não norteia. Assim como o espírito livre vivencia atitude oposta, o filósofo do futuro fomentaria tal atitude, qual seja, não a de irrefletida obediência, mas a de comando.

Ora, o comando deve ser pensado, antes de tudo, na esfera dos impulsos e no seio de sua própria configuração pulsional: trata-se de reconhecer que já em seu seio há uma luta, entabulada por relações de mando e obediência, a arma ou a moeda de troca sendo a vontade de cada impulso de querer sempre se distinguir, num processo em que sempre haverá gozo e imposição, mediados por interação e valoração – algo que bem pode ser entendido segundo as relações entre a primeira e a segunda dimensão pulsional, como propusemos anteriormente. Se essa é a dinâmica de interação de suas partes, é de imaginar qual seria a tônica de um organismo assim regido, seja ele biológico, seja social: não seria a da mera manutenção ou conservação, mas a do *pathos* da distância: "anseio por um alargamento sempre crescente da distância no interior da própria alma, a formação de estados sempre mais elevados, mais amplos, mais abrangentes" (BM, § 257), e, no caso da espécie humana, "a elevação do tipo 'ser humano', a contínua 'autossuperação do homem'" (BM, § 257). No atual estágio da humanidade, Nietzsche vê o homem como "animal ainda não determinado" (BM, § 62), dividido entre a sua necessidade de individuação e uma moral de rebanho, atuar no sentido oposto. A casta dos raros não assolados por tal divisão e estado híbrido seria a do tipo nobre, a casta aristocrática. Com "aristocracia" mais uma vez Nietzsche subverte um sentido corrente e aceito já sem reflexão, que identifica o termo a uma categoria social e política. Se tal acepção também associa o nobre e aristocrático a um desprendimento em relação ao que é instintivo e, consequentemente, pulsional, a concepção que o autor do *Zaratustra* propõe vai no sentido contrário: pensado de um ponto de vista axiológico-psicofisiológico, o nobre, o aristocrático é aquele cuja perspectiva é condicionada pelo reconhecimento e pela assunção de sua própria e singular configuração pulsional. Mas assim como no "aristocrata" da acepção tradicional se tem uma rígida separação em relação à casta plebeia, também na acepção de Nietzsche há uma separação, que, no entanto, se dá num processo do referido reconhecimento, de luta constante, de cultivo. Na acepção de Nietzsche, a separação vai assim remeter à não interferência de juízos e ideias contaminados por uma esfera gregária que, antes de afeitos a uma democratização, pretendem mais uma coercitiva uniformização.

Compreender a preferência de Nietzsche não por uma individualidade desenfreada, mas pela fidelidade ao singular, demanda ainda uma vez uma visita à sua teoria da pulsionalidade orgânica, porém agora no aspecto específico de sua reflexão tipológica. Em consonância com outros aspectos de sua teoria pulsional, a tipologia encontra-se igualmente nos antípodas de um esquema de pensamento atomista, fixista ou essencialista. E é justamente por não buscar alma indivisível ou essências ao pensar homem e natureza que, para as formas mais diversas assumidas em diferentes domínios, Nietzsche concebe tipos como configurações particulares assumidas por organismos ou por uma realidade, formas essas que não podem ser conjugadas a uma irrestrita uniformidade, mas são frutos de uma recorrência que produz cristalizações. No caso humano, no contexto das teorias evolucionistas do século XIX, Nietzsche pôde inferir o "tipo homem" como ainda sem uma configuração definida, e, de modo mais preciso, com dois caminhos possíveis, e passíveis de ser entendidos à luz de duas configurações predominantes. Como já pudemos entrever, elas são determinadas por uma postura acerca de um dispositivo que pauta todas as relações humanas, qual seja, a moral. A disposição predominante é a do não nobre, também chamado escravo, que padece de dois adoecimentos, um imemorial e o outro recente, que é fenômeno dos últimos séculos: o primeiro adoecimento diz respeito à consequência da moral reativa, isto é, as valorações feitas são um resvalamento de um juízo anterior, ressentido em relação a outro indivíduo, que lhe era mais forte, mais poderoso, mais ameaçador. Essa fase do processo de valoração é ignorada pela própria configuração pulsional que a reflete, razão pela qual se tem aí o que poderíamos chamar aqui de um déficit reflexivo – considerando que a reflexividade é atributo de todos os impulsos, não apenas da consciência – e também de déficit vivencial.

O outro adoecimento diz respeito à chamada "morte de Deus" (GC, § 125), que, é bom observar, Nietzsche não decreta, muito menos provoca, apenas constata: a morte de Deus é uma imagem conceitual para expressar o colapso dos valores que, pela via do transcendente, por um viés teleológico, norteavam um modo de existir. No âmbito pulsional isso significa: o surdo colapso de valores que pautavam certo modo de descarga pulsional, isto é, de retardo de descargas pulsionais, e, no "imaginário" da atividade pulsional, operavam a antecipação de interações pulsionais. Dessa feita, ainda uma vez por um lapso não percebido, tem-se outro déficit de caráter reflexivo e vivencial. Como resultado, assolada por tais pontos cegos, tais configurações pulsionais, predominantes na modernidade, veem-se incapazes de desejar ou de sentir prazer, são hipersensíveis ao cansaço e à dor, buscam motivações ou convencimentos racionais inúteis, protagonizam esforços vãos.

A todos os desdobramentos desse quadro, filosóficos, morais ou políticos, *Além do bem e do mal* diz não e protagoniza esse não. Protagoniza-o mesmo ao não se fazer compreensível nesse registro, para espíritos nele aprisionados.

A outra disposição, o outro tipo, é a dos homens raros, cuja configuração pulsional singular não é assolada por valorações irrefletidas, de ordem gregária. Seria um homem que, ao mudar o registro e ampliar o arco das possibilidades humanas, viesse a resgatar o mesmo equilíbrio pulsional que dispunha enquanto animal: mais do que o homem animal dividido que ora se tem, seria um além-homem (*Übermensch*), imagem de que Nietzsche na presente obra não lança mão, por privilegiar sua contraface, o filósofo do futuro, e a antecâmara deste, os espíritos livres. A trama de *Além do bem e do mal* perscruta entre espíritos livres, que o possam compreender, fala ao nobre, aos homens mais inteiros, antevê os filósofos do futuro. O bem e o mal, como esses tipos os vivenciam e como os sabem, são de natureza pulsional e, justamente nessa medida, são provisórios e condicionados. E, diferentemente do filósofo que volta à caverna em Platão, o filósofo do futuro não acenará com desvelamentos nem com verdades, mas com recobrimentos deliberados da nua e crua realidade pulsional. Aos olhos de Nietzsche, a segurança propiciada pela "verdade" de Platão deixou de ser um disfarce para uma demanda que, já em seu tempo, pronuncia-se de modo a um só tempo surdo e radical: a busca de sentido. O sentido único de outrora deixou de existir, assim como a possibilidade de um sentido pronto, teleológico ou dado. Cabe ao filósofo criar e cultivar, a todo tempo, novos sentidos.

Se aqui tanto nos demoramos em fazer ver como o conceitual, o lógico, como a "verdade", mesmo o filosófico é, antes de tudo isso, fisiológico e pulsional, isso se deu a fim de fazer ver que para Nietzsche, justamente em *Além do bem e do mal*, a filosofia, desde Platão, deixou de considerar toda essa esfera, não obstante lhe ser crucial, pois o platonismo apontava para bem outra direção, que ele inventara: "o pior, o mais persistente e perigoso dos erros até hoje foi um erro de dogmático: a invenção platônica do puro espírito e do bem em si" (BM, Prefácio). O "espírito", Nietzsche o transpõe à visceral, interessada e reflexiva atividade pulsional; o pretensamente "puro", devolve-o ao âmbito axiológico dos impulsos — os impulsos *puramente* valoram, no que tivemos aqui como terceira dimensão; o platônico "bem em si" para Nietzsche seria, assim, reflexo da dimensão mais recôndita e primeira dos impulsos: os impulsos *querem* e *são* a sua satisfação — no limite, seria essa a versão nietzschiana do "bem em si".

IV. OS CAPÍTULOS

O primeiro capítulo de *Além do bem e do mal*, numa sequência de aforismos visivelmente encadeada e até exaustiva para os padrões nietzschianos, dá conta do que foram, e ainda eram, em seu tempo, as variações filosóficas em torno do legado platônico, de se olhar para ideias postas num além, dando-se as costas para o infraconsciente, que os fez desdobrar suas filosofias desta ou daquela maneira.

No segundo capítulo, o que parecia um pessimismo em relação à filosofia, cavado pelo primeiro capítulo, na verdade se revela a constatação de um impulso moralizador por parte dos filósofos, que lhes infunde crenças, como a da objetividade e do atomismo da alma. Porém, se a "tartufice da moral" (BM, § 24) nos está arraigada, não obstante a filosofia pode se recobrar, isto é, emancipar-se de tal tartufice, não se instalando, irrefletida, nos trilhos da moral, mas reconhecendo-se, com probidade intelectual, vontade de potência.

No terceiro capítulo esperar-se-ia um desfiar de críticas à religião cristã ou à natureza religiosa em geral. No entanto, o que se descortina vai além, e é por uma lógica irretocável que se atrela aos capítulos anteriores: por certo que se analisa a natureza religiosa sob a modalidade judaico-cristã e sob a sua antecessora, a grega e homérica; e é verdade que seu aspecto nocivo, seu legado debilitador ali estão presentes; mas é de modo convincente que Nietzsche encontra ali aspectos positivos e salutares das religiões que assim o são se devidamente usados pelo filósofo em sua obra de educação e de cultivo.

O quarto capítulo perfila uma série de máximas em que a um só tempo se concentram e se irradiam, como que em estilhaços, temas e questões tratados com vagar nos capítulos que o precedem e o vão suceder.

O quinto capítulo passa em revista algumas formulações morais — de Schopenhauer, de Kant, do próprio Platão, a moral judaica — com o propósito de extrair uma compreensão que será de valia para o futuro da humanidade. Se a filosofia até então, com variações, seguia o padrão platônico, as morais não fugiam à tônica: morais de rebanho, debilitadoras da vontade, que é sempre intrínseca e determinante em dada configuração, e sempre singular. Contudo, como se teve com a religião, algo da moral, de sua contraposição tirânica contra o *laisser-aller*, de sua coerção, de sua disciplina há de ser de valia ao filósofo, para usá-lo justamente no sentido contrário ao dessas morais: transvalorar os valores caducos delas recebidos.

A conexão entre os capítulos quinto e sexto também é bastante visível: cumpre agora definir os filósofos que serão capazes de governar mediante a transvaloração dos valores, e isso significa pela criação e pelo cultivo de novos. Em se tratando de valores — não de conceitos — e de cultivo — não de uma simples formulação ou proposição —, tem-se em vista todo um processo que na verdade se dá em âmbito fisiológico. Entre os filósofos de seu tempo, desvela apenas eruditos, especialistas, derrotados pelo domínio da ciência, desviados da questão da existência, quando não céticos, e, em todo caso, dogmáticos. Deve-se sempre lembrar que em Nietzsche o apego à fixidez é sempre sintoma de fraqueza. O ceticismo dos filósofos do futuro, bem como a sua inflexibilidade, será de outra ordem. Tais filósofos já não se confundirão com o cientista ou com o erudito, não lhes serão menores nem os imitarão: sua posição será de comando, sua atitude, o legislar, e para isso a ciência e a erudição farão as vezes de instrumentos.

O sétimo capítulo propõe uma incursão pelas virtudes de "nós, sábios", os novos filósofos, em sua natureza labiríntica, virtudes que são mostradas em relação de tensão com a "boa consciência". Para isso, o capítulo passa pelo problema da regra e da exceção, da uniformidade sob o manto da igualdade, da necessidade de hierarquia, da espiritualização como transfiguração da crueldade. O homem moderno — que Nietzsche considera, em sentido amplo, como o pós-Sócrates —, o "mestiço europeu", é mais uma vez alvo de crítica, seu hibridismo é tratado como um problema de gosto, e o gosto é o mais visceral dos sentidos.

No oitavo capítulo sucedem-se aforismos sobre povos europeus como o alemão, o judeu na Europa, o inglês, o francês, novamente o alemão. Ele trata da expressão, da criação e invenção do gosto europeu, pela pulsação da música, da linguagem, pela fecundação pelo gênio, pela compreensão e incorporação do estilo. Valendo-se da herança de culturas vigorosas, como a grega e a romana, propõe-se um pan-europeísmo que, como síntese, selecionando castas por um critério pulsional, faça a Europa sobrepujar a moralidade de horda.

O nono capítulo tematiza propriamente o filósofo a encetar a elevação do tipo homem. Ante o questionamento sobre por que o filósofo, e não outro, proporíamos que Nietzsche por certo vivencia e protagoniza o que afirma em seus textos, e se considera o primeiro, um vetor. É razoável supor que os que o leriam e compreenderiam seriam outros filósofos – não como eruditos, nem seguidores, nem trabalhadores filosóficos, mas sim como espíritos livres. Seriam bárbaros quanto à integridade, quanto à sua melhor expressão pulsional, seriam deuses como o deus Dioniso ao destruir e criar, sem perder de vista a sua embriaguez. Isso significa valer-se da religião em função da filosofia, mas uma religião que não se aparta da vida. Também significa não desconhecer a comum linhagem entre a geração sexual e o filosofar, a hierarquia a encadear o mais compartilhado ao mais raro. A contraposição a Platão, enfim, é assinalada também ao final do livro. Dispensa-se a verdade que visava acobertar; e por probidade se atém ao ímpeto criativo de acobertar. Agora é o próprio homem que se põe a criar sentidos, e, em seu reverso, os deuses que se põem a filosofar.[31]

Saulo Krieger

---

31. Observe-se que no aforismo 295, ao afirmar "já o fato de Dioniso ser filósofo, e de também os deuses filosofarem", tem-se contraposição a Platão, precisamente à celebre passagem de *O banquete*, que faz referência ao fato de os deuses não filosofarem e não desejarem ser sábios (203e-204a).

PREFÁCIO

Supondo que a verdade seja uma mulher – como assim? –, não se justificará a suspeita de que todos os filósofos, uma vez que foram dogmáticos, pouco entenderam de mulheres? De que a abominável seriedade, a desajeitada insistência com que até agora cuidaram de se acercar da verdade seriam meios inábeis e inconvenientes para conquistar os favores de uma mulher? O caso é que ela não se tem deixado conquistar: e hoje toda espécie de dogmatismo mantém uma atitude de aflição e desânimo. *Se é que ela se mantém!* Pois há zombeteiros a afirmar que ela caiu, que todo dogmatismo jaz no chão, mais ainda, que todo dogmatismo está nos estertores. Falando sério, há bons motivos para esperar que todo o dogmatizar em filosofia, não importando o ar solene, derradeiro e definitivo que tenha apresentado, pode não ter sido mais que uma nobre infantilidade e incipiência; e talvez esteja bem próximo o tempo em que mais e mais se vá compreender *quão* pouco bastava para se pôr a pedra basilar desses sublimes e incondicionais construtos filosóficos até agora erigidos pelos dogmáticos – algo como uma superstição popular de tempos imemoriais (como a superstição da alma, que, como a superstição do sujeito e a do eu, ainda hoje não cessou de gerar disparates), talvez como um jogo de palavras qualquer, uma sedução da parte da gramática ou uma generalização temerária de fatos excessivamente reduzidos, pessoais, humanos, demasiado humanos. A filosofia dos dogmáticos foi, assim esperamos, apenas uma promessa ao longo de milênios: como o foi, em tempos primevos, a astrologia, a serviço da qual é possível que se tenha dispendido mais trabalho, mais dinheiro, perspicácia, paciência do que para qualquer verdadeira ciência até agora – deve-se a ela e a suas pretensões "supraterrenas" o estilo grandioso da arquitetura na Ásia e no Egito. Parece que, para se inscreverem no coração da humanidade com suas exigências eternas, todas as coisas grandiosas devem antes vagar pela terra como carrancas montruosas e atemorizantes: tal carranca foi a filosofia dogmática, por exemplo, a doutrina do Vedanta,* na Ásia, o platonismo na Europa.

---

*. A filosofia do Vedanta é descrita nos Upanishads e se baseia na autorrealização, por meio da qual se pode compreender qual é a real natureza humana. (N.E.)

Não sejamos ingratos com elas, por mais que também tenhamos de admitir que o pior, mais duradouro e mais perigoso de todos os erros até hoje foi um erro dogmático, qual seja, a descoberta por Platão do espírito puro e do bem em si. Mas agora que tal foi superado, agora que a Europa respira aliviada de seu pesadelo e ao menos pode gozar de um sono mais saudável, somos nós, *e nossa tarefa é mesmo a vigília*, os herdeiros de toda a força que a luta contra esse erro cultivou com vigor. Em todo caso, falar assim do espírito e do bem seria pôr a verdade de ponta-cabeça e mesmo negar o *perspectivo*, condição fundamental de toda a vida, como fez Platão: mais ainda, na condição de médico se pode perguntar: "de onde vem essa doença a acometer Platão, a mais bela planta da Antiguidade? Teria sido desvirtuada pelo maligno Sócrates? Teria sido Sócrates realmente o corruptor da juventude? Teria merecido a sua cicuta?". Mas a luta contra Platão, ou, para dizê-lo de modo mais compreensível, pelo "povo", a luta contra milênios de opressão eclesiástico-cristã – pois o cristianismo é o platonismo para o "povo" –, numa esplendorosa tensão do espírito criou na Europa o que até então não havia sobre a terra: com um arco assim tão tenso podemos agora mirar as metas mais longínquas. Por certo que o homem europeu vivencia essa tensão como aflição: e por duas vezes já se buscou distender o arco em grande estilo, uma vez pelo jesuitismo, a segunda vez pela Ilustração democrática: e esta, com o auxílio da imprensa livre e da leitura de jornais, de fato conseguiu que o espírito já não tão facilmente se sentisse "necessidade"! (Os alemães inventaram a pólvora – toda a atenção! Mas se fizeram novamente quites – inventaram a imprensa.) Porém nós, que nem bem somos jesuítas, nem democratas, nem mesmo alemães, nós, *bons europeus* e espíritos livres, *muito* livres – ainda temos a inteira aflição do espírito e a inteira tensão de seu arco! E talvez também a flecha, a tarefa e, quem sabe? a *meta*...

Sils-Maria,
Alta Engadina
junho de 1885

CAPÍTULO I
DOS PRECONCEITOS DOS FILÓSOFOS

1

A vontade de verdade, que ainda há de nos atrair a não poucas ousadias, essa célebre veracidade de que até agora[1] todos os filósofos falaram com veneração: que perguntas essa vontade de verdade já não nos propôs! Quão prodigiosas, difíceis, duvidosas perguntas! Tem-se já uma longa história – e, no entanto, não parece que ela mal começou? Quão espantoso é nos vermos por fim desconfiados, perder a paciência, ficar impacientes? E com essa esfinge também *nós*, de nossa parte, aprendermos a perguntar? *Quem* afinal está aqui a nos perguntar? O que em nós propriamente aspira "à verdade"?[2] De fato, por um longo tempo temos nos detido na pergunta pela causa desse querer – até que, por fim, acabamos por nos deter ante pergunta ainda mais radical. Temos perguntado pelo *valor* dessa verdade. Supondo que nós queiramos a verdade: *por que não preferir* a inverdade? E a incerteza? Mesmo a ignorância? O problema do valor da verdade surgiu diante de nós – ou fomos nós que surgimos diante dele? Quem de nós aqui é Édipo? Quem a esfinge? Ao que tudo indica, aqui se tem um lugarzinho de interrogações e pontos de interrogação. Seria o caso de acreditar que, como enfim nos quer parecer,[3] o problema ainda jamais foi colocado – que somos nós que, pela primeira vez, *ousamos* avistá-lo, olhá-lo nos olhos? Pois com isso tem-se aí uma ousadia, e talvez não haja ousadia maior.

---

1. A presença do "até agora", *bisher*, será uma constante ao longo de toda a obra. Sinaliza o ponto de inflexão em que, para Nietzsche, se constitui a sua filosofia, por ele protagonizada, em relação a toda a filosofia de até então, desde Platão, nominalmente citado no prefácio. A filosofia "de até então" era dogmática, de ocultamento de expedientes e intenções, de um único nível, pretensamente consciente, de soluções de compromisso a que nem ela própria teve acesso. Já a filosofia que em Nietzsche se protagoniza na presente obra fala – de forma seletiva e cifrada, é verdade – aos filósofos do futuro, que, espíritos livres, poderão e deverão reverter esse quadro.
2. Note-se aqui a indicação do filósofo para uma "despessoalização" da busca pela verdade e, entenda-se, uma busca que remete a um estrato mais profundo que o do filósofo, "sujeito do conhecimento", que se propõe a empreender a busca. Com "o que" aponta-se para todo um estrato – um conjunto de relações, condições e perspectivas – que não se espraia num nível consciente, mas nele se faz sentir como sintomas, ou, se se quiser, de premências e injunções.
3. Como se dizia na nota acima, aqui já se tem uma nova recorrência do "até agora", *bisher*, a sinalizar que "até agora" problema tão radical não tinha sido posto.

2

"Como *poderia* algo advir de seu contrário? Por exemplo, a verdade do erro? Ou a vontade de verdade da vontade de ilusão? Ou a ação desinteressada do egoísmo? Ou a pura e solar contemplação da concupiscência pelo sábio? Gênese desse tipo é impossível; quem com ela sonha é um néscio, ou mesmo algo pior; as coisas de mais alto valor devem ter uma origem outra, que lhes seja *própria* – não são dedutíveis desse mundo passageiro, sedutor, ilusório, mesquinho, dessa confusão de insanidade e desejos![4] Muito mais no regaço do ser, no passageiro, no Deus oculto, na "coisa em si" – ali deve jazer seu fundamento, e em nenhuma outra parte!".. Esse modo de julgar constitui o preconceito característico pelo qual se dão a reconhecer os metafísicos de todos os tempos; esse tipo de valoração se encontra no pano de fundo de todos os seus procedimentos lógicos; partindo dessa sua "crença" esforçam-se pelo seu "saber", por algo que ao final será solenemente batizado como "a verdade". A crença de fundo da metafísica é a *crença nas oposições de valores*. Nem mesmo aos mais previdentes entre eles ocorreu pôr em dúvida já aqui no limiar, onde era mais necessário: mesmo quando tivessem jurado *de omnibus dubitandum*.[5] Pode-se duvidar precisamente, e em primeiro lugar, que de algum modo existam opostos e, em segundo lugar, quanto àquelas populares valorações e oposições de valor, em que os metafísicos imprimiram seu selo, se talvez não seriam meras estimativas de fachada, meras perspectivas provisórias, talvez ainda vistas de um ângulo, talvez de baixo para cima, como perspectivas de rã, para tomar de empréstimo expressão corrente entre os pintores? Em que pese todo o valor que se possa imputar ao verdadeiro, ao veraz, ao desinteressado: seria possível que à aparência, à vontade de ilusão, ao egoísmo e à concupiscência se tivesse de atribuir um valor mais elevado ou mais basilar para toda a vida. Seria possível até mesmo que *o que* vem a ser o valor daquelas boas e veneradas coisas consistisse precisamente no fato de serem aparentadas, ligadas, entrelaçadas de forma talvez insidiosa às coisas más,

---
4. O desprezo por este mundo, o horror ao passageiro, a recusa apressada ao que se mostra confuso, a ilusão de poder se evadir de seus próprios desejos: aí se tem a antessala de todas as formulações metafísicas.
5. Em latim, no original: "duvidar de tudo" – alusão, evidentemente, à dúvida hiperbólica de Descartes. Nietzsche, aliás, tem Descartes, "pai do racionalismo", por "superficial" (ver § 191).

que lhes são aparentemente opostas.⁶ Talvez! Mas quem estará disposto a se preocupar com tal perigoso talvez? Para tanto há que se aguardar a chegada de um novo tipo de filósofo, que tenha gostos e inclinações outros e opostos aos de até agora – filósofos do perigoso talvez no pleno sentido da palavra.⁷ E para falar com toda a seriedade: vejo assomarem tais novos filósofos.

3

Após durante um bom tempo ter olhado entre as linhas e os dedos dos filósofos, digo para mim mesmo: é preciso contabilizar a maior parte do pensamento consciente entre as atividades instintivas,⁸ e isso mesmo no caso do pensar filosófico; devemos aqui reaprender, como já reaprendemos quanto à hereditariedade do "inato".⁹ Assim como o ato do nascer em nada conta para os processos e evoluções da hereditariedade: menos ainda "consciência" é algo que de algum modo *vem se opor* decisivamente ao instintivo – a maior parte do pensamento consciente de um filósofo é secretamente conduzida por seus instintos e forçada a se conduzir em vias determinadas. Mesmo por trás de toda a lógica e de sua aparente soberania de movimento encontram-se avaliações de valor, ou, dito de modo mais claro, exigências fisiológicas¹⁰ de conservação de certo tipo de vida. Por exemplo, que o determinado tem mais valor do que o

---

6. Essa questão é formulada no início do primeiro aforismo ("Química dos conceitos e sentimentos") do *Humano, demasiado humano*, onde é tratada com vagar: "como pode algo se originar do seu oposto, por exemplo, o racional do irracional, o sensível do morto, o lógico do ilógico, a contemplação desinteressada do desejo cobiçoso, a vida para o próximo do egoísmo, a verdade dos erros?" (NIETZSCHE, F. *Humano, demasiado humano*. Trad. Paulo César de Souza. São Paulo: Companhia das Letras, 2012, p. 15).
7. O "filósofo do futuro", a que já nos referimos na nota sobre o uso da expressão "até agora", *bisher*, por Nietzsche, será referência recorrente, implícita ou explícita, ao longo da obra. Ver, sobretudo, os aforismos 41 a 44 e 210 a 213.
8. A remissão do pensamento filosófico à atividade instintual será uma tônica deste capítulo, e o instintual é também referido por Nietzsche pelo pulsional, isto é, pelo termo "impulsos", que ou são intercambiáveis com "instintos" ou devem ser entendidos como mais profundos e ainda anteriores à formação de memória (esta que já caracteriza os instintos). O liame dos instintos com o ato de pensar propriamente dito se dá pela noção de valor, que já foi aqui introduzida.
9. Note-se, com "hereditariedade" e com o remetimento das atividades racionais aos instintos, que Nietzsche tem como pano de fundo as teorias evolucionistas e em especial Darwin, da teoria da evolução natural – por mais que faça objeções a Darwin, por mais que proponha abundância, vontade de potência, onde a ciência de Darwin via adaptação e seleção com base na carência. Entretanto, o pano de fundo das teorias biológicas do século XIX é enquadramento inescapável.
10. A fisiologia, aqui em primeira ocorrência ao longo da obra, e que no aforismo 36 Nietzsche referirá também por "fisiopsicologia", não vem a ser uma recorrência do filósofo a uma disciplina à época em formação, mas sim uma disciplina por ele forjada, a atuar no âmbito do

indeterminado, a aparência menos valor do que a "verdade": em que pese toda a sua importância regulativa para nós, tais avaliações poderiam ser avaliações de fachada, uma espécie determinada de *niaserie*,[11] como bem pode se fazer necessário para a conservação de seres como nós. Contanto, por certo, que não seja o próprio homem a "medida de todas as coisas"...[12]

4

A falsidade de um juízo ainda não é para nós nenhuma objeção a ele; talvez seja aí que nossa nova língua soe de modo mais estranho.[13] A pergunta é em que medida ele é fomentador de vida, conservador de vida, conservador da espécie, talvez mesmo cultivador da espécie;[14] e estamos radicalmente inclinados a afirmar que os mais falsos juízos (aos quais pertencem os juízos sintéticos *a priori*) nos são os mais indispensáveis, que sem se admitirem as ficções lógicas, sem se mensurar a realidade pelo mundo puramente inventado[15] do incondicionado, do

---

universo nietzschiano, para dar conta da ação dos impulsos sobre o modo como pensamentos, mesmo os filosóficos, advêm de formações e interações pulsionais.
11. Em francês no original: "ninharia, bobagem". Aparecerá algumas vezes ao longo da obra, sempre em francês. Tem o sentido polêmico de apontar o caráter pueril de certas preocupações dos filósofos de até então, que remetem à sua falta de rigor e profundidade investigativa, condições que remetem à perspectiva limitada que os filósofos se impõem, o estrato único – e superficial – com base no qual formulam seus problemas, pondo-se, dogmaticamente, a filosofar.
12. O protagonismo é um dos esquemas de pensamento aqui criticamente abordados por Nietzsche, com o teor crítico a versar sobre o orgulho antropocêntrico do homem, de se tomar por medida de todas as coisas.
13. Com referência à "nova língua", em Nietzsche a linguagem verbal é concebida e caracterizada, e também devidamente implementada, como expressão intrinsecamente metafórica dos impulsos. Para tanto, mais do que se valer de conceitos, ela se vale de dispositivos linguísticos que, em nome da expressão de uma singularidade pulsional, procuram contornar a gregariedade da linguagem. O caráter intrinsecamente gregário e vulgarizador da linguagem (a esse respeito, ver aforismo 268) é contornado pelo estilo, que inclui, entre outros aspectos, o *tempo*, no sentido de pulsação e cadenciamento da linguagem (ver aforismo 28), a transposição de termos e expressões e, obviamente, o uso consciente e exacerbado da metáfora – isso porque toda linguagem é inconscientemente metafórica e transposicional.
14. Com "cultivador", mais precisamente "cultivador da espécie", *Artzüchtend*, temos a primeira referência à questão fundamental do cultivo, que está no cerne do empreendimento nietzschiano. o cultivo da espécie para que dela se constitua propriamente uma cultura, e não apenas civilização, por intermédio de alguns homens raros, esse inteiro processo dando-se por força e ação do filósofo. As constantes referências ao cultivo, *Züchtung*, e seu correlato, a disciplina, *Zucht*, serão por nós devidamente assinalados ao longo da obra.
15. A ideia de um conhecimento *inventado* (*erfundene*), como é aqui o "mundo [...] do incondicionado, do igual a si mesmo", não é empregada por Nietzsche apenas em tom de denúncia e crítica: para ele todo conhecimento é invenção, é um ato criativo, e nesse sentido, que é positivo, se terá a afirmação "conhecer é criar", no aforismo 211.

igual a si mesmo, sem um persistente falseamento do mundo pelo número, o ser humano não poderia viver – que renunciar a juízos falsos seria renunciar à vida, seria uma negação da vida. Admitir a inverdade como condição de vida: por certo que tal significa um modo perigoso de oferecer resistência aos sentimentos de valor habituais; e uma filosofia que ouse fazê-lo tão somente com isso já se põe além do bem e do mal.

5

O que nos incita a olhar para todos os filósofos com um misto de desconfiança e escárnio não está no fato de repetidas vezes se perceber quanto são ingênuos – no tanto de frequência e facilidade com que se equivocam e se extraviam, ou seja, em sua infantilidade e puerilidade[16] –, mas sim em não se mostrarem suficientemente probos, enquanto fazem todos um grande e virtuoso alvoroço tão logo o problema da veracidade seja tangenciado ainda que apenas de longe. Põem-se todos como se tivessem descoberto e alcançado suas próprias opiniões mediante o autodesenvolvimento[17] de uma dialética fria, pura, divinamente imperturbável (à diferença dos místicos de todos os níveis, que são mais honestos do que eles e também mais ineptos – estes falam de "inspiração"): quando no fundo é uma tese adotada de antemão, a ocorrência de uma ideia, de uma "inspiração", não raro um desejo íntimo tornado abstrato, que eles defendem por razões posteriormente buscadas: são todos advogados que não querem ser chamados assim, o mais das vezes até mesmo porta-vozes de seus preconceitos, que batizam de "verdades" – e estão muito *longe* da coragem da consciência moral que admite isso, precisamente isso para si, muito longe do bom gosto da coragem que também isso dá a entender, seja para advertir um inimigo ou um amigo, seja por soberba ou por escárnio de si. A tartufería[18] a um só tempo tesa e decorosa do velho Kant, com a qual

---

16. É bem por considerar infantis e pueris as atitudes dos filósofos – o que na verdade remete à perspectiva (única, exclusiva e superficial) a que eles se aferram – que, como se ressaltou na nota 11, Nietzsche recorre ao termo *niaserie* (ninharia, bobagem) para fazer referência a elas.
17. Justamente, não se trata de "autodesenvolvimento", nem nada que remete a si próprio, a uma "autoconsciência", mas de ações encobertas – e no entanto determinantes – deflagradas na esfera instintiva e inconsciente, para a qual Nietzsche está aqui a apontar.
18. A imagem do Tartufo, de Molière, aparecerá diversas vezes ao longo da presente obra, bem como do *corpus* nietzschiano, justamente para denunciar a hipocrisia sempre moralizante dos

ele nos atrai para a astúcia dialética e encaminha-nos, melhor dizendo, desencaminha-nos para seu "imperativo categórico" – esse espetáculo nos faz rir, a nós exigentes, que já não encontramos a menor diversão em esquadrinhar sutis armadilhas dos velhos moralistas e pregadores da moral. Ou mesmo aquele *hocuspocus*[19] em forma matemática, com que Espinosa como que, usemos o termo justo e correto, encouraçou de bronze e mascarou sua filosofia – "o amor ao seu saber" – e com isso de antemão intimidou a coragem do atacante que ousasse lançar um olhar a essa virgem invencível e a Palas Atena: quanta timidez e vulnerabilidade próprias não revela essa mascarada de um eremita enfermo!

6

Pouco a pouco se me tem revelado o que foi toda grande filosofia até agora: foi bem o autoconhecimento de seu autor e uma espécie de *mémoires*[20] indesejadas e despercebidas: de modo semelhante, as intenções morais (ou imorais) em toda a filosofia se constituem no autêntico germe vital de toda a vida, do qual brotou sempre a inteira planta. Na verdade, para esclarecer de que modo efetivamente se chegou às afirmações metafísicas mais remotas de um filósofo, procede-se bem (e sagazmente) ao sempre se perguntar: a que moral quer isso (quer *ele*) chegar? Assim sendo, não acredito que um "impulso ao conhecimento" seja o pai da filosofia, mas sim que outro impulso, aqui bem como alhures, tenha usado o conhecimento (e o desconhecimento!) apenas ao modo de uma ferramenta.[21] Mas quem examinar os impulsos[22] basilares do homem para saber até que ponto ali gênios

---

compromissos filosóficos – com a questão da verdade, notadamente, mas também com relação a um rigor mais pretenso do que efetivo.

19. O estrato único e superficial dos filósofos metafísicos e dogmáticos exigia deles a recorrência a truques como que de prestidigitação, de embuste e mistificação, a que Nietzsche aqui faz referência com o termo *hocuspocus*, termo que teria vindo da deturpação de uma bênção proferida em missa (*hoc est corpus meum*), que então passou a ser usada em teatralizações de situações de magia.

20. Em francês, no original: "memórias".

21. Com "um outro impulso", cuja atuação não estaria restrita ao âmbito do conhecimento ("aqui bem como alhures"), tem-se, como estamos a assinalar, o outro estrato, mais profundo, a que Nietzsche pretende remeter a filosofia.

22. É precisamente no âmbito dos impulsos que se dará o cultivo propugnado por Nietzsche, como é no nível dos impulsos que são encetadas e decididas as mais relevantes ações animais, humanas, racionais e mesmo as filosóficas. Os impulsos são uma ideia altamente abstrata, não existem como unidades nem como entidades indecomponíveis, nem remetem a nenhum tipo

inspiradores (ou demônios ou duendes) puderam conduzir seu jogo descobrirá que todos alguma vez exerceram a filosofia – e que cada um deles bem gostaria de apresentar *a si mesmo* como fim último da existência e como senhor legítimo de todos os demais impulsos. Pois todo impulso é dominador: e como tal ele busca filosofar. Por certo: entre os eruditos que são autenticamente científicos as coisas podem se dar de outro modo – de modo "melhor", se se quiser –, uma vez que realmente pode existir algo como um impulso ao conhecimento, como um pequeno mecanismo de relógio independente, que, se bem montado, põe-se a trabalhar com valentia, *sem que* nenhum dos outros impulsos do erudito seja aí parte essencial. Por isso, os autênticos "interesses" do erudito via de regra residem em bem outra parte, como na família, em ganhar dinheiro, ou na política: mais ainda, lhe é quase indiferente sua pequena máquina se posicionar neste ou naquele ponto da ciência e o "esperançoso" jovem trabalhador se transformar num bom filólogo, num especialista em cogumelos, ou num químico: o que o *caracteriza* não está no fato de ele chegar a isso ou àquilo. No filósofo, ao contrário, absolutamente nada é impessoal; e sobretudo a sua moral vem dar aqui um testemunho decidido e decisivo de *quem* ele é – e isso significa: em qual hierarquia os impulsos mais recônditos de sua natureza se dispõem uns em relação aos outros.

7
Quão pérfidos podem ser os filósofos! Não conheço nada mais venenoso que o chiste a que Epicuro se permitiu contra Platão e os platônicos: ele os chamou *dionysokolakes*. Literalmente e à primeira vista, esse termo significa "adulador de Dioniso", e também acessório de tiranos e servis bajuladores; mas, além disso, ainda quer dizer "são todos *atores*, neles nada há de autêntico" (pois *dionysokolax* foi uma designação popular para "ator"). E esse sentido é, no fundo, a perfídia que Epicuro

---

de substrato. São mais profundos que as meras paixões, como mais profundos e abstratos que os instintos – que são agrupamentos de impulsos nos quais já se cristalizou uma modalidade de resposta, ou seja, são grupos de impulsos que, no âmbito de um organismo vivo, muniram--se de memória. Com a noção de impulsos Nietzsche encontra o elo que efetivamente insere o homem na efetividade do vir a ser e da natureza. Com natureza não se trata apenas de sua animalidade, mas mesmo na natureza inorgânica, já que os processos impulsionais – nesse caso sem memória e sem resposta instintual – dizem respeito a todos os processos da Natureza e do Cosmo.

lançou a Platão: incomodavam-lhe as maneiras empoladas, o encenar de si, e disso entendiam Platão e todos os seus discípulos – e disso não entendia Epicuro! O velho mestre-escola de Samos, que se ocultou e se assentou em seu jardinzinho de Atenas, escrevendo ali trezentos livros, quem sabe? Talvez por furor e rivalidade dirigidos a Platão? Cem anos foram necessários até que a Grécia se desse conta de quem tinha sido aquele deus de jardim, Epicuro. Deu-se conta?

8
Em toda filosofia há um ponto em que a "convicção" do filósofo entra em cena: ou, para dizê-lo na linguagem de um antigo mistério:

adventavit asinus,
pulcher et fortissimus[23]

9
Vocês gostariam de viver "conforme a Natureza"? Oh, nobres estoicos, que impostura de palavras! Imaginem vocês um ser, como o é a Natureza, desmesuradamente dissipador, desmesuradamente desmedido, sem intenções nem considerações, sem piedade nem justiça, fecunda, esquálida e ao mesmo tempo incerta, imaginem vocês a própria indeferença como potência – como poderiam vocês viver segundo essa indiferença? Viver – não será precisamente um querer ser outro, que não essa Natureza? A vida não será avaliar, preferir, ser injusto, ser limitado, querer ser diferente? E considerando que seu imperativo "viver segundo a Natureza" significa no fundo tanto quanto "viver segundo a vida" – como poderiam vocês *não* viver assim? Para que fazer um princípio do que vocês próprios são e devem ser? Na verdade as coisas se põem de outro modo: enquanto, embevecidos, fingem ler o cânone de sua lei na Natureza, vocês desejam algo oposto, curiosos atores e autoentrujadores! O seu orgulho quer prescrever e incorporar à Natureza, até mesmo à Natureza, sua moral, seu ideal, pretendem que ela seja a Natureza "conforme a Stoa" e gostariam de exigir que toda existência existisse tão somente segundo a sua própria imagem

---
23. "É chegado um asno bonito e muito forte."

– ao modo de um monstruoso e eterno glorificar e generalizar do estoicismo! Em que pese todo o seu amor à verdade, já de há muito tempo com tamanha obstinação, com tamanha rigidez hipnótica vocês se coagem a ver a natureza de forma falsa, ou seja, estoicamente, até o ponto em que nada mais sejam capazes de ver – e uma como que abissal soberba vem por fim lhes infundir a insensata esperança de que, *uma vez que* sabem se tiranizar a si mesmos – estoicismo é autotirania –, também a Natureza se deixe tiranizar: o estoico não será então um *fragmento* da Natureza?... Mas esta é uma velha eterna história: o que outrora se deu com os estoicos dá-se ainda hoje, bastando que uma filosofia comece a acreditar em si mesma. Ela sempre cria o mundo segundo a sua imagem, não pode fazer diferente; a filosofia é esse próprio impulso tirânico, a mais espiritual vontade de potência,[24] de "criação do mundo", de uma *causa prima*.

10

O fervor e a sutileza, e eu poderia mesmo dizer: a astúcia com que hoje em toda parte na Europa se aborda o problema "do mundo real e do mundo aparente" é algo que nos faz pensar e espreitar: e quem aqui não percebe que no fundo se ouve uma "vontade de verdade" e nada além por certo que não goza dos ouvidos mais apurados. Em casos raros e singulares pode mesmo intervir aí tamanha vontade de verdade, uma vontade algo dissoluta e aventureira, uma ambição metafísica pelo posto perdido, que por fim sempre haveria de preferir um punhado de "certeza" a um inteiro coche de belas possibilidades; pode haver até mesmo puritanos fanáticos da consciência[25] que prefiram se deixar morrer por um nada seguro a fazê-lo por um algo incerto. Mas isso é niilismo e sinal de uma alma desesperada, mortalmente cansada: por mais que os gestos de uma tal virtude possam parecer valentes. Entre os pensadores mais fortes, mais cheios de vida, mesmo sequiosos de vida, as coisas

---

24. Primeira aparição da fórmula de vontade de potência ao longo da obra, aqui conjugada à noção de espiritualização, que em Nietzsche não está relacionada a uma negação do sensível, em nome de um "suprassensível" dele desvinculado, mas diz respeito à vida pulsional – ou seja, à fisiologia e à axiologia – e ao cultivo e evolução dos impulsos.
25. Aqui, como na maioria das ocorrências, trata-se de consciência no sentido de obrigação moral (*Gewissen*) e não de consciência como *Bewusstsein*, ou seja, consciência no sentido de saber o que se está fazendo ou pensando.

parecem se dar de outro modo: ao tomar partido contra a aparência e pronunciar já com soberba o termo "perspectivo", ao conceder ao próprio corpo tão escasso crédito quanto à evidência visual que diz "a Terra não se move", com isso deixando escapar das mãos, aparentemente de bom humor, a posse mais segura (pois em que mais se crê com mais segurança que em seu corpo?), quem sabe se ele no fundo não quer reconquistar algo que em outro tempo possuiu de modo ainda *mais seguro*, algo do velho patrimônio da fé de outrora, talvez "a alma imortal", talvez "o antigo Deus", em suma, ideias com base nas quais, ao contrário das ideias modernas, pode-se viver de modo melhor, ou seja, mais vigoroso e mais sereno. É a *desconfiança* em relação às ideias modernas, a incredulidade para com tudo quanto se edificou ontem e hoje; e mesclado a ela, talvez, é um ligeiro fastio e escárnio, o *bric-à-brac** de conceitos da mais diversa procedência já não mais toleráveis, como são os que hoje o assim chamado positivismo traz ao mercado, uma náusea do gosto mais exigente ante a policromia de feira e a traparia[26] de todos os filósofos da realidade, nos quais nada é novo nem genuíno, a não ser esse colorido. Com relação a isso parece-me que se deva dar razão a esses céticos antirrealistas e microscopistas do conhecimento: seu instinto, que os impele para adiante da realidade *moderna*, é irrefutável – que nos importam suas sendas ocultas e retrógradas! O essencial neles *não* é desejarem "para trás": é, isto sim, desejarem *adiante*. Um pouco *mais* de força, de voo, de coragem, de senso artístico: e desejariam *para fora* – e não para trás!

11

Parece-me que agora por toda parte há um esforço em desviar o olhar da verdadeira influência exercida por Kant na filosofia alemã. Kant, sobretudo e antes de tudo, mostrava-se orgulhoso de sua tábua das categorias, dizendo com a tábua nas mãos: "Eis aqui o mais difícil que

---

* Em francês, no original, bricabraque (forma aportuguesada e dicionarizada em língua portuguesa) significa, em uma tradução mais estrita, uma coleção de objetos de arte/artesanato diversos. (N.E.)

26. O termo *Lappenhaftigkeit* – na verdade, um neologismo de Nietzsche – pretende suscitar a imagem de uma veste feita de trapos, pedaços de pano, devendo-se ressaltar mais o seu caráter de "colcha de retalhos" do que o aspecto andrajoso. A referência a "colorido", logo em seguida, faz pensar nas vestes de um arlequim, como já observou o tradutor e estudioso francês Patrick Wotling.

algum dia já se pôde empreender em favor da metafísica". Ora, compreende-se esse "pôde"! Ele estava orgulhoso de *descobrir* nos homens uma nova faculdade, a faculdade dos juízos sintéticos *a priori*. Supondo que ele próprio se tenha enganado com relação a isso: mas o desenvolvimento e o rápido florescimento da filosofia alemã dependem desse orgulho e da ardorosa disputa de todos os mais jovens para descobrir, se possível, algo ainda mais orgulhoso — e em todo caso "novas faculdades!". Mas consideremos: já não é tempo. Como são *possíveis* os juízos sintéticos *a priori*? Perguntou-se Kant — e o que afinal ele respondeu? *Pela faculdade de uma faculdade:*[27] infelizmente, porém, não com três palavras, mas de modo tão trabalhoso, tão venerável e com tamanho dispêndio de sentido de profundidade e contorcionismo alemão que as pessoas passaram por alto a divertida *niaserie* alemã que se esconde nessa resposta. Houve quem ficasse fora de si com essa nova faculdade, e o júbilo foi às alturas quando Kant veio a descobrir ainda uma faculdade moral no homem — pois à época os alemães ainda eram morais, e de modo algum dados à "Realpolitik".[28] Veio a lua de mel da filosofia alemã; todos os jovens teólogos do seminário de Tübingen logo se puseram à espreita — buscavam todos por "faculdades". E o que foi que todos encontraram — naquele tempo inocente, rico, ainda jovem do espírito alemão, no qual o romantismo, fada maligna, entoava sua música e seu canto, época em que ainda não se sabia manter separados o "encontrar" e o "inventar"! Sobretudo uma faculdade para o "suprassensível": Schelling batizou-a de intuição intelectual e com isso veio ao encontro dos mais íntimos anseios de seus alemães, anseios no fundo bem devotos. A esse inteiro movimento, de todo petulante e arrebatado, que era a juventude, por audaz que fosse em se revestir de conceitos encanecidos e senis, a maior injustiça que se lhe pode fazer é levá-lo a sério e tratá-lo com indignação moral: envelheceram, em suma — o sonho esvoaçou. Veio um tempo em que todos esfregavam os

---

27. No original, Nietzsche pode duplicar o termo "*vermöge eines Vermögens*", uma vez que *Vermögen* designa tanto "faculdade" (como *Fakultät* também designa faculdade, mas emprestando ao termo uma conotação mais científica, mais técnica) quanto, como preposição, "graças a, em virtude de". E ele propriamente o faz para que o texto protagonize a inócua redundância da recorrência a tal expediente explicativo.
28. Referência à Realpolitik de Otto von Bismarck. Se as origens da Realpolitik remontam a Maquiavel, é justamente por "maquiavelismo com boa consciência" que em *A gaia ciência* (aforismo 357) Nietzsche se refere a Bismarck e sua Realpolitik, denunciando-lhe o cinismo.

olhos: esfregam-nos ainda hoje. Tinham sonhado: primeira e principalmente – o velho Kant. "Em virtude de uma faculdade", qual seja, a *virtus dormitiva* – dissera ele, ou ao menos pensara. Mas será isso – uma resposta? Uma explicação? Ou muito mais apenas uma repetição da pergunta? Como o ópio faz dormir? "Em virtude de uma faculdade", qual seja, a *virtus dormitiva* – respondia aquele médico em Molière.

*quia est in eo virtus dormitiva,
cujus est natura sensua assoupire.*[29]

Mas esse tipo de resposta pertence à comédia, e finalmente é chegado o tempo de substituir a pergunta kantiana "como são possíveis os juízos sintéticos *a priori*?" por outra, "por que é *necessária* a crença em tais juízos?" – ou seja, apreender que para a finalidade de conservar seres de nossa espécie tais juízos têm de ser *creditados* como verdadeiros: é por isso que, naturalmente, poderiam ainda ser juízos *falsos*! Ou, falando de modo mais claro, bruto e radical: os juízos sintéticos *a priori* de modo algum devem "ser possíveis": não temos nenhum direito sobre eles, em nossa boca são juízos perfeitamente falsos. Mas acontece que a crença em sua verdade é necessária, como uma crença de fachada e de aparência, pertencente à ótica perspectivística da vida. E para enfim considerar o enorme efeito que por toda a Europa exerceu "a filosofia alemã" – entende-se, assim espero, o direito às aspas? –, não se deve duvidar que uma certa *virtus dormitiva* tem parte aí: graças à filosofia alemã, os nobres ociosos, os virtuosos, os místicos, os artistas, os cristãos três-quartos e os obscurantistas políticos de todas as nações estavam encantados por deter um antídoto contra o sensualismo ainda prepotente, que desde o século anterior refluía sobre este, em suma, *"sensus assoupire"*...[30]

12

No que diz respeito à atomística materialista: está entre as coisas mais bem refutadas que há; e talvez não se tenha hoje entre os doutos na Europa ninguém que seja indouto a ponto de ainda lhe atribuir uma

---
29. "Porque há nele uma força dormitiva, cuja natureza consiste em adormecer os sentidos."
30. Em latim, no original: "adormecer os sentidos".

séria importância, à parte o uso manual e doméstico (ou seja, como abreviação dos meios de expressão) – graças sobretudo àquele polonês Boscovich que, juntamente com o polonês Copérnico, foi até agora o maior e mais vitorioso adversário da aparência. Se precisamente Copérnico, contra todos os sentidos, convenceu-nos a acreditar em que a Terra *"não* está fixa", Boscovich ensinou a abjurar da crença na última coisa que na Terra "tivesse fixidez", a crença na substância, na matéria, no átomo como resíduo e partícula de terra: foi o maior triunfo sobre os sentidos até hoje logrado sobre a Terra.

É preciso ir ainda mais longe e declarar guerra também às "necessidades atomísticas", que ainda sobrevivem perigosamente em regiões onde ninguém imagina, de modo análogo àquela mais célebre "necessidade metafísica" – deve-se em primeiro lugar acabar também com aquela outra atomística, mais insidiosa, que é o que melhor e por mais tempo ensinou o cristianismo, a *atomística da alma*. Que se permita designar com essa palavra a crença segundo a qual a alma seria tomada por algo inelminável, eterno, indivisível, ao modo de mônada, de *atomon*: eis a crença que se deve extirpar da ciência! Dito entre nós, de modo algum é necessário desembaraçar-se da própria alma e renunciar a uma das mais antigas e veneradas hipóteses: como sói acontecer com a inabilidade dos naturalistas, que mal tocam na "alma" e a perdem. Mas está aberta a via para novas versões e refinamentos da hipótese da alma: e conceitos como "alma mortal", "alma como multiplicidade de sujeitos" e "alma como estrutura social dos impulsos e afetos" doravante querem ter direito de cidadania na ciência.[31] Uma vez que o novo psicólogo pôs fim à superstição que até agora se alastrava com quase tropical exuberância pelas representações de alma, ele por certo se desterrou, por assim dizer, para um novo deserto, para uma nova desconfiança – é possível que a condição dos filósofos antigos fosse mais cômoda e mais alegre; mas com

---

31. Observe-se que Nietzsche não está refutando a noção de alma, diferentemente do que acabaram por fazer Descartes, Kant e a filosofia moderna (ver aforismo 54), mas sim a necessidade de estabilidade e fixidez, que estiveram por trás tanto da noção de um átomo indivisível como de uma alma indivisível e imortal. Nesse mesmo sentido, refutará também a ideia de uma consciência una, dada de uma vez por todas, com acesso a seus próprios conteúdos, esta que Descartes e seus sucessores puseram no lugar da alma de conotação religiosa e cristã.

isso ele por fim se dá conta de estar condenado a *inventar* — e, quem sabe?, possivelmente a *encontrar*.³²

13

Os fisiólogos deveriam pensar bem antes de estabelecer o impulso de conservação como impulso cardeal de um ser orgânico. Antes de qualquer outra coisa, algo vivo quer *liberar* sua força³³ — a vida em si mesma é vontade de potência: disso a autoconservação é apenas uma das *consequências* indiretas e mais frequentes. Aqui como em toda a parte, enfim, cautela quanto a princípios teleológicos supérfluos! — como o é um tal impulso de conservação (nós o devemos à inconsequência de Espinosa).³⁴ Bem a isso se presta o método, que tem de ser essencialmente economia de princípios.

14

Começa a clarear hoje em talvez cinco, seis cabeças a ideia de que também a física seja apenas uma interpretação e disposição do mundo (segundo nós, permita-se dizer) e *não* uma explicação do mundo: mas uma vez que ela se funda em uma crença nos sentidos, é tomada por mais do que isso, e ainda por um tempo terá de ser tomada como se fosse mais, ou seja, como explicação. Tem olhos e dedos para si, como para si tem a evidência dos olhos e do toque: isso exerce um efeito fascinante, persuasivo, *convincente*, sobretudo numa época de gosto básico plebeu — por instinto se segue, sim, o cânone da verdade do sensualismo eternamente popular. O que é claro, o que "esclarece"? Em primeiro lugar, o que se deixa ver e tatear — é até esse ponto que se deve conduzir qualquer problema. E o inverso: precisamente na oposição

---

32. No original se tem o jogo de palavras do qual Nietzsche se vale, possibilitado pela prefixação do verbo *finden*, "inventar", formando-se então *erfinden*, "encontrar".
33. Nietzsche foi um leitor voraz dos avanços e das contribuições das ciências de seu tempo — das nascentes e pujantes ciências biológicas, da física, da química —, e seu interesse se dava pelo enfoque e pelo combustível de suas preocupações filosóficas. Embora a ideia de "liberar sua força" (*seine Kraft auslassen*) possa conter ecos dessas leituras e, de modo geral, do discurso científico da época, e embora essa ideia apareça aplicada ao "vivo" e à ação de vontade de potência — como se aplica também aos impulsos, dos quais a vontade de potência é o *factum* último —, não se deve depreender daí uma pretensão cientificizante da parte de Nietzsche e de sua hipótese. O discurso de Nietzsche não é uma formulação com base em observação, como o é o científico, mas uma interrogação possível que leva em conta também a ciência de seu tempo, mantendo-se, porém, a interrogação filosófica — e, no caso de Nietzsche, é, ademais, alegórica.
34. Aqui se tem a primeira das advertências metodológicas de Nietzsche ao longo da obra, versando sempre sobre a economia de princípios.

contra a evidência dos sentidos jazia o encanto do modo de pensar platônico, que era um modo de pensar *aristocrático* – possivelmente entre pessoas que desfrutavam de sentidos até mais fortes e exigentes que os de nossos contemporâneos, mas sabiam encontrar triunfo mais elevado em se manter senhoras sobre os sentidos: e isso mediante redes conceituais pálidas, frias, encanecidas, por eles lançadas sobre o torvelinho multicor dos sentidos – sobre a plebe dos sentidos, como dizia Platão. Havia outra espécie de *gozo* nessa supremacia sobre o mundo e nessa interpretação do mundo à maneira de Platão, diferente da que nos proporcionam os físicos de hoje, assim como os darwinistas e antiteólogos entre os trabalhadores da fisiologia, com seu princípio de "menor força possível" e de maior imbecilidade possível. "Onde o homem nada mais tem a ver e a apreender, tampouco tem algo a buscar" – esse é certamente outro imperativo que não o platônico, que não obstante é para nós uma estirpe rude e laboriosa de maquinistas e construtores de pontes futuras, que a realizar terão apenas trabalhos *grosseiros*, no que bem se pode ter o imperativo justo.

15

Para praticar a fisiologia com boa consciência, há que sustentar que os órgãos dos sentidos *não* são fenômenos no sentido da filosofia idealista: se o fossem, de modo algum poderiam ser causas! Assim, tem-se o sensualismo ao menos como hipótese reguladora, para não dizer como princípio heurístico. Como? E outros chegam a dizer que o mundo exterior seria obra de nossos órgãos? Mas então se teria justamente nosso corpo como um fragmento do mundo exterior, obra de nossos órgãos? Mas então nossos próprios órgãos seriam – obra de nossos órgãos! Tem-se aí, ao que me parece, uma radical *reductio ad absurdum*:[35] considerando que o conceito de *causa sui*[36] seja algo de radicalmente absurdo. Segue-se daí que o mundo exterior *não* será obra de nossos órgãos?[37]

---

35. "Redução ao absurdo", trata-se de um tipo de raciocínio por meio do qual se refuta uma tese mediante a demonstração do caráter contraditório de suas consequências.
36. "Causa de si mesmo", com a crítica a ela Nietzsche iniciará o aforismo 21.
37. Na obra publicada, a questão, circular, de nossos sentidos serem órgãos de observação é abordada também no *Crepúsculo dos ídolos*, "A razão da filosofia", § 3.

16

Continua a haver auto-observadores inofensivos a acreditar que existem "certezas imediatas", por exemplo, "eu penso",[38] ou, como na superstição de Schopenhauer, "eu quero": como se aqui, por assim dizer, o conhecer conseguisse pura e desnudadamente captar seu objeto, como "coisa em si", e como se não houvesse falseamento nem da parte do sujeito, nem da parte do objeto. Mas hei de repetir mil vezes que "certeza imediata", bem como "conhecimento absoluto" e "coisa em si" encerram uma *contradictio in adjecto*:[39] deveríamos, enfim, nos libertar da sedução das palavras! Se o povo pode acreditar que o conhecer é um conhecer até o fim, o filósofo deve dizer para si: "se decomponho o processo em que se expressa o enunciado 'eu penso', recebo uma série de afirmações temerárias, de fundamentação difícil, talvez impossível – por exemplo, a de que sou *eu* que pensa, que deve existir algo que pensa, que o pensar é uma atividade e efeito da parte de um ser, que é pensado como causa, que existe um "eu" e, por fim, que o designado por pensar já se encontra estabelecido –, que eu *sei* o que é pensar. Pois se ainda não decidi quanto ao critério pelo qual o que se passa não seria talvez "querer" ou "sentir"? Certo, esse "eu penso" pressupõe que eu compare meu estado atual com outros estados que eu conheça em mim, para assim estabelecer o que ele é: em razão dessa recorrência a um "saber" diferente, de todo modo o referido estado não tem para mim nenhuma "certeza" imediata. No lugar daquela "certeza imediata" em que, a depender do caso, o povo pode acreditar, o filósofo recebe nas mãos uma série de questões da metafísica, autênticas questões de consciência moral do intelecto, e elas dizem: "De onde eu tomo o conceito de pensar? Por que acredito em causa e efeito? O que me dá o direito de falar em um eu, e mesmo num eu como causa, e finalmente em um eu como causa de pensamentos?". E, invocando uma espécie de *intuição* do conhecimento, aquele que ousasse responder àquela questao metafísica, como faz quem diz: "eu penso e sei que ao menos isto é verdadeiro, real, certo" –, pois

---

38. A referência aqui é à descoberta cartesiana do "eu penso", o *cogito*, como primeira evidência, na *Segunda meditação metafísica*.
39. Expressão latina para se referir a uma contradição que contém uma contradição pelo adjetivo. Ou seja, trata-se de uma contradição em termos.

eis que ele encontrará em um filósofo de hoje muito prontamente um sorriso e dois pontos de interrogação, "Meu senhor", talvez lhe diga o filósofo, "é improvável que esteja errado: mas também por que a verdade a todo custo?".

17
No que diz respeito à superstição dos lógicos: não me cansarei de sempre tornar a ressaltar fato pequeno e breve, reconhecido com desgosto por tais supersticiosos – o fato de que um pensamento vem quando "ele" quer, e não quando "eu" quero; de modo que é um *falseamento* do fato exposto dizer: o sujeito "eu" é condição do predicado "penso". Isso pensa: mas que "isso" venha a ser precisamente aquele velho e famoso "eu" é, para dizer o mínimo, apenas uma hipótese, uma afirmação, e sobretudo não é nenhuma "certeza imediata". E por fim já com esse "isso pensa" diz-se demais: já esse "isso" contém uma interpretação do processo e não pertence ao processo em si. Aqui se deduz, segundo o hábito gramatical, "pensar é uma atividade, para cada atividade se tem alguém a atuar, consequentemente." Mais ou menos segundo o mesmo esquema, a atomística mais antiga buscava pela "força" que exercia efeitos, e ainda por aquele carocinho de matéria, onde ela reside e com base no qual atua, o átomo; cérebros mais rigorosos por fim aprenderam a passar sem esse "resíduo de terra",[40] e talvez algum dia as pessoas, mesmo os lógicos, habituem-se a pensar sem aquele pequeno "isso"[41] (em que se evanesceu o venerável e antigo eu).

18
Por certo que o menor atrativo de uma teoria não será o seu caráter refutável: precisamente com isso ela atrai as mentes mais sutis. Ao que parece, a teoria cem vezes refutada da "vontade livre" deve o seu perdurar tão só a este atrativo: sempre torna a aparecer alguém forte o suficiente para refutá-la.

---
40. Com esse mesmo teor, no aforismo 12 se lê: "Boscovich ensinou a abjurar da crença na última coisa que na Terra 'tivesse fixidez', a crença na substância, na matéria, no átomo como resíduo e partícula de terra".
41. O "isso" que Nietzsche traz aqui pode ser visto como antecipação do "isso" de Freud (*es* no alemão, tanto em Nietzsche quanto em Freud, que passou a nós como "id", pela tradução inglesa, de caráter cientificizante).

19

Os filósofos costumam falar da vontade como se fosse a coisa mais conhecida no mundo; mesmo Schopenhauer deu a entender que somente a vontade nos seria de fato integral e plenamente conhecida, sem decréscimo nem acréscimo. Mas a mim continua a parecer que também aí Schopenhauer fez apenas o que os filósofos costumam fazer: tomou um *preconceito popular* e exagerou-o. O querer me parece algo particularmente *complicado*, algo que apenas como palavra é unidade — e é bem numa palavra que se oculta o preconceito do povo, que venceu a sempre escassa prudência dos filósofos. Sejamos uma vez mais prudentes, sejamos "afilosóficos", e digamos então: em todo querer se tem em primeiro lugar uma pluralidade de sentimentos, precisamente o sentimento do estado do qual *se parte*, o do estado para o qual *se vai*, o próprio sentimento desse "partir" e desse "ir", e ainda um sentimento muscular concomitante que, por uma espécie de hábito, tão logo "queremos" inicia seu jogo, mesmo quando não movemos "braços e pernas". Assim como temos de reconhecer o sentir, e na verdade múltiplos sentires como ingredientes da vontade, da mesma forma se tem com o pensamento: em todo ato da vontade há um pensamento que comanda; e por certo não se deve acreditar que esses pensamentos possam ser apartados do "querer", como se ali ainda restasse vontade! Em terceiro lugar, a vontade não é apenas um complexo de sentires e pensares, mas sim, sobretudo, um *afeto*: e diga-se, aquele afeto de comando. O que se chama de "liberdade da vontade" é essencialmente o afeto de superioridade com relação àquele que deve obedecer: "eu sou livre, 'ele' deve obedecer" — essa consciência oculta-se em cada vontade, e mesmo aquela tensão de atenção, aquele olhar direto que se fixa exclusivamente numa coisa, aquela valoração incondicional "agora se necessita disso e não daquilo outro", a interna certeza de que será obedecido e tudo quanto ainda pertença ao estado daquele que manda. Um homem que *quer* comanda algo dentro de si que lhe obedece ou que ele acredita que lhe obedece. Mas agora se atente ao que há de mais curioso na vontade — nessa coisa tão múltipla, para a qual o povo tem uma única palavra: uma vez que, no caso que nos toca, somos a um só tempo o que manda *e* o que obedece, e na condição do que manda conhecemos os sentimentos de coagir, urgir, oprimir, resistir, mover, que de hábito se iniciam na sequência do ato da vontade; uma vez que, por outro lado, temos o hábito de ignorar, de enganosamente ocultar essa dualidade, graças ao conceito sintético "eu", ao querer enganchou-se uma inteira cadeia de conclusões equivocadas e, consequentemente, de falsas avaliações da própria vontade – de modo que aquele que quer o faz com a boa-fé de que o querer é *suficiente* para a ação. Se na maioria dos casos só se deseja quando se pode esperar o efeito do mando, portanto a obediência, portanto a ação, ocorre que a *aparência* se fez traduzir em ação como se ali houvesse uma *necessidade de efeito*; em suma, com razoável grau de segurança, aquele que quer acredita que vontade e ação de algum modo sejam uma e a mesma coisa – ele atribui o bom resultado, a realização do querer à própria vontade, e com isso goza de um aumento do sentimento de potência que vem de par com todo bom resultado. "Liberdade da vontade" – é o termo a designar aquele múltiplo estado de prazer daquele que quer, que comanda, ao tempo mesmo em que se unifica ao executor, e enquanto tal desfruta do triunfo sobre resistências, em seu íntimo julgando ter sido sua própria vontade que as superou. Desse modo, aquele que quer acrescenta os bem-sucedidos instrumentos de execução, as serviçais "subvontades" ou subalmas – sim, nosso corpo é apenas um construto social de muitas almas – ao seu sentimento de prazer na condição do que comanda. *L'effet c'est moi*:[42] sucede aqui o mesmo que se dá em toda comunidade bem construída e feliz, com a classe dominante a se identificar aos êxitos da comunidade. Na pior das hipóteses, em todo o querer trata-se de mandar e obedecer, tendo-se como base, como dissemos, um construto social de muitas "almas": por isso, um filósofo deveria se valer do direito de compreender o querer em si já no horizonte da moral: moral entendida como teoria das relações de poder, sob as quais surge o fenômeno "vida".[43]

---

42. Em francês, "o efeito sou eu". Trata-se de uma alusão à frase que teria sido dita por Luís XIV, no auge do Antigo Regime; "L'état c'est moi". Se em Nietzsche se tem uma transposição de sentidos de termos consagrados, e assim como sua "grande política" é entendida como política de cultivo (*Züchtung*), e assim como esse cultivo diz respeito aos impulsos, atuantes nos processos corpóreos, a adaptação do dito de Luís XIV pelo filósofo diz respeito à compreensão dos processos corpóreos. Como se vê aqui, se há despotismo, este é temperado por toda uma comunicação entre os impulsos: se há comando, há aquiescência; porém de modo algum esta é cega, mas dá-se por se entender que a potência do outro lhe é irresistível.
43. Uma vez que "vida" advém do inteiro movimento deste crucial aforismo, evidencia-se que essa noção nada tem de núcleo duro ou de fundamento último em Nietzsche, mas sim é o resultado de todo um edifício de hierarquização e de relações pulsionais.

20

Que os conceitos filosóficos individuais nada têm de arbitrário, de algo que cresce por si só, e sim crescem em relação e parentesco um com o outro, uma vez que, por súbito e caprichoso que possa se apresentar seu aparecimento na história da filosofia, não obstante fazem parte de um sistema tanto quanto os membros todos da fauna de um continente: isso por fim revela o grau de certeza com que os mais diferentes filósofos sempre tornam a satisfazer determinado esquema fundamental de filosofias *possíveis*. Sob um encanto invisível, sempre tornam a percorrer a mesma órbita: por independentes que possam se sentir uns dos outros, com sua vontade crítica ou sistemática: algo neles os guia, algo neles os impele numa ordem determinada, um após o outro, precisamente aquela sistematicidade e parentesco inatos dos conceitos. Seu pensar é na verdade muito menos um descobrir que um reconhecer, um relembrar, uma recuperação e um regresso numa longínqua, primordial e integral economia da alma: assim, o filosofar é uma espécie de atavismo da mais alta estirpe. As espantosas semelhanças de família entre todo filósofo indiano, grego e alemão explica-se muito facilmente. Onde existe um parentesco linguístico faz-se de todo inevitável que, graças à comunal filosofia da gramática – quero dizer, graças ao domínio e à condução inconscientes das mesmas funções gramaticais –, tem--se tudo de antemão preparado para um desenvolvimento e sucessão homogêneos dos sistemas filosóficos: da mesma forma como a via parece interditada a certas outras possibilidades de interpretação do mundo. Com grande probabilidade, filósofos da região linguística uralo-altaica[44] (na qual o conceito de sujeito é menos desenvolvido) lançarão um olhar diferente "sobre o mundo" e vão se encontrar em caminhos outros que não os dos indo-germânicos ou muçulmanos: o encanto de determinadas funções gramaticais é, em última instância, o encanto de juízos de valor e condicionamentos de raça *fisiológicos*. Tudo isso para refutar a superficialidade de Locke no tocante à proveniência das ideias.

---

44. A proposta de unir a família linguística urálica e a altaica tentava se impor à época de Nietzsche – ou seja, durante o século XIX –, chegou a se manter durante o século XX, para ser devidamente rechaçada na década de 1960.

21

A *causa sui* é a melhor autocontradição até agora pensada, uma espécie de estupro e monstruosidade lógica: mas o desenfreado orgulho do homem o levou a emaranhar-se de maneira profunda e terrível justamente nesse disparate. O anseio pela "liberdade da vontade", naquela superlativa acepção metafísica, que infelizmente jamais deixou de prevalecer na cabeça dos semi-instruídos, o anseio em assumir a inteira e derradeira responsabilidade por suas próprias ações, desonerando assim Deus, mundo, os ancestrais, o acaso e a sociedade, nada mais é do que precisamente aquela *causa sui* e, com temeridade maior que a de Münchausen, é o puxar-se pelos cabelos do pântano do nada e lançar--se na existência. Supondo que alguém, desse modo, viesse a se dar conta da simplicidade rústica desse célebre conceito de "vontade livre" e o riscasse da mente, eu lhe pediria então que fizesse avançar seu "esclarecimento" um passo a mais e riscasse da mente igualmente a inversão daquele não conceito de "vontade livre": quero dizer que "vontade não livre" decorre de um abuso de causa e efeito. Não se deve equivocadamente *coisificar* "causa" e "efeito", como fazem os naturalistas (e aquele que hoje, como eles, naturaliza ao pensar) em conformidade com a dominante estupidez mecanicista, que pressiona e golpeia a causa até ela "atuar"; deve-se usar a "causa", o "efeito" não mais do que como puros conceitos, e isso significa, como ficções convencionais para fins de relação, de compreensão, e *não* de explicação. No "em si" nada há de "vínculo causal", de "necessidade", de "não liberdade psicológica", e daí não se segue "o efeito à causa", e tal não rege "lei" alguma. Somos nós os únicos a ter inventado[45] as causas, a sucessão, a reciprocidade, a relatividade, a coação, o número, a lei, a liberdade, o motivo, a finalidade; e sempre que projetamos, imiscuímos esse mundo de signos como se fosse um "em si" nas coisas, continuamos a nos conduzir como sempre nos conduzimos, ou seja, *mitologicamente*. A "vontade não livre" é mitologia: na vida real trata-se apenas de vontades *fortes* e *fracas*. É quase sempre um sintoma do que falta ao próprio pensador quando este, já em toda "associação causal" e em "necessidade psicológica", preenche-as

---

45. Também aqui a questão da invenção, da relação causal que, se no estrato que até então se privilegiou é tida por "conhecida", no estrato descortinado por Nietzsche, a incluir o âmbito inconsciente das relações pulsionais, é "inventada".

com algo de coerção, de necessidade, de compulsória sucessão, de pressão, de não liberdade: é traiçoeiro sentir desse modo — a pessoa se trai. E de modo geral, se bem observei, é de dois lados completamente opostos que a "não liberdade da vontade" é concebida como problema, mas sempre de um modo profundamente *pessoal*: alguns por preço nenhum querem renunciar à sua "responsabilidade", à fé em si mesmos, ao direito pessoal ao *seu* mérito (a esse lado pertencem as raças vaidosas); já outros, ao contrário, não querem responsabilidade por nada, nem ser culpados por nada e, por íntimo autodesprezo, aspiram a poder *revolver o fardo* de si para qualquer outro lugar. E esses últimos, quando escrevem livros, costumam hoje tomar o partido de criminosos; uma espécie de compaixão socialista é a roupagem que lhes cai melhor. E, de fato, o fatalismo da fraqueza de vontade embeleza-se de modo surpreendente quando sabe se representar a si mesmo como *"la religion de la souffrance humaine"*:[46] é o *seu* "bom gosto".

22

Perdoe-se a mim, como velho filólogo[47] incapaz de se livrar da malevolência de pôr o dedo nas más artes de interpretação: mas aquela "regularidade da Natureza", de que tão orgulhosamente falam seus físicos, como se existisse apenas graças à sua interpretação e má "filologia", ela não é realidade, não é "texto", muito mais apenas é rearranjo e torção ingênuo-humanitários de sentido, com os quais bem se comprazem os instintos democráticos da alma moderna! "Por toda parte a igualdade perante a lei" — nisso a natureza não está nem em condições outras nem melhores que as nossas: uma polida reticência com que mais uma vez se traveste a hostilidade dos homens da plebe contra todo o privilegiado e soberano, e ao mesmo tempo um segundo e mais refinado

---
46. Em francês, no original: "A religião do sofrimento humano".
47. Se foi o Nietzsche *filósofo* que o fez migrar da filologia para a filosofia propriamente dita, o Nietzsche *filólogo* jamais abandonou o seu modo de ver a filosofia e interpretar o texto do mundo. O Nietzsche filólogo renovou a filosofia ao nela introduzir os princípios metodológicos da filologia histórico-crítica. Falta de filologia em filosofia — e ele retomará a ideia em escritos do final de sua produção — é a inserção de motivos e explicações a turvar a leitura e compreensão de um texto, que pode ser um texto filosófico, literário, ou, evidentemente, o da Natureza. Exemplos dessa intromissão, pela "falta de filologia", estão no ato sub-reptício de introduzir "Deus como condutor do destino humano: ou a interpretação de seu pequeno destino, como se tudo tivesse sido ajeitado e pensado para a salvação da alma" (15 [91], primavera de 1888).

ateísmo. "*Ni dieu, ni maître*"⁴⁸ – também vocês querem isso: assim sendo, "viva a lei da Natureza"! – não é verdade? Como temos dito, porém, isso é interpretação, não texto: e poderia vir alguém com intenção e arte de interpretação opostas, que da mesma natureza e com relação aos mesmos fenômenos soubesse sacar precisamente o triunfo tirânico e impiedoso de reivindicações de potência, um intérprete que de tal modo pusesse diante dos olhos a excepcionalidade e incondicionalidade vigentes em toda "vontade de potência", de modo tal que quase toda palavra e mesmo a palavra "tirania" por fim parecesse inutilizável ou metáfora débil e aliviadora – pois demasiado humana; no entanto, sobre este mundo afirma-se o mesmo que vocês afirmam, ou seja, que ele tem um transcurso "necessário" e "calculável", mas *não* porque as leis o regem, e sim porque absolutamente *faltam* leis, e toda potência a todo momento extrai suas últimas consequências. Supondo que também isso seja uma interpretação – e vocês estariam ávidos por assim objetar? – pois tanto melhor.⁴⁹

23

A inteira psicologia até agora se manteve presa a preconceitos e temores morais: não ousou às profundezas. Concebê-la ao modo de morfologia e *teoria da evolução*⁵⁰ *da vontade de potência*, como eu a concebo – nisto ainda ninguém sequer roçou em pensamento: a esse respeito, no que foi até agora descrito pode-se reconhecer um sintoma do que até agora foi silenciado. O poder dos preconceitos morais penetrou

---
48. "Nem Deus, nem mestre."
49. Note-se que se no "Prefácio" Nietzsche propõe outra maneira de se acercar da verdade, convertendo o que era pura e simples busca numa questão; e, se no início do aforismo 1, a busca pela verdade é substituída por "vontade de verdade", ele não poderia aqui trazer mais uma verdade, a sua, ao inteiro cadinho de verdades que ele questionara já na intenção mesma de estabelecer verdades. Saliente-se aqui que o registro no qual a formulação de Nietzsche de bom grado é reconhecida como interpretação é o mesmo registro no qual a busca da verdade é tratada como questão, a saber, o registro consciente que se sabe prolongamento do inconsciente, este que está em questão sempre que se refere a "impulsos" e "pulsional".
50. Com sua "teoria da evolução", Nietzsche procura a um só tempo aprofundar e subverter o princípio de atuação das teorias biológicas da evolução e seu caso particular, a teoria da seleção natural de Charles Darwin. A mera conservação que, segundo Darwin e os ingleses, seria visada pelos organismos vivos é submetida a uma visão em profundidade, revelando-se força vital lastreada por vontade de potência; o dogma espinosano das ciências naturais, a fazer com que os investigadores imputem à natureza indigência e luta pela existência (*Gaia ciência*, § 349), é submetido a uma perspectiva mais ampla, na qual se encontra o moto indelével e incontornável das descargas pulsionais.

profundamente o mundo mais espiritual, aparentemente mais frio e isento de pressupostos – e, como se depreende de si mesmo, de maneira nociva, inibidora, ofuscante, deturpadora. Uma autêntica fisiopsicologia[51] tem de lutar com resistências inconscientes no coração do pesquisador, ela tem "o coração" contra si: já uma teoria do condicionamento recíproco dos impulsos "bons" e "maus" provoca, como imoralidade mais sutil, aflição e desgosto numa consciência moral mais forte e encorpada – o que mais ainda se dá com uma teoria pela qual se derivem todos os bons impulsos dos maus. Supondo que alguém tenha os afetos do ódio, da inveja, da cobiça, da tirania por afetos condicionantes da vida, por algo que de maneira radical e fundamental se deva manter presente na inteira economia da vida, devendo com isso ser intensificados se a vida é para ser intensificada, esse alguém padecerá dessa orientação de seu juízo como de um enjoo do mar. E, contudo, também essa hipótese nem de longe vem a ser a mais penosa e a mais estranha neste imenso reino, ainda novo, de conhecimentos perigosos: e há de fato uma centena de bons motivos para que desse reino se mantenha distante todo aquele que o *possa*! Por outro lado: uma vez que se desviou seu navio até aqui, pois bem! Adiante! Agora cerrem os dentes! Olhos abertos! Mão firme no timão! – singramos por sobre a moral, *indo além*, forçamos, esmigalhamos talvez nossos próprios resíduos de moralidade, enquanto fazemos e ousamos fazer nossa viagem para lá – mas o que importa *a nós*! Nunca antes se abriu *mais profundo* mundo de conhecimento a viajantes e aventureiros: e o psicólogo, que desse modo "realiza sacrifícios" – *não* o *sacrifizio dell'intelletto,*[52] pelo contrário! –, ao menos poderia aspirar a que a psicologia tornasse a ser reconhecida como senhora das ciências, para cujo serviço e preparação existem as demais ciências. Pois doravante a psicologia é novamente a via para os problemas fundamentais.

---

51. Aqui Nietzsche procede a mais uma transposição de termos – disciplinas científicas, no caso: fisiologia e psicologia aparecem conjugadas e transpostas para uma fisiopsicologia (que pode também ser referida como "psicofisiologia", para *Physio-Psychologie*). A transposição e o neologismo assinalam uma recusa das disciplinas acadêmicas que em seu tempo floresciam com vigor. Da fisiologia de então, ele recusa o viés do materialismo estrito; da psicologia, recusa ecos e propósitos de idealismo, a um e outro contrapondo sua renovada abordagem de cunho axiológico: os impulsos, ou instintos, não se inter-relacionam por relações de causa e efeito, mas porque entre si, a todo tempo, valoram.
52. Em italiano, no original: "sacrifício do intelecto".

CAPÍTULO II
O ESPÍRITO LIVRE

24

O sancta simplicitas![53] Em quão curiosa simplicidade e falsificação vive o homem! Impossível deixar de se maravilhar uma vez tendo pousado o olhar em tal prodígio! Como temos tornado tão luminoso, livre e leve tudo à nossa volta! Desde o início a nossos sentidos temos conseguido emprestar passe livre para tudo quanto é superficial, e a nosso pensar um desejo divino por deliberados saltos e paralogismos! – desde o início entendemos como conservar nossa ignorância, para assim gozar de quase inconcebíveis liberdade, precipitação, imprudência, intrepidez, serenidade[54] na vida para se desfrutar da vida! E foi só mesmo sobre esse firme e granítico fundamento de ignorância que até agora pôde se alçar a ciência, a vontade de saber, só mesmo sobre o fundamento de uma vontade muito mais violenta, a vontade de não saber, de incerteza, de não verdade! Não como seu oposto, mas – como seu refinamento! Ainda que a *linguagem* aqui, como alhures, não seja capaz de sair de sua rudeza e continue a falar de opostos onde há apenas graus e uma sutil diversidade de gradações;

---

53. "Oh, santa ingenuidade". A exclamação é atribuída ao reformador Jan Hus (1369-1415), quando, durante seu martírio na fogueira, à que foi condenado como herege, viu uma velhinha que por zelo religioso lançou uma acha (arma similar a um machado) à fogueira.
54. Se na nota sobre a "nova língua" proposta por Nietzsche (inserida no aforismo 4) fez-se atentar para a transposição de termos como um dos aspectos do estilo de Nietzsche, o caso do termo serenidade, *Heiterkeit*, é talvez um dos mais emblemáticos. A noção de serenidade remete à sua autoria por Winckelmann (1717-1768), hoje tido como o fundador da história da arte, que para o autor do *Zaratustra* teria transmitido um conceito equivocado para caracterizar a Grécia clássica. Para Nietzsche, foram os traços de uma Grécia tardia e já declinante – e isso significa pós-racionalidade dialética socrática – que teriam induzido Winckelmann a atribuir a ela um estado de bem-estar à exclusão de todo o embate e todo o perigo. Mas sobretudo na Grécia realmente cara a Nietzsche, que é a pré-socrática, a ideia de harmonia e de clareza não se aplica, sendo na verdade um disfarce da luta agonal de fundo, a suscitar as más compreensões: "as luminosas aparições dos heróis de Sófocles, em suma, o apolíneo da máscara, são produtos necessários de um olhar no que há de mais íntimo e horroroso da natureza, como que manchas luminosas para curar a vista ferida pela noite medonha" (cf. NIETZSCHE, F. *O nascimento da tragédia*. Trad. Jacob Guinzburg. São Paulo: Companhia das Letras, 2012, p. 60). Assim, a "serenidade" não seria uma ingenuidade de fundo, nem um estado original de harmonia, mas sim "o triunfo obtido pela vontade helênica, através de seu espelhamento da beleza, sobre o sofrimento e sabedoria do sofrimento" (*Idem*, p. 105). E num escrito póstumo, ao tratar da "hipocrisia dos filósofos", Nietzsche a constata já mesmo entre os gregos, que teriam ocultado seu afeto agonal, adornando-se como "os mais felizes" por meio da virtude (26 [285], fragmento póstumo do verão-outono de 1884).

ainda que a inveterada tartufice da moral, agora insuperavelmente parte de nossa "carne e sangue", chegue a distorcer em nós, homens de saber, até mesmo as palavras na boca: aqui e ali percebemos, e nos rimos, de quanto justamente a melhor ciência vem a ser a que melhor simplifica, a que mais quer nos prender neste mundo *simplificado*, de todo artificial, devidamente vedado, devidamente falseado, pois, querendo-o sem querer, ela ama o erro, porque, viva, ama a vida!

25
Após um preâmbulo tão alegre, não há que se deixar de ouvir uma palavra séria: dirige-se aos mais sérios. Cuidem, vocês filósofos e amigos do conhecimento, e se guardem do martírio! Do sofrimento de "se querer a verdade"! Guardem-se mesmo de sua própria defesa! Isso corrompe toda inocência e toda a sutil neutralidade de sua consciência,[55] isso os faz obstinados contra objeções e panos vermelhos, imbeciliza, animaliza, converte-os em touros[56] quando em luta contra o perigo, contra a difamação, contra a suspeita, repulsa e consequências ainda mais brutais da hostilidade, vocês ainda têm de fazer as vezes de defensores da verdade na Terra: como fosse "a verdade" pessoa inofensiva e tola, a ponto de necessitar defensores!; e precisamente vocês, cavaleiros da mais triste figura,[57] meus senhores ociosos e tecedores de teias do espírito! Em última instância bem sabeis que não deve contar em nada ser precisamente *vocês* a terem razão, como não deve contar que até agora nenhum filósofo tenha tido razão, e que em cada pequeno ponto de interrogação, que inserem depois de suas palavras e teorias favoritas (e eventualmente atrás de si mesmos), se tem mais veracidade que em todos os solenes gestos e triunfos ante promotores e tribunais! É preferível se pôr à parte! Fugir para o oculto! E tenham sua máscara e sutileza, para que

---

55. Consciência aqui entendida em sentido moral – no alemão consta como *Gewissen*.
56. Aqui o jogo de palavras é operado mediante o prefixo *ver- (verdummt, verthiert und verstiert)* e com o neologismo *verstiert*, que significa literalmente "tornar-se touro", a sugerir todas as associações passíveis de ser feitas com o referido animal. Os neologismos em Nietzsche, no âmbito de sua concepção e de seu exercício do estilo, exercem funções como a de fazer valer o viés expressivo da linguagem em detrimento do referencial – pois no limite não há referentes –, evidenciar a insuficiência dos termos que se têm à disposição e contornar o caráter gregário da linguagem verbal, privilegiando uma expressividade singular, passível de ressoar as profundezas incompartilháveis da esfera pulsional.
57. A referência, obviamente, é a Dom Quixote.

os confundam! Ou para que lhes tenham algum temor! E não esqueçam do jardim, o jardim com treliças douradas! E tenham à sua volta homens como no jardim – ou como música sobre a água, à hora do entardecer, quando o dia já se faz lembrança: escolham a *boa* solidão, a solidão livre e deliberada, que também lhes confere o direito de ainda se manter bons em algum sentido! Quão venenosos, quão astuciosos e quão ruins torna os homens toda a guerra prolongada, que se deixa conduzir com aberta violência! Quão *pessoais* faz os homens um temor prolongado, um prolongado olhar fixo nos inimigos, nos possíveis inimigos! Esses proscritos da sociedade, esses longamente perseguidos, severamente perseguidos – também os eremitas por coerção, os Espinosa ou Giordano Bruno –, acabam sempre se convertendo, que o seja sob a máscara mais espiritual, e, talvez sem que o saibam, em refinados rancorosos e envenenadores (exume-se ainda uma vez o fundamento da ética e da teologia de Espinosa!) –, para não falar da estupidez da indignação moral, esta que num filósofo é o infalível sinal de que ele perdeu o humor filosófico. O martírio do filósofo, seu "sacrifício pela verdade", traz para a luz o que de agitador e de ator nele se oculta; e supondo que até agora só mesmo com curiosidade artística tenha se contemplado o filósofo, com respeito a alguns deles por certo se pode ter por compreensível o desejo perigoso de vê-lo mais uma vez em sua degeneração (degenerado em "mártires", em histriões de palco e tribuna). Mas quem se alimenta desse desejo deve ter claro para si o que em qualquer caso se terá a ver aqui: apenas uma comédia satírica, apenas uma farsa de um pós-espetáculo, apenas a contínua comprovação de que a longa e verdadeira tragédia *chegou ao fim*: supondo-se que ao nascer toda filosofia tenha sido uma longa tragédia.

26
Todo homem seleto aspira instintivamente a seu castelo e a seu segredo, onde se redime da multidão, dos muitos, da maioria, onde lhe é permitido esquecer a regra "homem" e ser exceção a ela: excetue-se o caso de um instinto mais forte lhe impelir diretamente contra essa regra, como homem de conhecimento em amplo e excepcional sentido. Aquele que, no trato com os homens, não floresça com todas as cores da necessidade, vindo a se pôr verde e cinza de náusea, de fastio, de compaixão, de melancolia, de isolamento, este certamente não é homem de gosto

elevado; supondo, porém, que de moto-próprio não tome todo esse peso e desprazer para si, que agora e sempre se esquive e, como dissemos, se mantenha escondido silente e orgulhoso em seu castelo, então uma coisa é certa: ele não é feito, não é predeterminado para o conhecimento. Pois, se assim fosse, um dia haveria de se dizer "que o diabo carregue o meu bom gosto!", porém a regra é mais interessante que a exceção – como eu, a exceção!" – e se poria a caminho *para baixo*, sobretudo "para dentro".

O estudo do homem *médio*, que seja prolongado, sério, a exigir para tal fim toda uma dissimulação, superação de si, toda uma familiaridade e má companhia – toda companhia é má companhia a não ser a de seus iguais: tem-se aí peça necessária da história de vida de todo filósofo, talvez a peça mais desagradável, mais fétida, mais decepcionante. Mas, se tiver sorte, como sói acontecer a um filho dileto do conhecimento, encontrará verdadeiras abreviações e facilitações de sua tarefa – tenho em mente os chamados cínicos, isto é, aqueles que, de modo puro e simples, reconhecem em si o animal, o vulgar, a "regra", e ao fazê-lo têm ainda aquele grau de espiritualidade e prurido necessário para falar de si e de seus iguais *perante testemunhas*: por vezes revolvem-se até mesmo em livros, como em seus próprios excrementos. O cinismo é a única forma em que almas vulgares se acercam do que seja a probidade; o homem superior terá ouvidos atentos a todo cinismo grosseiro ou sutil e se felicitará todas as vezes em que, bem diante dele, vierem a alçar a voz o bufão carente de vergonha ou o sátiro científico. Chega a haver casos em que a náusea se mescla ao fascínio: neles, por um capricho da natureza, o gênio se faz atrelado a tais bodes e símios indiscretos, como é o caso do *abbé*[58] Galiani, o homem mais profundo, perspicaz e talvez o mais sujo de seu século – foi muito mais profundo que Voltaire e, por consequência, também um bom tanto menos loquaz. Como já se insinuou, com muito mais frequência se tem a cabeça científica assentada sobre o corpo de um macaco, e um refinado entendimento, de exceção, sobre uma alma vulgar – em especial entre médicos e fisiólogos da moral, essa eventualidade não é nem um pouco rara. E ali onde sem amargura, muito mais de modo inofensivo, alguém fala de homens como de um ventre com duas necessidades ou de uma cabeça com uma só; em toda parte onde alguém vê, procura e *queira*

---

58. Em francês, no original: "abade".

ver sempre e tão somente fome, apetite sexual e vaidade, como fossem os reais e únicos propulsores das ações humanas; em suma, onde se fale "mal" do homem – mas não *maldosamente*, ali o amante do conhecimento deve escutar com esmero e sutileza, deve ser ouvido sobretudo por toda parte em que se fale sem indignação. Pois o homem indignado, e todo aquele que com os próprios dentes se rasgue e se despedace a si mesmo (ou, em substituição a isso, ao mundo, ou a Deus, ou à sociedade), esse talvez seja moralmente superior ao sátiro sorridente e autossatisfeito, mas em todos os demais sentidos ele será o caso mais habitual, mais irrelevante, menos instrutivo. E ninguém mente *tanto* quanto o indignado.

27

É difícil ser compreendido: sobretudo quando se pensa e vive *gangasrotogati*,[59] entre pessoas ruidosas, que pensam e vivem diferentemente, a saber, *kurmagati*[60] ou, no melhor dos casos, "segundo o modo de caminhar da rã" *mandeikagati* – faço mesmo tudo para ser mal compreendido? – e de coração devemos reconhecer a boa vontade em se pôr alguma sutileza na interpretação. Mas no tocante "aos bons amigos", sempre muito acomodados e acreditando ter, como amigos, o direito à comodidade, faz-se bem em, de antemão, lhes conceder margem e arena para a incompreensão[61] – assim ainda se tem algo para rir – ou afastá-los de todo, esses bons amigos – e também rir.

28

O mais difícil de se traduzir de uma língua a outra é o *tempo*[62] de seu estilo: ele se funda no caráter da raça ou, fisiologicamente falando, no

---

59. "Segundo o andar da corrente do Ganges", mediante transliteração do termo sânscrito *gangasrotogati* – a informação é de Walter Kaufmann, em sua tradução para o inglês da presente obra, *Beyond good and evil*. Kaufmann também observa que a transliteração correta seria *gáṅgāsrotagati*.
60. "Segundo o andar da tartaruga", igualmente por transliteração do sânscrito. Da mesma forma, Kaufmann faz atentar para a transliteração que seria a correta, *kūrmagati*.
61. Aqui, nos aforismos 27 e 28, Nietzsche trata do que numa língua não pode ser compartilhado, sendo também intraduzível, que é o ritmo e o *tempo*; desses elementos o filósofo se vale em seu exercício do estilo, e é assim por se fiar no incompartilhável e intraduzível que não sucumbe, em sua filosofia, aos efeitos gregários da linguagem. Nesse sentido, o aforismo 268, no capítulo IX, contrapõe-se aos aforismos 27 e 28 justamente por tratar da linguagem do ponto de vista da vulgarização que lhe é intrínseca.
62. Nietzsche faz valer aqui a sua sólida formação musical, bem como a musicalidade que permeia o seu pensamento: *tempo* aqui, justamente, é o *tempo* no sentido musical, isto é, no sentido da pulsação básica de uma composição.

tempo médio de seu "metabolismo".⁶³ Existem traduções honestamente concebidas que são quase falsificações, ao modo de vulgarizações involuntárias do original, de modo puro e simples porque não se pôde traduzir o seu *tempo* valente e alegre, *tempo* que salta sobre tudo quanto há de perigoso em coisas e palavras. O alemão é quase incapaz do *presto* em sua língua: é razoável inferir ser incapaz também de muitas das mais divertidas e temerárias nuances do pensamento livre, de espíritos livres. Assim como o bufão e o sátiro lhe são estranhos em corpo e consciência, e assim como Aristófanes e Petrônio lhe são intraduzíveis. Entre os alemães, tudo quanto é grave, pesaroso, solenemente grosseiro, tudo quanto é gênero de estilo fastidioso e monótono desenvolve-se em multiformidade abundante – perdoem-me o fato de que mesmo a prosa de Goethe, em seu misto de rigidez e delicadeza, aqui não faz exceção, como um reflexo dos "bons velhos tempos", a que ela pertence, e como expressão do gosto alemão, da época em que ainda havia um "gosto alemão": era um gosto rococó, *in moribus et artibus*.⁶⁴ Lessing vem a ser exceção, graças à sua natureza de ator, que entendia muitas coisas e era entendido em muitas delas; ele, que não em vão foi tradutor de Bayle e se comprazia em fugir para perto de Diderot e Voltaire, e, mais ainda, para entre os poetas da comédia romana: e também no *tempo* Lessing amava a liberdade de espírito, a fuga da Alemanha. Mas de que modo a língua alemã seria capaz de, mesmo na prosa de um Lessing, imitar o *tempo* de Maquiavel, que em seu *Príncipe* nos faz respirar o ar fino e seco de Florença e não consegue evitar de expor o assunto mais sério em um impetuoso *alegrissimo*: talvez não sem a maliciosa percepção de artista, cujo contraste ele ousava ali – pensamentos longos, pesados, perigosos e duros, e um tempo de *galope* e do mais travesso dos humores. Quem, por fim, poderia ousar uma tradução alemã de Petrônio, que, mais do que qualquer grande músico até agora, tem sido o mestre do *presto*, com sua inventividade, com seus lampejos, suas palavras: que importam, enfim, todos os pântanos de um mundo enfermo, nefasto, mesmo do "mundo antigo", quando se tem, como ele, os pés de vento, a tração e o alento, o escárnio mais libertador de um vento, que a tudo faz saudável ao fazer *tudo* correr! E no tocante

---

63. Note-se aqui a intenção do filósofo de fazer ver o *tempo* deste ou daquele estilo como uma questão fisiológica.
64. Em latim, no original: "nos costumes e nas artes".

a Aristófanes, aquele espírito transfigurador, complementar, em razão do qual se perdoa todo o helenismo de haver existido, considerando que se tenha compreendido em toda a profundidade o que ali exige ser perdoado, transfigurado: eu não saberia dizer o que mais teria me feito sonhar com o segredo de Platão e sua natureza de esfinge do que este *petit fait*[65] felizmente conservado: o de que sob o travesseiro do seu leito não havia *Bíblia*, nada egípcio, pitagórico, platônico – mas sim Aristófanes. Como até mesmo Platão teria suportado a vida – uma vida grega, à qual ele disse "não" – sem um Aristófanes!

29

Ser independente[66] é coisa para poucos: é prerrogativa dos fortes. E quem intenta sê-lo sem a *necessidade*, ainda que com os melhores direitos para tal, com isso demonstra que provavelmente é não apenas forte, mas temerário até a exuberância. Ele adentra um labirinto, multiplica por mil os perigos que a vida já traz consigo; desses perigos, o menor deles não estará em ninguém ver com os próprios olhos como e onde ele se extravia, se isola e se despedaça por um minotauro qualquer na caverna da consciência.[67] Supondo que ele venha a perecer, isso ocorre tão longe da compreensão dos homens que estes não podem sentir e se compadecer[68] – e ele já não pode voltar atrás! Nem mesmo para a compaixão dos homens pode voltar atrás!

30

Nossas supremas compreensões têm de parecer – e devem parecer! – como loucuras e, sob certas circunstâncias, como crimes, quando indevidamente chegam aos ouvidos daqueles que não são feitos para elas, nem lhes são predestinados. O exotérico e o esotérico, distinção que

---
65. Em francês, no original: "pequeno fato".
66. Trata-se aqui de uma independência fomentada no âmbito pulsional, isto é, refere-se à autonomia que se pode ter por meio da apropriação de seus próprios impulsos, que seja pouco ou nada interceptada ou incondicionada pelos condicionamentos de ordem gregária e moral.
67. Aqui se trata de consciência moral, *Gewissen*, e não da consciência no sentido de saber o que se está pensando. Sobre a consciência moral em Nietzsche, ver toda a segunda dissertação da *Genealogia da moral*, em especial sua seção 3.
68. Aqui se tem um jogo de palavras com *fühlen und mitfühlen,* que, tal como nos outros casos, longe de ser mera ornamentação, é um modo pelo qual Nietzsche ressalta uma proximidade entre "sentir" e "compadecer".

em outros tempos se operava entre filósofos, tanto nos indianos quanto nos gregos, persas e muçulmanos, em suma, por toda parte onde se acreditava em hierarquia e *não* em igualdade e direitos iguais, não se diferenciam entre si tanto pelo fato de o exotérico se encontrar fora e se pôr de fora, e não de dentro de onde se vê, se aprecia, mensura, tece juízos: o mais essencial aqui está em ele ver as coisas de baixo para cima — o esotérico, porém, *de cima para baixo*! Há alturas da alma das quais mesmo a tragédia cessa de produzir o efeito trágico; e, se se tomasse toda a dor do mundo numa unidade, quem ousaria decidir se um aspecto *necessariamente* induziria e coagiria à compaixão, e desse modo à duplicação da dor?... O que serve de alimento ou de tônico à espécie mais elevada de homem deve ser um veneno para uma espécie bem diferente e inferior. Em um filósofo, as virtudes do homem vulgar poderiam significar vícios e fraquezas; seria possível que um homem de alta linhagem se degenerasse e perecesse, só então se visse de posse de qualidades que, no mundo ignóbil a que desceu, fá-lo-iam venerado como um santo. Há livros que têm para a alma e para a saúde um valor invertido, a depender de servirem-se dele almas inferiores, força vital inferior ou então as superiores e mais poderosas: no primeiro caso são livros perigosos, corrosivos, dissolventes, e no outro são invocações de arauto, a desafiar os mais valentes à *sua* valentia. Os livros para todos são sempre livros fétidos: impregna-os o cheiro de gente miúda. Onde o povo come e bebe, mesmo onde rende adoração, o ar costuma feder. Não se deve ir a igrejas quando se quer respirar ar *puro*.

31

Nos anos de juventude se adora e se despreza ainda sem aquela arte da nuance, que se constitui no melhor benefício da vida e, como é razoável, deve-se duramente expiar ter assim tomado de assalto pessoas e coisas com um sim e com um não. Tudo está disposto para que o pior de todos os gostos, o gosto pelo incondicional, faça-se cruelmente enganado e violado, até o homem aprender a inserir alguma arte em seus sentimentos e, melhor ainda, ousar tentar o artificial: como fazem os bons artistas da vida. A cólera e a veneração tão própria ao jovem parecem não descansar até haver falseado profundamente pessoas e coisas, a ponto de ser possível descarregar-se nelas: a juventude é em si algo falseante e enganador. Mais tarde, quando a alma jovem, martirizada por ruidosas desilusões, por fim se volta para si desconfiada, ainda ardente e selvagem mesmo na desconfiança e no remorso: como se enfurece consigo mesma, como se despedaça e se impacienta, como se vinga pelo prolongado deslumbre de si, como fosse ela uma cegueira voluntária! Nessa transição castigamo-la nós mesmos, por desconfiar de seu sentimento; tortura-se o seu entusiasmo com a dúvida, sim, e até a boa consciência é sentida como um perigo, e mesmo como autodissimulação e cansaço da probidade mais fina; e, sobretudo, toma-se partido, e partido basicamente *contra* "a juventude". Uma década se passa: e compreende-se que também tudo isso era ainda juventude!

32

Durante toda a mais longa era da história humana – chamada era Pré--Histórica – o valor ou não valor de uma ação foi inferido de suas consequências: nem a ação em si mesma nem a sua procedência eram levadas em conta, mas sim, de modo semelhante ao que ainda hoje se tem na China, onde uma distinção ou uma vergonha do filho recai sobre os pais, havia a força retroativa do êxito ou do insucesso, que induzia os homens a pensar bem ou mal de uma ação. A esse período chamamos de período *pré-moral* da humanidade: o imperativo "conhece-te a ti mesmo" ainda era desconhecido. Nos últimos dez milênios, ao contrário, em algumas amplas extensões da superfície terrestre passo a passo se chegou a ponto de não se poder decidir quanto ao valor de uma ação por suas consequências, e sim por sua proveniência: isso representa, no todo, um considerável refinamento na visão e no critério de medida, que é efeito inconsciente da prevalência de valores aristocráticos e da crença na "proveniência", indicador de um período que se pode designar *moral* em sentido estrito: fez-se com isso a primeira tentativa de autoconhecimento. Em lugar das consequências, a proveniência: qual inversão de perspectiva! E certamente a inversão só veio a se dar depois de prolongadas lutas e oscilações! Não há dúvida: uma insidiosa nova superstição, uma estreiteza da interpretação veio com isso a prevalecer: no sentido mais preciso do termo se interpretou a proveniência de uma ação como proveniência de uma *intenção*: houve um acordo quanto à crença de que o valor de uma ação se comprovava pelo valor de sua intenção. A intenção na condição da inteira origem e pré-história de uma ação: sob esses preconceitos se passou a elogiar, condenar, julgar, até mesmo a filosofar quase até os dias atuais. Mas não teríamos chegado hoje à necessidade de mais uma vez decidir quanto à transvaloração e ao radical deslocamento dos valores, graças a uma renovada autoconscientização e a um aprofundamento do homem, não deveríamos nos deter no limiar de um período que, pela via negativa, seria de pronto caracterizado como *extramoral*: hoje, onde ao menos entre nós imoralistas insinua-se a suspeita de que uma ação está precisamente no que é *não intencional*, de que aí se mostra seu valor mais decisivo e de que toda a sua intencionalidade, tudo o que da ação pode ser visto, sabido e se fazer "consciente" pertence à sua superfície e à sua pele – que, como toda pele, revela algo, mas não *ocultaria* um tanto mais? Em suma, acreditamos que a intenção é apenas sinal e sintoma, que ela demanda interpretação e ademais um sinal a significar toda uma variedade e, consequentemente, quase nada significar em si – acreditamos que a moral, no sentido de até agora, portanto a moral de intenções, tem sido um preconceito, uma precipitação, talvez algo de provisório,[69] coisa da ordem da astrologia e da alquimia, mas em todo caso algo que deve ser superado. A superação da moral, em certo sentido até mesmo a autossuperação da moral: que o nome possa designar o longo e secreto labor que se mantém reservado às mais sutis e honestas entre as maliciosas consciências de hoje, ao modo de vivazes pedras de toque da alma.

33

Não há o que fazer: é preciso impiedosamente chamar às falas e convocar ao tribunal os sentimentos de devoção, de sacrifício pelo próximo, a inteira moral de autorrenúncia: o mesmo há que se fazer com a estética da "contemplação desinteressada", sob a qual, de forma bastante sedutora, a desvirilização da arte intenta hoje criar uma boa consciência. Há demasiado encanto e açúcar naqueles sentimentos do "para os outros" do "*não* para mim", como se nao fosse necessário aqui nos fazermos duplamente desconfiados e questionar: "não se teria aí talvez – *seduções?*". Que tais sentimentos agradem – a quem os tem, a quem goze de seus

---

[69] No original, a verve nietzschiana propõe uma aproximação linguística, e sendo assim também de sentido, entre "precipitado" e "provisório" por meio de *eine Voreiligkeit, eine Vorläufigkeit*.

frutos, também ao mero espectador –, isso ainda não constitui argumento em seu favor, mas convida expressamente à cautela. Portanto, sejamos cautelosos!

34

De qualquer ponto de vista da filosofia que adotemos hoje: de qualquer posição que se veja o *caráter equivocado* do mundo em que acreditamos viver, é o aspecto mais seguro e mais firme de que nossos olhos ainda podem se apoderar: encontramos razões sobre razões que gostariam de nos induzir à conjectura de que existe um princípio enganador na "essência das coisas". Mas ele torna responsável nosso próprio pensamento, portanto nosso "espírito", pela falsidade do mundo – uma saída honrosa, a que recorre todo *advocatus dei*[70] consciente ou inconsciente: quem tomasse este mundo, com espaço, tempo, movimento, forma, por uma *dedução* falsa ao menos teria um bom motivo para aprender, por fim, a desconfiar de todo pensamento, pois não teria ele estado a nos pregar a maior de todas as peças? E que garantia pode haver de que não continuará a fazer o que sempre tem feito? Com toda a seriedade: a inocência dos pensadores tem algo de comovente, que inspira reverência e ainda hoje se lhes permite se pôr diante da consciência,[71] suplicando a ela que lhe dê respostas honestas: por exemplo, se ela seria "real" e por que tão resolutamente se mantém a distância do mundo exterior, e outras perguntas do gênero. A crença em "certezas imediatas" é uma ingenuidade *moral* que faz a honra de nós, filósofos: mas – não devemos ser homens "*apenas* morais"! Exceção feita à moral, essa crença é uma estupidez que pouco vem nos honrar! Mesmo que na vida social se considere que a desconfiança a todo tempo alerta seja sinal de "mau caráter", razão pela qual se conte entre as imprudências: aqui entre nós, para além do mundo burguês e de seus sins e nãos, o que nos impediria de ser imprudentes e dizer: o filósofo por fim tem um *direito* ao

---

70. Em latim, no original: "advogado de Deus".
71. Ao contrário da maioria das ocorrências de "consciência" ao longo da obra, desta feita o sentido não é o de consciência moral, mas o de consciência epistêmica, isto é, de saber ("ter *consciência*") do que está se pensando ou fazendo, sentido que no alemão é designado por *Bewusstsein*. Sobre o modo como esta provém dos impulsos orgânicos – ali referidos por "instintos", *Instinkte* – e é tiranizada por eles, ver *A gaia ciência*, § 11; sobre a hipótese de surgimento da consciência entre os homens pela via da articulação linguística, ver *idem*, § 354.

"mau caráter", como ser que até agora foi sempre o mais ludibriado sobre a Terra – hoje ele tem o *dever* de desconfiar, de mirar oblíqua e maliciosamente de todos os abismos da suspeita. Perdoem-me o gracejo desta caricatura e desta viragem: afinal, sobre enganar e ser enganado eu mesmo já de há muito aprendi a pensar diferente, a avaliar diferente, e tenho preparado ao menos alguns safanões à ira cega com que os filósofos se recusam a ser enganados. Por que *não*? É mais um preconceito moral, o de que a verdade tem mais valor do que a aparência; trata-se até mesmo da hipótese menos bem demonstrada que há no mundo. Que se confesse ao menos uma coisa: não haveria vida alguma a não ser com base em avaliações e apreciações perspectivas;[72] e se alguém, com o virtuoso entusiasmo e com o descuido de tantos filósofos, quisesse de todo eliminar o "mundo aparente", e então, supondo que vocês pudessem fazê-lo, aí já não restaria nada de sua "verdade"! Sim, o que nos impele à hipótese de que há uma oposição essencial entre "verdadeiro" e "falso"? Não basta supor graus de aparência e, ao mesmo tempo, sombras mais claras e mais escuras e tons gerais de aparência, diferentes valores – diferentes *valeurs*,[73] para dizê-lo na linguagem dos pintores? Por que motivo o mundo que *em algo nos diz respeito* não poderia ser uma ficção? E a quem aqui perguntar: "mas à ficção não pertence um autor?" –, não seria possível responder francamente: *por quê*? Esse "pertence" não pertence talvez à ficção? Então não é permitido ser já um pouco irônico em relação ao sujeito, como em relação a predicado e objeto? Não seria possível ao filósofo elevar-se acima da credulidade na gramática? Toda a consideração pelos governantes: mas não seria o tempo de a filosofia abjurar da fé nos governantes?

35

Oh, Voltaire! Oh, humanidade! Oh, imbecilidade! A verdade, a busca da verdade não é algo de pouca monta; e se o homem aqui se comporta

---

72. A noção de perspectiva, ou de perspectivismo, é central no pensamento de Nietzsche, a compor justamente com as noções de vida e de valor/valoração/avaliações, como nesta passagem se apresenta, e pode ser vista como a contraface da noção de interpretação, em contraposição ao dogmatismo. Na presente obra, é referida também no "Prefácio", e ali ainda uma vez se tem o perspectivo como "condição fundamental de toda a vida", e negá-lo é proceder como Platão.
73. Em francês: "valores".

de modo demasiado humano – *"il ne cherche le vrai que pour faire le bien"*[74] – aposto que não encontra nada!

36

Supondo que nenhuma outra coisa seja "dada" como real além de nosso mundo de apetites e paixões, que não possamos descer ou subir a nenhuma outra "realidade" que não seja precisamente a realidade de nossos impulsos – pois o pensar é apenas uma relação desses impulsos entre si: não será permitido fazer a tentativa[75] e se perguntar sobre se o que é dado não *bastaria*, para, com isso, partindo do seu igual, compreender também o chamado mundo mecânico (ou "material")? Quero dizer, não como ilusão, como "aparência", como "ideia" (no sentido de Berkeley e Schopenhauer), mas como algo dotado de grau de realidade idêntico ao possuído por nossos próprios afetos, como sendo uma forma mais primitiva do mundo dos afetos, no qual tudo se ramifica e se plasma no processo orgânico (e também, como é óbvio, se atenua e se debilita), como uma espécie de vida pulsional, na qual todas as funções orgânicas, com sua autorregulação, assimilação, nutrição, secreção, metabolismo, mantêm-se ainda sinteticamente atreladas umas às outras – como uma *pré-forma* de vida? Em última instância, não apenas é permitido fazer essa tentativa: visto com base na consciência do *método*, é algo mandatório. Não assumir outros tipos de causalidade, enquanto não se levar ao limite extremo (até o absurdo, se permitiria dizer) a tentativa de se bastar com uma só: essa é a moral do método, à qual hoje não é permitido se esquivar: segue--se "por definição", como diria um matemático. A pergunta é, em última instância, se queremos reconhecer a vontade realmente como atuante, se acreditamos na causalidade da vontade: se o fizermos – e

---

74. "Ele só busca o verdadeiro para fazer o bem."
75. No original, *den Versuch zu machen*. Uma constante neste capítulo dedicado ao espírito livre é a ideia da tentativa, ensaio ou experimento, *Versuch*, do filósofo como aquele que empreende a tentativa, e da filosofia, enfim, como ensaio ou experimentação. Se filosofar há de ser atividade sem anteparos dogmáticos, se não há unicidade de perspectiva, fixidez de pontos de vista nem imutabilidade de verdades, o modo de se posicionar no mundo e de filosofar do espírito livre – pois é deste que aqui se trata – só poderá ser uma renovação e diferenciação constante, ou seja, uma experimentação que, como tal, exige ousadia e coragem, o que nesse sentido situa o espírito livre nos antípodas do fixismo platônico e metafísico, da tradição sacerdotal em filosofia.

no fundo essa crença é bem a nossa crença na causalidade mesma —, temos de fazer a tentativa de assentar hipoteticamente como una a causalidade da vontade. "Vontade", evidentemente, só pode atuar sobre "vontade" — e não sobre "matéria" (não sobre "nervos", por exemplo): em suma, é preciso ousar a hipótese e ver se em todos os lugares em que reconhecemos haver "efeitos" não se teria vontade a atuar sobre vontade — e se em todo acontecer mecânico, uma vez que ali se tem em atividade uma força, se esta não seria precisamente força de vontade, efeito de vontade. Supondo, por fim, que se conseguisse explicar nossa inteira vida pulsional como a configuração e ramificação de *uma única* forma de vontade — ou seja, a vontade de potência, como é a *minha* tese —; supondo que se pudesse remeter todas as funções orgânicas a essa vontade de potência, e nela se encontrasse a solução para o problema da procriação e da nutrição — é um único problema —, com isso se obteria o direito de se definir *toda* a força atuante como *vontade de potência*. O mundo visto de dentro, o mundo definido e designado em seu "caráter inteligível" — seria propriamente "vontade de potência e nada mais.

37

"Como? Isso não significa, para dizê-lo de modo popular: Deus está refutado, mas não o diabo?". Ao contrário! Ao contrário, meus amigos! Mas também, que diabos, quem os obriga a dizer de modo popular!

38

O mesmo que se passou recentemente, à plena luz dos novos modernos, com a Revolução Francesa, aquela farsa horrível e, se apreciada de perto, desnecessária, que, não obstante, os espectadores nobres e arrebatados de toda a Europa interpretaram a distância, de forma tão longa e apaixonada, injetando ali seus próprios movimentos de indignação e entusiasmo, *até que o texto se esvanecesse sob a interpretação:* também poderia se ter que uma posterioridade nobre alguma vez se equivocasse quanto ao passado inteiro, e com isso talvez seu primeiro olhar se tornasse tolerável. Ou mais ainda: isso já não aconteceu? Não seríamos nós mesmos essa "posteridade nobre"? E precisamente agora, uma vez que o compreendemos tal não seria coisa passada?

39

Dificilmente alguém tomará por verdadeira uma doutrina pelo simples fato de ela o fazer feliz, ou virtuoso: excetuem-se talvez os queridos "idealistas", que se deixam arrebatar para o bem, para o verdadeiro, para o belo, e que fazem nadar em seu viveiro todas as espécies de idealidades multicores, toscas e bem-intencionadas. Felicidades e virtude não são argumentos. Porém, mesmo da parte dos espíritos reflexivos de bom grado se esquece de que o que faz infelizes e malvados os homens tampouco serão contra-argumentos. Algo poderia ser verdadeiro: mesmo que fosse nocivo e perigoso no mais alto sentido; mais ainda, poderia bem ser que a existência tivesse essa propriedade básica de fazer perecer quem quer que a conhecesse plenamente, de tal modo que a fortaleza de um espírito se mediria justamente pelo tanto de "verdade" que suportasse ou, de modo mais claro, pelo grau em que *tivesse a necessidade* de a diluir, encobrir, edulcorar, falsear. Mas não resta dúvida de que para descobrir certas *partes* da verdade os maus e infelizes estão em vantagem e detêm maior probabilidade de êxito; para não falar dos maus que são felizes – uma espécie ante a qual se calam os moralistas. Para o surgimento do espírito e do filósofo forte, independente, talvez a dureza e a astúcia proporcionem condições mais favoráveis do que a bonomia suave, tênue e complacente, do que a arte de aceitar com leveza, esta que em um erudito se aprecia, e se aprecia com razão. Supondo, e isto antes de mais nada, que o conceito de "filósofo" não esteja restrito aos filósofos que escrevem livros – ou mesmo aos que trazem *sua* filosofia aos livros! Um último traço a esse retrato do filósofo do espírito livre é trazido por Stendhal, que, por amor ao gosto alemão, não quero deixar de ressaltar: pois ele vai *ao encontro do* gosto alemão. *"Pour être bon philosophe,* diz este último dos grandes psicólogos, *"il faut être sec, clair, sans illusions. Un banquier qui a fait fortune a une partie du caractère requis pour faire des découvertes en philosophie, c'est-à-dire, pour voir clair dans ce qui est."*[76]

---

76. "Para ser bom filósofo é preciso ser seco, claro, sem ilusões. Um banqueiro que tenha feito fortuna tem parte das características requeridas para fazer descobertas em filosofia, isto é, para ver claro naquilo que é."

40

Tudo o que é profundo ama a máscara; as coisas mais profundas chegam a ter um ódio à imagem e à alegoria. Não seria a oposição o disfarce adequado, com o que o pudor se faria acompanhar de um deus? Um problemático problema:[77] seria espantoso se algum místico ele próprio não tivesse ousado algo assim. Existem acontecimentos de um tipo tão delicado que faríamos bem em soterrá-los sob uma grosseria e torná--los irreconhecíves: existem atos de amor e uma generosidade transbordante, sob a qual o mais recomendável é munir-se de uma chibata e espancar a testemunha ocular: com isso se turva a sua memória. Há os que manejam turvar e maltratar sua própria memória, para ao menos se vingar desse único acumpliciado: o pudor é rico em invencionices. Não são as coisas piores aquelas das quais mais nos envergonhamos: é não apenas perfídia o que se oculta por trás de uma máscara — há muita bondade na astúcia. Eu poderia imaginar que um homem que tivesse de ocultar algo precioso e frágil rodasse pela vida grosso e redondo como um tonel de aros pesados contendo vinho verde e velho: assim o deseja a sutileza de seu pudor. A um homem que tem profundidade no pudor, seus destinos e delicadas decisões vêm ao encontro em caminhos aos quais poucos chegam alguma vez, e o conhecimento de sua existência não é permitido aos mais próximos e mais íntimos: aos olhos destes também se ocultam seu risco de vida, assim como sua reconquistada segurança de vida. Um tal oculto, que por instinto usa a fala para calar e silenciar, sendo incansável em sua atitude esquiva à comunicação, esse oculto *deseja* e solicita que a máscara circule em seu lugar nos corações e mentes dos amigos; e, supondo que não o deseje, algum dia se lhe abrirão os olhos, e ele verá que, apesar de tudo, dele se tem ali uma máscara — e que é bom que assim o seja. Todo espírito profundo precisa de uma máscara; mais ainda, em torno de todo espírito profundo continuamente cresce uma máscara, graças à interpretação constantemente falsa, ou seja, *superficial*, de toda palavra, de todo passo, de todo sinal de vida que ele dá.

---

77. No original se tem aqui um jogo de linguagem que duplica o radical *frag*, de *eine fragwürdige Frage*, para evidenciar, obviamente, que a dificuldade está tanto no objeto quanto nos recursos que se tem para abordá-lo com rigor e honestidade.

41

A si mesmo é preciso dar provas de estar destinado à independência e ao comando: e fazê-lo no tempo certo. Não se deve fugir das provas, mesmo sendo elas talvez o jogo mais perigoso que se possa jogar e, em última instância, apenas provas exibidas como testemunhos diante de si mesmo e de nenhum outro juiz. Não se prender a uma pessoa: ainda que seja a mais amada — toda pessoa é uma prisão, também um recanto. Não se prender a uma terra natal: ainda que seja a mais sofrida, a mais necessitada — menos difícil é desatrelar o coração de uma pátria vitoriosa. Não se prender a uma compaixão: ainda que se trate de homens superiores, em cujo raro martírio e desemparo um acaso nos fez mirar. Não se prender a uma ciência: ainda que nos atraia com as mais preciosas descobertas, que pareçam reservadas precisamente *a nós*. Não se prender a nossas próprias virtudes nem se converter, como totalidade, em vítima de alguma particularidade nossa, por exemplo, de nossa "hospitalidade": este é o perigo dos perigos para as almas ricas e de alta linhagem, que tratam a si com prodigalidade, com quase indiferença, e levam longe a virtude da liberalidade, a ponto de convertê-la em vício. É preciso saber *se preservar*: a mais forte prova de independência.

42

Surge um novo tipo de filósofo: atrevo a batizá-lo com um nome não isento de perigos. Como o adivinho, como se deixa adivinhar — pois é parte de sua natureza o *querer* seguir sendo enigma em algum ponto —, esse filósofo do futuro poderia ser chamado com razão, talvez também sem razão, de *tentador*. Mesmo esse nome é, em última instância, apenas uma tentativa e, se se quiser, uma tentação.[78]

43

Serão novos amigos da "verdade" esses filósofos vindouros? É bem provável: pois até agora todos os filósofos têm amado suas verdades. Mas com toda a certeza não serão dogmáticos. Deve repugnar a seu orgulho, também a seu gosto, a sua verdade dever continuar sendo verdade para

---

[78]. Jogo de palavras que opera com a ambiguidade de tentador, *Versucher*, "tentação", *Versuch*, e "tentativa", "ensaio" ou "experimento", *Versuch*. Sobre a natureza do empreendimento filosófico de Nietzsche como *Versuch*, "experimento", ver nota 75, inserida no aforismo 36.

qualquer um: até agora, isso tem se constituído no desejo oculto e no sentido recôndito de todas as aspirações dogmáticas. "Meu juízo é *meu* juízo: um outro não lhe deve ter direito facilmente" – pode bem dizer tal filósofo do futuro. É preciso se desfazer desse mau gosto de querer coincidir com muitos. "Bom" deixa de ser bom quando o vizinho toma a palavra em sua boca. "E como poderia existir um "bem comum"! A expressão a si mesma se contradiz: o que pode ser comum tem sempre pouco valor. Em última instância as coisas têm de ser tal como são e como têm sido sempre: as grandes coisas reservadas para os grandes, os abismos para os profundos, as delicadezas e estremecimentos para os sutis e, em geral e dito brevemente, tudo quanto é o raro para os raros.

44

Depois de tudo isso, preciso dizer expressamente que esses filósofos do futuro serão também espíritos livres, *muito* livres[79] – com a mesma certeza com que tampouco serão meros espíritos livres, e sim algo mais, algo mais elevado, maior e mais radicalmente distinto, que não se quer que se desconheça ou se confunda com outras coisas? Mas, ao dizê-lo, quase com igual força sinto em relação a eles o que sinto em relação a nós, que somos arautos e precursores, nós, espíritos livres! – a *obrigação* de, conjuntamente, varrer para longe um velho, também estúpido e equivocado preconceito que, tal qual uma névoa, por muito tempo tornou impenetrável o conceito de "espírito livre". Em todos os países da Europa e mesmo na América já há quem abuse desse nome, uma espécie de espírito bastante estreita, aprisionada, que deseja aproximadamente o contrário do que está em nossas intenções e instintos – para não mencionar o fato de que, com relação a esses filósofos *novos*[80] que assomam no horizonte, eles terão de ser janelas fechadas e portas aferrolhadas. Breve e mal dizendo, eles estão entre os *niveladores*, esses falsamente chamados de "livres espíritos" – como escravos eloquentes, de

---

79. São diversas as máscaras que – para confudir ou para infundir temor, como se terá no aforismo 191 – sobrepõem-se às feições dos filósofos do futuro. Uma vez que em Nietzsche antes de se ter conceitos se têm dispositivos linguísticos, esses dispositivos aqui se desdobram em torno da noção de "filósofos" acrescida de um qualificativo: são referidos também como "espíritos livres" (como também o serão no aforismo § 227), mas também, como virá em seguida, como "filósofos novos" (que aparecerá também no aforismo 203), como "filósofos vindouros" (como se viu no § 43) e "filósofos verdadeiros" (§ 211).
80. Ver nota anterior.

pena habilidosa, de gosto democrático e com suas "ideias modernas":[81] todos eles, homens carentes de solidão, de sua própria solidão, moços grosseiros e bravos, a quem não se deve negar nem coragem nem costumes respeitáveis, que apenas são gente não livre, de uma superficialidade de fazer rir, sobretudo com sua propensão básica a ver que as formas da antiga sociedade de até agora são a *causa* de toda miséria e fracasso humanos: por meio disso a verdade felizmente vem se pôr de ponta-cabeça! Com todas as suas forças gostariam de aspirar à universal felicidade de rebanho, com verdes prados, segurança, ausência de perigos, bem-estar e facilidade de vida para todos: ambas as suas canções e doutrinas mais repetidamente entoadas chamam-se "igualdade de direitos" e "compaixão com os que sofrem", e o próprio sofrimento é por eles tomado como algo a que se deve *abolir*. Nós, os avessos, que temos aberto *olhos* e consciência[82] para a questão sobre onde e como até agora a planta "homem" mais vigorosamente se desenvolveu, supomos que isso todas as vezes tem ocorrido em condições opostas, e que para tanto a periculosidade da sua situação teve antes de crescer até o limite, e que sua capacidade de invenção e de dissimulação (seu "espírito") teve de se converter, sob prolongada pressão e coerção, em algo sutil e temerário, e que sua vontade de vida teve de se intensificar até chegar à incondicionada vontade de potência: nós supomos que dureza, violência, escravidão, perigo na rua e nos corações, ocultação, estoicismo, a arte do tentador e diabruras de todo tipo, que todo o malvado, terrível, tirânico, animal de rapina e serpente que há no homem venha a servir à elevação da espécie "homem", como seu contrário: mas ainda não dissemos o bastante ao dizer apenas isso, e, com nosso falar e calar neste lugar encontramo-nos na extremidade *outra* em relação a toda ideologia moderna e a todos os seus desejos gregários: talvez como seus antípodas? É de estranhar que nós, os "espíritos livres", não sejamos precisamente os espíritos mais comunicativos? Que em toda consideração não desejemos revelar *do que* um espírito pode se libertar, e *para*

---

81. A referência aqui é feita aos livres-pensadores, do movimento do livre-pensamento, dos séculos XVIII e XIX, fomentado pela ideia de que a razão, a ciência e a lógica não devem ser cooptadas ou influenciadas por nenhum dogma, autoridade, religião ou tradição. Com eles não deve ser confundido, e na verdade mesmo se opõe, o espírito livre, e o aforismo 61 versa sobre o modo como os espíritos livres, para sua obra de seleção e cultivo, podem se valer mesmo das religiões.
82. Consciência aqui como *Gewissen*, ou seja, no sentido moral.

onde ele talvez seja impelido? E no que se refere à perigosa fórmula "para além do bem e do mal", com a qual no mínimo nos guardamos de ser confundidos: nós *somos* algo distinto de *"libres-penseurs"*, *"liberi pensatori"*, *"Freidenker"*[83] e como se aprouver chamar todos esses bravos porta-vozes das "ideias modernas". Temos tido nossa casa, ao menos nossa hospedaria, em muitos países do espírito: uma e outra vez temos escapado para os cantos mofados e agradáveis em que pré-amor e pré-ódio,[84] juventude, ascendência, o acaso de homens e livros, ou mesmo os cansaços das peregrinações pareceriam nos banir; estamos cheios de malícia ante os engodos da dependência a se ocultar em honras, ou no dinheiro, ou em cargos, em arrebatamentos dos sentidos; somos gratos até mesmo à necessidade e à variável enfermidade, pois sempre nos desataram de uma regra qualquer e de seu "prejuízo", somos gratos a Deus, ao diabo, à ovelha e ao verme que há em nós, curiosos até o vício, pesquisadores até a crueldade, com dedos inescrupulosos para o inapreensível, com dentes e estômagos para o indigerível, prontos para todo o ofício que exija perspicácia e sentidos afiados, prontos para toda ousadia, graças a um excedente de "vontade livre", com almas de frente e de fundo cujas intenções últimas a ninguém é dado avistar, com proscênios e bastidores que ninguém percorreria até o fim, ocultados sob mantos de luz, conquistadores, por mais que pareçam herdeiros e dissipadores, classificadores e colecionadores da manhã à tarde, ávaros de nossas riquezas e de nossas gavetas abarrotadas, parcos no aprender e no esquecer, inventivos em esquemas, orgulhosos de tábuas de categorias, por vezes pedantes, por vezes notívagos do trabalho mesmo em dia claro; mais ainda, se necessário for, mesmo espantalhos – e hoje se faz necessário: uma vez que somos os amigos natos, jurados e zelosos da *solidão*, de nossa própria solidão, a mais profunda, a solidão da mais elevada meia-noite, do mais elevado meio-dia: tal tipo de homens somos nós, nós, espíritos livres!, e quem sabe não o serão um tanto também *vocês*, que são vindouros? Vocês, *novos* filósofos?

---

83. "Livres-pensadores" respectivamente em francês, italiano e alemão.
84. Neologismo com jogo de palavras é o que se tem nesta passagem, ao que se procurou recriar a invenção de Nietzsche: para "jogar" com o prefixo *vor* de *Vorliebe* (preferência, predileção), Nietzsche lança mão também do que seria o oposto-análogo ao primeiro, juntando ao "pré-amor", *Vorliebe*, o "pré-odio", *Vorhass*.

CAPÍTULO III
A ESSÊNCIA RELIGIOSA

45

A alma humana e suas fronteiras, a extensão das experiências humanas interiores até agora alcançada, as alturas, profundidades e confins dessas experiências, a inteira história da alma *até agora* e suas possibilidades ainda inexploradas: para um psicólogo nato e amigo da "grande caça", tal é a esfera predeterminada de caça. Mas com que frequência tem ele de se desesperar em dizer: "um único! Pois apenas um único! e essa grande mata, essa mata virgem!". E com isso ele deseja para si um século de auxiliares de caça e de cães farejadores finórios e eruditos, os quais ele poderia lançar na história humana e nela cobrar *sua* presa. Em vão: ele sempre torna a experimentar a comprovação radical e amarga de quão difícil é encontrar auxiliares e cães para todas as coisas que lhe excitam a curiosidade. O mal-estar que sente em enviar eruditos a campos de caça novos e perigosos, onde coragem, inteligência e sutileza fazem-se necessárias em todos os sentidos, onde começa a *"grande caça"*, mas também o grande perigo: bem ali eles perdem seus olhos de farejador, seu olfato de farejador. E, por exemplo, para adivinhar e averiguar que tipo de história tem sido um problema de *ciência* e *consciência*[85] na alma dos *homine religiosi*,[86] para isso talvez fosse necessário ser tão profundo, tão ferido e tão imenso como foi a consciência intelectual[87] de Pascal: e então sempre mais se careceria daquele céu distensionado de espiritualidade luminosa, maliciosa, capaz de abarcar,

---

85. "Ciência" aqui deve ser entendida no sentido de "saber", e a opção tradutória pelo termo se justifica pela necessidade de se reproduzir em português a assonância e a recorrência ao mesmo radical no original, no qual se tem *Wissen und Gewissen* (literalmente, "ciência e consciência"). Quanto ao sentido do termo "consciência", trata-se aqui de consciência no sentido de preceito moral.
86. Em latim, no original: homens religiosos, formulação de que Nietzsche se vale também no aforismo 59 e nos aforismos 350 e 358 de *A gaia ciência*.
87. "A consciência intelectual", *intellektuelle Gewissen* – e note-se que também aqui se trata de consciência com conotação moral, e não a saber o que se está fazendo ou pensando –, é formulação algumas vezes empregada por Nietzsche, como em sua tematização no aforismo 2 de *A gaia ciência*, quando critica a falta de consciência (consciência moral) no trabalho intelectual – a falta de rigor em filosofia lhe é mesmo uma falha ética.

ordenar, reduzir a fórmulas este enxame de vivências perigosas e dolorosas. Mas quem me faria esse serviço! Quem teria tempo de esperar tal servidor! É evidente que raramente brotam, são em todas as épocas tão improváveis! Em última instância, é preciso que se faça *por si mesmo* tudo para saber algumas coisas: ou seja, há *muito* a fazer! Mas uma curiosidade como essa continua a ser o mais agradável dos vícios – desculpem! Eu queria dizer: o amor à verdade tem sua recompensa no céu e também já na Terra.

46

A fé, tal como o primeiro cristianismo a exigiu e não raro alcançou, em meio a um mundo de céticos e livres-pensadores meridionais, que teve atrás e dentro de si uma luta secular entre escolas filosóficas, a isso devendo se adicionar a educação para a tolerância, dada pelo *Imperium Romanum*, essa fé *não* é aquela fé ingênua e bárbara de gente submissa, com que alguém como um Lutero ou um Cromwell ou algum outro bárbaro nórdico do espírito se apegou a seu Deus, a seu cristianismo; parece mais aquela fé de Pascal, que de modo terrível se assemelha ao duradouro suicídio da razão – de uma razão tenaz, longeva, vermiforme, que não pode se deixar matar de uma única vez e com um só golpe. A fé cristã, desde o começo, é sacrifício: sacrifício de toda a liberdade, de todo o orgulho, de toda a autoconsciência moral do espírito; ao mesmo tempo, submissão e escárnio de si mesmo, automutilação. Há crueldade e fenicismo religioso nessa fé, exigida a uma consciência[88] amolecida, multivariegada e bastante mimada: seu pressuposto é o de que a submissão do espírito *produza uma dor* indescritível, tanto que o inteiro passado e o hábito de um tal espírito se opõe a esse *absurdissimum*, que se lhe confronta como "fé". Com sua obtusidade contra toda nomenclatura cristã, o homem moderno já não sente o superlativo pavoroso que para um gosto antigo residia no paradoxo da fórmula "Deus na cruz". Até agora nunca e em parte alguma houve ousadia semelhante na inversão, algo que fosse tão terrível, questionador e problemático como a seguinte fórmula: ela prometia uma transvaloração de todos os antigos valores. É o Oriente, o Oriente

---

[88]. Consciência aqui como *Gewissen*, no sentido de consciência moral.

profundo, é o escravo oriental que desse modo se vingou de Roma, de sua aristocrática e frívola tolerância, do "catolicismo"[89] romano da fé: e foi sempre já não a fé, mas a liberdade de credo, aquela semiestoica e risonha despreocupação para com a seriedade da fé que fazia sublevar os escravos contra seus senhores. A "Ilustração" subleva: o escravo quer o incondicionado, entende apenas o que é tirânico, também na moral, ele ama assim como odeia, sem nuances, até as profundezas, até a dor, até a doença – seu abundante e *ocultado* sofrimento se subleva contra o gosto aristocrático, que parece *negar* o sofrimento. O ceticismo contra o sofrimento, no fundo apenas uma atitude da moral aristocrática, não pouco participou do surgimento da última grande rebelião dos escravos,[90] que se iniciou com a Revolução Francesa.

47

Onde quer que até agora tenha aparecido sobre a Terra a neurose religiosa, encontramo-la associada a três perigosas dietas: a solidão, o jejum e a abstinência sexual, mas isso sem que tivesse se decidido com certeza qual seria a causa, qual o efeito, e *se* ali de algum modo haveria relação de causa e efeito. A justificar essa última dúvida tem-se que precisamente por trás dos mais regulares sintomas da neurose, entre os povos selvagens como entre os domesticados,[91] dá-se a mais súbita e desenfreada luxúria, que então, de modo igualmente súbito, converte-se em espasmos de penitência e em negação do mundo e da vontade: não seriam ainda interpretáveis como epilepsia mascarada? Mas em nenhuma outra parte deveríamos nos abster de interpretações mais do que aqui: nenhum outro tipo até agora viu proliferar em seu entorno

---

89. "Catolicismo" aqui deve ser entendido como oposição às particularizações "Oriente" e "Oriente profundo". Para compreender a oposição, deve-se ter em mente a pretensão universalista do catolicismo, aqui criticada por Nietzsche, a qual se revela pela etimologia do termo "católico", que em grego significa "universal".
90. À "rebelião dos escravos", *Sklaven-Aufstand*, Nietzsche dedica toda a primeira dissertação d'*A genealogia da moral*, que, mais precisamente, versa sobre o modo como sentimentos reativos, vingativos – ou seja, o próprio ressentimento – tornaram-se criadores de valores pela via do judaísmo e, na sequência, do cristianismo.
91. A questão da domesticação dos povos e do homem, este que com isso é deliberadamente remetido à sua condição de animal, é traço marcante da filosofia de Nietzsche, e diz respeito ao trabalho de repressão e enfraquecimento de seus impulsos. A teoria da domesticação ou "*amansamento* da besta-homem" é elaborada com mais vagar na seção "Os melhoradores da humanidade" do *Crepúsculo dos ídolos*, em especial no aforismo 2.

tamanha quantidade de disparates e superstições, nenhum outro até agora parece ter interessado mais aos homens, mesmo aos filósofos – então seria o tempo de se fazer um pouco frio, aprender a cautela, melhor ainda: olhar para outro lado, *ir para outro lado*. No pano de fundo da última filosofia a aparecer, a schopenhaueriana, tem-se, quase que como problema em si, esse pavoroso ponto de interrogação da crise e do despertar religiosos. Como é *possível* essa negação da vontade? Como é possível o sagrado? Essa parece realmente ter sido a pergunta que Schopenhauer se fez e pela qual se iniciou filósofo. E, assim sendo, foi consequência genuinamente schopenhaueriana que seu partidário mais convicto (talvez também seu último, no que se refere à Alemanha), ou seja, Richard Wagner, concluísse a própria obra de sua vida precisamente aí, e acabasse trazendo à cena o tipo terrível e eterno de Kundry, *type vécu*,[92] em carne e osso; na mesma época em que alienistas de quase toda a Europa tinham a oportunidade de estudá-lo de perto, em toda a parte em que, sob a forma de "exército de salvação", a neurose religiosa – ou a "essência religiosa", como eu a chamo – conheceu sua última irrupção e encenação epidêmica. Mas se se perguntar o que realmente vem a ser, em sua inteira extensão, o fenômeno do santo, e sobre o tamanho interesse que despertou em pessoas de todo tipo e de todos os tempos, incluindo os filósofos: sem dúvida alguma, é a aparência de milagre que lhe vem atrelada, ou seja, a imediata *sucessão de opostos*, estados anímicos de valorações morais contrapostas: acredita-se aqui poder pegar com as mãos a transformação repentina de uma "pessoa má" em "santo", em pessoa boa. A psicologia de até agora naufragou neste ponto: tal não teria se dado sobretudo por ter ela se posicionado sob o domínio da moral, por ela própria *ter acreditado* nas oposições de valores morais, tendo assim passado a ver, ler e *interpretar* essas oposições no texto e no conjunto de fatos? Como? O "milagre" foi apenas um erro de interpretação? Uma falta de filologia?

48

Parece que as raças latinas dão ouvidos a seu catolicismo de modo muito mais íntimo do que nós, homens do norte, de modo geral damos ouvidos

---

92. Em francês, no original: "tipo vivido".

a todo o cristianismo: por via de consequência, a incredulidade em países católicos tem bem outro significado que nos protestantes – a saber, uma espécie de sublevação contra o espírito da raça, enquanto para nós se tem mais um retorno ao espírito (ou ao não espírito) da raça. Nós, homens do norte, sem dúvida somos provenientes de raças de bárbaros, também no que diz respeito a nosso dom para a religião: somos *mal* dotados para ela. Deve-se excetuar os celtas, que por esse motivo também forneceram o melhor solo para a recepção da infecção cristã no norte: na França o ideal cristão chegou a florescer até o ponto em que o pálido sol do norte o permitiu. Quão estranhamente devotos têm sido, mesmo para nosso gosto, esses últimos céticos franceses, uma vez que há algum sangue celta em sua ascendência! Quão católico, quão pouco alemão é o odor que nos chega da sociologia de Auguste Comte, com sua lógica romana dos instintos! Quão jesuíticos são aqueles adoráveis e sagazes cicerones de Port-Royal, Saint-Beuve, a despeito de toda a sua hostilidade a jesuítas! E mesmo Ernest Renan: quão inacessível soa a nós, homens do norte, a língua de um tal Renan, na qual a cada instante qualquer nada de tensão religiosa põe a perder o equilíbrio de sua alma, alma luxuriosa em sentido refinado, amante da vida cômoda! Queiramos repetir uma vez esta bela sentença – e que malícia e petulância de pronto se agitam como resposta em nossa alma, provavelmente menos bela e menos dura, ou seja, mais alemã! – *Disons donc hardiment que la religion est un produit de l'homme normal, que l'homme est le plus dans le vrai quand il est le plus religieux et le plus assuré d'une destinée infinie* [...] *C'est quand il est bon qu'il veut que la vertu corresponde à un ordre éternel, c'est quand il contemple les choses d'une manière désintéressée qu'il trouve la mort révoltante et absurde. Comment ne pas supposer que c'est dans ces moments-là, que l'homme voit le mieux?*[93] A meus ouvidos e a meus hábitos de tal maneira há aí frases tão *antipódicas* que, ao deparar com elas, meu primeiro ímpeto colérico escreveu à margem *la niaiserie religieuse par excellence!* — até que meu

---

93. "Digamos, pois, resolutamente, que a religião é um produto do homem normal, que o homem mais está em verdade quanto mais é religioso e mais se vê assegurado de um destino infinito... Quando ele é bom, deseja que a virtude corresponda a uma ordem eterna; quando contempla as coisas de forma desinteressada, vê a morte como revoltante e absurda. Como não supor que é nesses momentos que o homem vê melhor?" A citação, Nietzsche a extrai de um artigo do filólogo e historiador francês seu contemporâneo, Ernest Renan, *L'avenir religieux des sociétés modernes*, publicado em *Questions contemporaines* (1868).

último ímpeto colérico chegou a ponto de por fim tomá-las por bem, essas frases, com suas verdades de ponta-cabeça! Tão cortês e distinto é ter seus próprios antípodas!

49
O que há de assombroso na religião dos antigos gregos é a desenfreada plenitude de gratidão que dela emana: é um tipo de gente muito aristocrática a que *assim* se põe diante da Natureza e da vida! Mais tarde, quando a plebe chegou à preponderância na Grécia, proliferou o *medo* também na religião; e o cristianismo começou a se preparar.

50
A paixão por Deus: existem espécies camponesas, ingênuas e invasivas, como a de Lutero – o inteiro protestantismo carece da *delicatezza* do sul.[94] Há nele um oriental estar fora de si, como num escravo imerecidamente agraciado ou elevado, por exemplo em Santo Agostinho, injuriosamente desprovido de toda nobreza de gestos e desejos. Nela há delicadeza e concupiscência femininas, que de forma pudica e ignorante impelem a uma *unio mystica et physica*:[95] como em Madame de Guyon.[96] Em muitos casos, coisa curiosa, a referida paixão manifesta--se feito travestimento da puberdade de uma jovem; aqui e ali mesmo como histeria de uma velha solteirona, ou como sua última ambição: em tais casos, já por diversas vezes a Igreja canonizou a mulher.

51
Até agora os homens mais poderosos sempre respeitosamente se curvaram perante o santo como ante o enigma do assujeitamento de si e

---

94. O termo *delicatezza* está em italiano, e ao italiano e, de modo geral, ao meridional, ao sul, Nietzsche costuma associar qualidades que seriam inexistentes no norte alemão, como sutileza, refinamento e a própria delicadeza, assim como em outro contexto também a vivacidade. A oposição entre sul e norte na questao da religião é "no âmbito do espírito" é também contemplada no aforismo 358 d'*A gaia ciência*, como também está presente na contraposição entre Wagner e Bizet (este sobretudo em razão de sua *Carmen*), elaborada mais adiante, no aforismo 254, e no prefácio e aforismo 1 de *O caso Wagner*.
95. Em latim, no original: "união física e mística".
96. Jeanne-Marie Bouvier de la Motte-Guyon foi uma importante mística francesa do século XVII, acusada de quietismo. No quietismo, como o próprio nome sugere, o indivíduo deve se manter em contemplação passiva, indiferente ao que lhe acontece, num itinerário espiritual de encaminhamento para Deus.

da renúncia deliberada e suprema: por que se curvavam? Pressentiam nele — e como que por trás do sinal de interrogação de sua aparência frágil e miserável — a força superior, que em tal assujeitamento quereria se pôr à prova, a força da vontade, na qual reconheciam e sabiam venerar a sua própria força e seu prazer de domínio. Acresce-se a isso que a visão de um santo lhes introduzia uma desconfiança: tal monstruosidade de negação, de contranatureza, não seria aspirada em vão, assim se diziam e se perguntavam. Não haveria talvez um motivo para fazê-lo, um risco muito grande, para o qual mais versado seria o asceta, por seus secretos consoladores e visitantes? Em suma, os poderosos do mundo aprenderam com ele um novo temor, anseiam por uma nova potência, por um inimigo estranho e ainda não subjugado: a "vontade de potência" era o que os forçava a se deter diante do santo. Tinham de interrogá-lo.

52
No Antigo Testamento judeu, o livro da justiça divina, há homens, pessoas e discursos de tão grande estilo que as escrituras grega e indiana nada têm a lhe parear. Com terror e veneração nos posicionamos ante esses enormes vestígios do que um dia foi o homem, e ao fazê-lo nos vem um triste pensamento acerca da velha Ásia e de sua península avançada, a Europa, que tanto gostaria de representar o "progresso do homem" em relação à Ásia. Por certo: quem em si não é mais do que um fraco e manso animal doméstico conhece necessidades apenas de animal doméstico (igual a nossos ilustrados de hoje, incluídos os cristãos do cristianismo "ilustrado"), este não há de se maravilhar, nem mesmo de se afligir sob aquelas ruínas — o gosto pelo Antigo Testamento é uma prova de toque no que se refere a "grande" e "pequeno": é possível que o Novo Testamento, o livro da piedade, seja-lhe sempre mais afinado (nele há muito do genuíno odor suave e sufocante dos irmãos de oração e das almas pequenas). Ter colado esse Novo Testamento, espécie de rococó do gosto em todos os sentidos, ao Antigo Testamento para fazer um único livro, como *Bíblia*, como "livro em si": essa talvez seja a maior temeridade e "pecado contra o espírito" que a Europa literária tenha na consciência.

53

Por que ateísmo hoje? "O pai" em Deus é radicalmente refutado; da mesma forma "o juiz", "o recompensador". Assim também a sua "vontade livre": ele não ouve – e se ouvisse, não obstante não saberia ajudar. E o pior é que ele parece incapaz de se expressar com clareza: será obscuro? Tem-se aí o que averiguei serem as causas do declínio do teísmo europeu, e o fiz com base numa série de conversas, interrogando, auscultando; parece-me que mesmo o instinto religioso está em pleno crescimento, porém ele, com desconfiança profunda, recusa precisamente a satisfação teísta.

54

O que faz, no fundo, a inteira filosofia moderna? Desde Descartes – e antes apesar dele do que com base em seu precedente –, da parte de todos os filósofos se tem feito um atentado ao antigo conceito de alma, sob a aparência de uma crítica ao conceito de sujeito e predicado, e isso significa: um atentado ao pressuposto fundamental da doutrina cristã. A filosofia moderna, ao modo de um ceticismo em teoria gnoseológica, oculta ou manifestamente, é *anticristã*: por mais que, dito para ouvidos mais sutis, de forma alguma seja antirreligiosa. Em outros tempos, com efeito, acreditava-se na "alma" como na gramática e no sujeito gramatical: dizia-se "eu" é a condição", "penso" é o predicado e condicionado – pensar é uma atividade para a qual *tem* de ser pensado um sujeito como causa. E agora, com uma tenacidade e astúcia dignas de admiração, intentou-se ver se não se poderia sair dessa rede, – se talvez o contrário não seria verdadeiro: "penso" condição, "eu" condicionado; "eu" sendo assim apenas uma síntese, *feita* pelo próprio pensamento. *Kant* no fundo queria provar que não se poderia provar o sujeito partindo do sujeito, tampouco o objeto: a possibilidade de uma *existência aparente* do sujeito, portanto "da alma", pode não lhe ter sido sempre estranha, pensamento este que certa vez, como filosofia vedanta, apareceu sobre a Terra com imensurável poder.

55

Existe uma grande escala de crueldade religiosa, com numerosos degraus; mas, entre eles, três são os mais importantes. Houve um tempo em que a seu deus se sacrificavam seres humanos, talvez justamente aqueles a quem mais se amava – disso faz parte o sacrifício do primogênito em todas as religiões pré-históricas, bem como o sacrifício do imperador Tibério na gruta de Mitra, na Ilha de Capri, o mais pavoroso de todos os anacronismos romanos. Depois, na época moral da humanidade, ao seu deus sacrificavam-se os mais fortes instintos que se possuía, sua "natureza"; *essa* festiva alegria reluz nos olhares mais cruéis dos ascetas, dos entusiasmados "contranaturais". E por fim: o que ainda restava a sacrificar? Não seria o caso de ainda sacrificar tudo quanto consola, tudo o que é santo, o que faz sanar, toda a esperança, toda a crença numa oculta harmonia, na bem-aventurança e justiça futuras? Não seria o caso de sacrificar o próprio Deus e, por crueldade para consigo, adorar a pedra, a estupidez, a força da gravidade, o destino, o nada? Sacrificar a Deus pelo nada – este mistério paradoxal da suprema crueldade foi reservado à geração que surge precisamente agora: sabemos já todos algo a respeito.

56

Quem, como eu, por longo tempo e em enigmático anseio esforçou-se em pensar profundamente o pessimismo e redimi-lo de sua estreiteza e singeleza meio cristã, meio alemã, com as quais acabou por se representar a este século, e entenda-se, sob a forma da filosofia schopenhaueriana; quem, com um olhar asiático e ultra-asiático, tiver efetivamente observado adentro e abaixo o modo de pensar mais negador do mundo – para além do bem e do mal, e não mais, como Buda e Schopenhauer, sob o fascínio e ilusão da moral; quem sabe este, justamente por isso, sem muito o querer, tenha aberto os olhos para o ideal oposto: para o ideal do homem mais petulante, mais vivaz e mais afirmador do mundo, que não apenas aprendeu a se resignar e suportar o que foi e é, como deseja tê-lo novamente, *tal como foi e é*, por toda a eternidade, e insaciavelmente gritar *da capo*, não só para si mesmo, mas à inteira peça e ao espetáculo, e não apenas ao espetáculo, e sim no fundo àquele que necessita deste espetáculo – e o faz necessário: pois sempre de novo tem necessidade de si – e se faz necessário. Como? E isso não seria – *circulus vitiosus deus*?[97]

---

97. "Deus como círculo vicioso".

57

A distância e ao mesmo tempo o espaço em torno do homem aumentam com a força de seu olhar e de sua penetração espirituais: seu mundo se aprofunda, novas estrelas, novos enigmas e imagens lhe aparecem sem cessar. É possível que tudo sobre o qual olho e espírito exerceram seu sentido acurado, seu sentido profundo, fosse não mais do que um ensejo para um exercício, uma questão de jogo, algo para crianças e cabeças infantis. Talvez um dia os mais solenes conceitos pelos quais mais se combateu e se padeceu, os conceitos de "Deus" e "pecado", vão nos parecer tal como parecem ao homem idoso um brinquedo infantil, uma dor infantil – e aí talvez "o homem idoso" necessite de outro brinquedo, de outra dor – sempre ainda bem criança, eterna criança!

58

Já bem se observou até que ponto para uma vida autenticamente religiosa (assim como para um trabalho dileto de observação de nós mesmos, como para a placidez delicada a que se chama "oração", que é uma contínua disposição para a "vinda de Deus") faz-se necessária a ociosidade exterior ou meia ociosidade, e eu me refiro à ociosidade com boa consciência, oriunda de tempos antigos, de sangue, não de todo estranha ao sentimento aristocrático de que o trabalho *desonra*, – ou seja, torna vulgares alma e corpo? E, em consequência, a laboriosidade moderna, ruidosa, que bem emprega seu tempo, se orgulha de si, estupidamente se orgulha, se educa e se prepara, mais do que qualquer outra coisa, precisamente para a "descrença"? Entre aqueles que, por exemplo, hoje na Alemanha vivem apartados da religião, encontro homens dos quais o "livre pensar"[98] é de todo tipo e de toda ascendência, mas sobretudo encontro uma maioria cuja laboriosidade, geração após geração, fez extinguir os instintos religiosos: desse modo, já não mais sabem qual a utilidade das religiões, e apenas com uma espécie de espanto obtuso

---

98. Note-se que Nietzsche não está aqui se comprazendo com a situação que encontra na Alemanha de seu tempo, e o referido "livre pensar" (*Freidengerei*) não está relacionado à liberdade de espírito que ele propõe desde *Humano, demasiado humano* (1878). O livre pensar dos livres-pensadores da Alemanha de então – entre eles David Strauss, a quem ele dedica a "Primeira consideração extemporânea" – dizia respeito à liberdade em relação à religião, enquanto a liberdade dos "espíritos livres", proposta por Nietzsche, diz respeito a expediente que se revela de atuação ainda mais profunda e insidiosa que a religião, a saber, a moral.

registram sua presença no mundo. Sente-se já bem requisitada, essa brava gente, seja com seus próprios negócios, com seus prazeres, para não falar da "pátria", dos jornais e dos "deveres de família": parece que para ela já não há tempo algum a dedicar à religião, tanto mais não lhe estando claro se com isso se trata de um novo negócio ou de um novo prazer – afinal seria impossível, pensam consigo, ir à igreja para pura e simplesmente estragar o bom humor. Essas pessoas não são hostis aos usos religiosos; se se exige em certos casos, digamos da parte do Estado, que participem de tais costumes, fazem o que se exige tal como se faz tantas coisas, com seriedade paciente e modesta, sem muita curiosidade e desconforto: vivem demais de fora e à parte para que vejam a necessidade de um pró e um contra em tais coisas. Entre esses indiferentes encontra-se hoje a maioria dos protestantes alemães das classes médias, sobretudo nos grandes e laboriosos centros de comércio e de afluxo; e, igualmente, a maioria dos laboriosos eruditos e os acessórios todos das universidades (excessão feita aos teólogos, cuja presença e possibilidade não cessa de cada vez mais oferecer apurados enigmas aos psicólogos). Da parte dos homens piedosos, ou simplesmente dos que vão à igreja, raras vezes se faz ideia *de quanta* boa vontade, e mesmo de laboriosa vontade, se requer para que um erudito alemão leve a sério o problema da religião; seu inteiro ofício (e, como dissemos, a laboriosidade de seu ofício, à qual o obriga sua consciência moral moderna) inclina-o a uma serenidade superior e quase benfazeja para com a religião, à qual vez por outra vem se mesclar um leve menosprezo, dirigido à "sujidade" do espírito, esta que ele pressupõe por toda parte em que há pertencimento à Igreja. Só mesmo com o auxílio da história (*não*, portanto, com base em sua experiência pessoal), o erudito consegue alcançar uma seriedade respeitosa e certa deferência assustada com relação às religiões; mas, quando ele ergue seu sentimento até a gratidão para com ela, sua pessoa ainda não se aproximou nem um passo do que subsiste como Igreja ou como devoção: talvez o contrário. A indiferença prática ante as coisas religiosas, em cujo seio ele nasceu e foi educado, sublima-se nele de modo geral em circunspecção e pureza, temerosa do contato com homens e coisas religiosas; e é possível que precisamente a profundidade de sua tolerância e de sua humanidade faça-o se esquivar do sutil estado de necessidade que o tolerar traz consigo. Toda época tem sua própria espécie divina de ingenuidade, cuja invenção outras épocas teriam de invejar: e quanta ingenuidade, quanta respeitável, infantil e desmesuradamente obtusa ingenuidade reside nessa crença na superioridade do erudito, na boa consciência de sua tolerância, na distraída e simplista certeza com que seu instinto trata a pessoa religiosa como um tipo inferior e menos valoroso, que ele próprio superou, indo além, indo longe, *indo acima* — ele, o pequeno e presunçoso anão e homem da plebe, o ágil e diligente operador mental e braçal das "ideias", das "ideias modernas"!

59
Quem olhou profundamente mundo adentro pode bem adivinhar quanto de sabedoria há em serem os homens superficiais. É um instinto mantenedor que os ensina a ser inconstantes, leves e falsos. Encontra-se aqui e ali nos filósofos, como nos artistas, uma adoração apaixonada e exagerada às "formas puras": que não se duvide de que aquele que *necessita* do culto da superfície deve ter tido, um dia ou outro, uma aderência infeliz *sob* ela. Talvez se tenha mesmo uma ordem hierárquica entre essas crianças assim chamuscadas que são os artistas natos, que no gozo da vida encontram tão somente a intenção de *falsear* sua imagem (como que numa prolongada vingança contra a vida): pelo grau com que a vida se lhes fez desgostosa pode-se inferir até que ponto se desejou sua imagem falseada, diluída, tornada transcendente, divinizada — entre os *homines religiosi*[99] se poderia contar os artistas como seu grau *supremo*. É o mundo profundo e suspeitoso de um pessimismo incurável que força milênios inteiros a se agarrar com unhas e dentes a uma interpretação religiosa do existir: o medo daquele instinto, que pressente poder se apropriar da verdade *cedo demais*, antes que o homem tenha se tornado suficientemente forte, suficientemente artista... Considerada com esse olhar, a devoção, a "vida em Deus", pareceria o rebento último e mais sutil do *temor* à verdade, como adoração e embriaguez do artista ante o mais consequente de todos os falseamentos, como vontade de inversão da verdade, de não verdade a qualquer preço. Talvez até hoje não tenha havido meio mais forte de embelezar o próprio homem do que, precisamente, a devoção:

---

99. Do latim: "homens religiosos".

por meio dela o homem de tal maneira pode se tornar arte, superfície, jogo de cores, bondade, que à sua visão já não mais padecerá.

60

Amar o homem por *amor a Deus* – foi este até agora o sentimento mais nobre e remoto a que se chegou entre os homens. Que o amor ao próximo sem nenhuma secreta intenção santificadora é estupidez e uma bestialidade *a mais*, que esse pendor a amar os homens há de receber sua medida, sua finura, seu grãozinho de sal e pozinho de âmbar de um pendor mais elevado: quem quer que tenha sido o homem que pela primeira vez o tenha sentido e "vivenciado", a ponto de mesmo sua língua ter podido balbuciar ao tentar expressar algo tão delicado, para nós ele será para sempre santo e digno de admiração, na condição do homem que até agora voou mais alto e se extraviou do modo mais belo.

61

O filósofo, tal como *nós*, os espíritos livres, compreendemo-lo como sendo o homem da mais abrangente responsabilidade, dotado de consciência[100] para o desenvolvimento integral do homem: esse filósofo vai se valer das religiões para sua obra de cultivo[101] e educação, como se

---

100. Também aqui se trata da consciência no sentido moral, ou seja, *Gewissen*, e não no sentido de saber o que se está fazendo ou pensando.
101. A presente nota, referente à recorrência ao cultivo (*Züchtung*), relaciona-se à nota acrescida ao aforismo 47, acerca da domesticação ou amansamento (*Zähmung*) do homem – são duas noções que Nietzsche toma de empréstimo da zoologia, um dos campos das ciências biológicas que vicejava vigorosamente à época de Nietzsche. Sendo o homem, em sua condição de animal, uma configuração temporária de impulsos hierarquizados – e maleáveis à ação recíproca dos outros impulsos –, o cultivo e amansamento são dois modos de tratamento que se lhes pode ministrar, uma vez que na vida em sociedade eles não podem simplesmente se manifestar, já que isso implicaria dar livre curso, por exemplo, à agressividade e à sexualidade. A domesticação foi o tratamento até agora mais aplicado, tendo-se revelado sobretudo como tentativa de enfraquecer os impulsos, quando não simplesmente erradicá-los, ou então como fomento ou valorização de impulsos passíveis de fazer do homem indivíduo obediente e fraco – algo que com tanta frequência convém à vida gregária e a morais como a cristã. Ocorre que a esta altura da presente obra está-se tratando justamente da questão da transvaloração dos valores – dos valores que tanto atuaram na contínua debilitação de sua potência –, e para tanto não é o caso de meramente criticar o processo de domesticação a que foi submetido, mas também de conceber expedientes de transformação do homem – daí a ideia de cultivo. O cultivo, também referido pela ideia de disciplina (*Zücht*), tem uma atuação não restrita ao pensamento consciente do homem, mas deve atuar sobretudo em sua organização pulsional, em seus instintos – e os instintos são cristalizações pulsionais que se constituem mediante respostas padronizadas a estímulos externos, ou seja, são conjuntos de impulsos em cujo seio se constituiu memória. Para tanto, lança-se mão até mesmo de dispositivos que em outros momentos são criticados, a exemplo das religiões.

valerá das condições políticas e econômicas de seu tempo. A influência que se pode exercer com o auxílio das religiões, quanto a seleção e cultivo,[102] e isso significa sempre, da mesma forma, a influência de destruição, de criação e de imposição de formas, é múltipla e diversificada, a depender da espécie de homens postos sob seu encanto e proteção. Para os fortes, independentes, preparados e predestinados ao comando, nos quais razão e arte se encarnam numa raça dominadora, a religião é um meio a mais para superar resistências, para poder dominar: como um laço a atar senhores e súditos, que denuncia e entrega às mãos dos primeiros as consciências dos últimos, o que neles há de mais oculto e mais íntimo, que de bom grado se suprimiria à obediência; e, caso algumas naturezas de tal proveniência nobre, por elevada espiritualidade, inclinem-se para uma vida mais retirada e contemplativa e reservem para si tão somente a espécie mais refinada de domínio (sobre discípulos escolhidos ou irmãos de ordem), a própria religião há de servir até mesmo como um meio para se produzir a calma ante o ruído e a tribulação dos modos *mais grosseiros* de governo e a pureza ante a *necessária* sujidade de todo o fazer político. Assim o compreenderam, por exemplo, os brâmanes: com o auxílio de uma organização religiosa, atribuíram ao povo o poder de nomear seus reis, enquanto se tomavam e se sentiam como homens de missões mais elevadas e para além das do rei.[103] Entretanto, a uma parte dos dominados a religião confere também a direção e a oportunidade de se preparar para algum dia comandar e dominar precisamente as classes e camadas em lenta ascensão, nas quais, por meio de costumes matrimoniais afortunados, a força e o prazer do querer, a vontade de autodomínio se encontram em contínuo crescimento: a eles a religião oferece impulsos e tentações suficientes para que possam tomar os caminhos para uma espiritualidade superior, para se porem à

---

102. Faz-se aqui referência conjugada a "seleção e cultivo" porque a seleção *(Auslesend)* é justamente uma dimensão do processo de cultivo: ela se faz necessária justamente para privilegiar alguns tipos de impulsos e relegar outros.
103. A expressão em alemão é *überköniglicher*, e a tradução literal seria "superior ao real" ou "para além do que concerne ao rei", bastante rara uma vez que, o mais das vezes e de acordo com os respectivos contextos, não há poder que exceda o do rei. Uma das exceções se tem no bramanismo, já que a casta sacerdotal dos brâmanes é a mais elevada. A esse respeito o tradutor francês Patrick Wotling bem observa a presença da indicação de superação no interior de determinada hierarquia, pelo prefixo *über*, tão cara a Nietzsche e presente na própria noção de além do homem, ou além-homem, *Übermensch*, que em português também aparece traduzida por "super-homem".

prova os sentimentos da grande autossuperação, do silêncio e da solidão: ascetismo e puritanismo são meios de educação e de enobrecimento quase indispensáveis quando uma raça deseja triunfar sobre sua proveniência plebeia e trabalha para se elevar ao domínio futuro. Aos homens comuns, enfim, aos que são maioria, que *têm o direito* de existir apenas para servir e para proveito geral, a eles a religião confere inestimável contentamento em sua condição e em seu modo de ser, confere-lhes a multifacetada paz do coração, um enobrecimento da obediência, uma felicidade e um sofrimento a mais, e compartilham-nos com os seus, e algo de transfiguração e embelezamento, de justificação do inteiro cotidiano, da inteira baixeza, da inteira indigência semianimal de sua alma. A religião e o significado religioso da vida depõem um raio de sol sobre tais homens sempre atormentados, tornando-lhes suportável mesmo o seu próprio aspecto, e atuam ao modo de uma filosofia epicurista sobre padecentes de estrato superior, a exercer um efeito de assistência, revigorante, refinador, como *a tirar partido* do sofrimento, terminando por santificar e justificar. É possível que no cristianismo e no budismo não se tenha nada mais digno de respeito do que sua arte de ensinar os mais humildes a se inserir, pela devoção, em uma aparente ordem superior das coisas, e com isso viver mantendo a satisfação com a ordem real, em cujo seio levam uma vida bastante dura – e bem essa dureza se faz necessária!

62

Por último, para fazer o balanço negativo de tais religiões e trazer à luz sua periculosidade secreta: é sempre caro e terrível o preço a se pagar quando as religiões *não* estão em mãos do filósofo, como meio de cultivo e educação, e quando por si mesmas governam de forma *soberana,* quando elas próprias querem ser fins e não meios junto de outros meios. Há no ser humano, como em qualquer outra espécie de animal, um excedente de malogrados, de enfermos, degenerados, alquebrados, de sofredores por necessidade; mesmo no homem os casos bem logrados são sempre a exceção, e, considerando que o homem é um *animal ainda não determinado*,[104] tais casos são até mesmo a escassa exceção. Mas

---

104. O pano de fundo que se tem aqui é – como, aliás, também na ideia de cultivo, que permeia a presente obra – a teoria da evolução das espécies, pela qual as espécies não são fixas, mas em transformação por força de mudanças fenotípicas dos organismos ao longo de gerações. Para

ainda pior: quanto mais elevado o tipo que certo homem representa, tanto mais aumenta a improbabilidade de *sair-se bem*: o casual, a lei do absurdo na economia global da humanidade mostra-se no que há de mais terrível, no efeito destruidor que eles exercem nos homens elevados, cujas condições de vida são delicadas, complexas e dificilmente calculáveis. Ora, como se comportam as duas citadas maiores religiões em relação a esse *excedente* de casos fracassados? Procuram conservar, manter em vida o que de algum modo se permita manter, e, mais ainda, sendo religiões *para sofredores*, delas se toma partido por uma questão de princípios, dando-se razão a todos os que sofrem da vida como de uma doença e gostariam de estabelecer que qualquer outra percepção da vida fosse tomada como falsa, tornada impossível. Por mais que se tenha em alta estima tal solicitude cuidadosa e mantenedora, considerando que ela se aplica, entre outros, ao tipo mais elevado de homem, e até agora também quase sempre ao mais sofredor: no balanço total as religiões havidas até agora, chamadas *soberanas*, estão entre as causas principais que mantiveram o tipo "homem" num grau inferior – conservaram demasiado *daquilo de que se deve perecer*. Há que se lhes agradecer por algo inestimável; e quem tiver suficiente gratidão que não se empobreça diante de tudo o que, por exemplo, os "homens espirituais" do cristianismo até agora fizeram pela Europa! E, no entanto, quando proporcionam conforto aos sofredores, coragem aos reprimidos e desesperados, sustentação e amparo aos dependentes, e quando atraem da sociedade para monastérios e prisões da alma os destruídos por dentro, os tornados selvagens: o que teriam de fazer para trabalhar com uma consciência tranquila na conservação de todo enfermo e de todo padecente, ou seja, para trabalhar de fato e de verdade na *deterioração da raça europeia*? Deixar de *ponta-cabeça* todas as avaliações de valor – é o que se teria a fazer! E aquebrantar os fortes, acometer as grandes esperanças, suspeitar da felicidade na bondade, dobrar toda forma de autodomínio, de virilidade, de espírito de conquista, de dominação, todos os

---

Nietzsche, o caráter híbrido e não determinado do homem se observa uma vez que ele dá as costas à sua vida instintiva e pulsional – e os instintos são grupos de impulsos cujos modos de ação e reação encontram-se já cristalizados –, mesmo ao procurar reprimi-la, e desse modo é tanto mais tiranizado por uma obstinada pulsionalidade. A transição possível, e proposta aqui, é para o homem que reconhece e domina seus impulsos, e assim, no sentido propriamente nietzschiano, espiritualiza-se.

instintos próprios ao tipo mais elevado e bem logrado de "homem", para convertê-la em incerteza, em aflição de consciência, em autodestruição, mais, converter a inteira vida do que é terreno e domínio sobre a Terra em ódio à terra e ao terreno – *tal* foi a tarefa que a Igreja se impôs e teve de se impor para si, até que, segundo lhe pareceu, "desmundanização", "dessensualização" e "homem superior" acabaram por se fundir em um único sentimento. Supondo que, com o olho irônico e apartado de um deus epicúreo, alguém pudesse abarcar a comédia prodigiosamente dolorosa e ao mesmo tempo grosseira e sutil do cristianismo europeu, creio que teria espanto e riso a perder de vista: não lhes parece que durante dezoito séculos prevaleceu sobre a Europa uma única vontade, a de fazer do homem um *sublime aborto*? Mas aquele que, com necessidades inversas, já não como epicúreo, e sim, ao contrário, tendo na mão algum martelo divino, se acercasse dessa degeneração e dessa atrofia quase voluntária do homem que é o europeu cristão (Pascal, por exemplo), deveria gritar com raiva, compadecimento e com espanto: "Oh, estúpidos, presunçosos e compassivos estúpidos, o que vocês fizeram! Que trabalho saiu de suas mãos! Como estragaram e distorceram minha pedra mais bela! O que *vocês* se permitiram!". Eu quereria dizer: o cristianismo tem sido até agora a mais desastrosa espécie de autopresunção. Homens nem elevados nem duros o bastante para ter o direito de, na condição de artistas, conferir uma forma *ao homem*; homens nem fortes nem longevos o bastante para deixar dominar, com sublime autosubjugação, a lei primeira dos mil fracassos e ruínas; homens não suficientemente nobres para ver a hierarquia e o hiato abissalmente distintos entre homem e homem: *tais* são os homens que, com sua "igualdade perante Deus", têm dominado o destino da Europa até agora, até por fim se ter cultivado uma espécie apequenada, quase risível, um animal de rebanho, algo dócil, enfermiço e mediano, o europeu de hoje...

CAPÍTULO IV
SENTENÇAS E INTERLÚDIOS

63
Quem é radicalmente mestre leva a sério todas as coisas somente em relação a seus alunos – incluindo a si mesmo.

64
"Querer o conhecimento em si mesmo" – essa é a última peça pregada pela moral: com isso tornamos a nos enredar completamente nela.

65
O atrativo do conhecimento seria escasso se no caminho para ele não se tivesse de sobrepujar tanto pudor.

65A
Com seu próprio Deus é que se é mais desonesto: ele não *tem permissão* para pecar!

66
A tendência a rebaixar-se, a se deixar roubar, a mentir e a expoliar poderia ser o pudor de um Deus entre os homens.

67
O amor a um único é barbárie: pois ele se exerce à custa de todos os demais. Isso inclui o amor a Deus.

68
"Eu fiz isso", diz a minha memória. Isso não pode ser feito – diz meu orgulho, e se mantém implacável. Por fim, a memória cede.

69
Foi-se um mau espectador da vida se não se viu também a mão que, delicadamente, mata.

70
Se se tem caráter, tem-se também sua vivência característica, que sempre retorna.

71
O sábio como astrônomo. Enquanto continuas a sentir as estrelas como algo "acima de ti",[105] falta-te a visão do homem do conhecimento.

72
Não os fortes, mas a duração da sensação mais elevada constitui os homens mais elevados.

73
Quem alcança seu ideal justamente por isso vai além de si mesmo.

73A
Mais de um pavão oculta de todos os olhares sua cauda de pavão – e a isso se chama seu orgulho.

74
Um homem de gênio é insuportável quando não possui ao menos duas outras coisas: gratidão e limpeza.

75
O grau e a natureza da sexualidade de um ser humano ascendem até o último cume de seu espírito.

76
Sob circunstâncias de paz, o homem belicoso ataca a si mesmo.

77
Com nossos princípios queremos tiranizar ou justificar seus hábitos ou honrar ou injuriar ou ocultar: com isso, dois homens com os

---
105. Alusão aqui é feita à célebre afirmação de Kant, na conclusão da *Crítica da razão prática*, sobre o "céu estrelado acima de mim e a lei moral em mim", como sendo as duas coisas que o enchem de admiração e reverência.

mesmos princípios provavelmente vão querer algo de radicalmente distinto.

78
Quem despreza a si mesmo não obstante continua a se apreciar como depreciador.

79
Uma alma que se sabe amada, mas ela própria não ama, revela seu fundo: o que nela há de mais baixo assoma à superfície.

80
Uma questão que se esclarece deixa de nos interessar. O que pretendia aquele Deus que aconselhava: "conhece-te a ti mesmo"! Talvez quisesse dizer: "deixa de interessar-se por ti mesmo!". E Sócrates? E o "homem científico"?

81
É terrível morrer de sede no mar. Não terão vocês de salgar de tal maneira a sua verdade a ponto de logo – aplacar a sede?

82
"Compaixão para com todos" – seria dureza e tirania *com você*, caro próximo!

83
O *instinto*. Quando a casa queima, esquecemos até o almoço. Sim: mas logo nos recuperamos sobre as cinzas.

84
A mulher aprende a odiar uma vez que aprende a enfeitiçar.

85
Os mesmos afetos são de *tempo*[106] diferente em homem e mulher: por isso homem e mulher não cessam de se mal compreender.

---

106. Também aqui, tempo no sentido musical, de pulsação.

86
No fundo de toda vaidade pessoal, as mulheres conservam sempre seu desprezo pessoal – pela "mulher".

87
Coração atrelado, espírito livre. Quando se amarra com firmeza e se mantém prisioneiro o coração, ao seu espírito podem-se conceder muitas liberdades: é o que eu digo mais uma vez. Mas não acreditam em mim, a não ser que já o saibam...

88
Começa-se a desconfiar de pessoas muito inteligentes quando elas se veem constrangidas.

89
Vivências horrendas nos fazem pensar se aquele que as vivencia não será algo horrendo.

90
Precisamente pelo efeito do que torna os outros pesarosos, pelo efeito de ódio e amor, as pessoas pesarosas, melancólicas tornam-se mais leves e por algum tempo vêm à sua superfície.

91
É tão frio, tão gélido, que ao tocá-lo queimamos os dedos! Toda a mão que o agarra se espanta! E é precisamente por isso que as pessoas o tomam por incandescente.

92
Quem já não se sacrificou alguma vez para salvar uma reputação?

93
Na afabilidade nada se tem de ódio aos homens, mas bem por isso há um excesso de desprezo aos homens.

94
Maturidade do homem: significa ter encontrado a seriedade que se tinha quando criança ao brincar.

95
Sentir vergonha de sua imoralidade: este é um degrau na escada, no alto da qual se sente vergonha mesmo de sua moralidade.

96
Devemos nos separar da vida como Ulisses se separou de Nausica – mais bendizendo-a do que enamorado.

97
Como? Um grande homem? Sempre vejo ali unicamente o ator de seu próprio ideal.

98
Quando se veste a sua consciência, ela nos beija ao tempo mesmo em que nos morde.

99
Fala o desiludido: "Perscrutei o eco, ouvi apenas elogio."

100
Ante nós mesmos fingimos ser mais simples do que somos: assim descansamos de nossos semelhantes.

101
Hoje em dia um homem de conhecimento facilmente se sente como Deus feito animal.

102
Descobrir que nosso amor é correspondido deveria na verdade desiludir o ser amado. "Como? É ele modesto o bastante, a ponto de amar-me? Ou estúpido o bastante? Ou – ou."

103
O perigo na felicidade. "Agora tudo me sai da melhor maneira possível, doravante amo todo destino: quem se compraz em ser meu destino?"

104
Não é seu amor aos homens, mas sim a impotência de seu amor aos homens que impede aos cristãos de hoje de nos queimar.

105
Para o espírito livre, para o "devoto do conhecimento", a *pia fraus*[107] repugna ao gosto (à sua "devoção") ainda mais que a *impia fraus*.[108] Daí vem sua profunda incompreensão da Igreja, que lhe é própria como "espírito livre", como *sua* não liberdade.

106
Graças à música as paixões desfrutam de si mesmas.

107
Uma vez tomada a decisão, fechar os ouvidos mesmo para o melhor dos argumentos: sinal de caráter forte. Portanto, uma ocasional vontade de estupidez.

108
Não existem fenômenos morais, e sim uma interpretação moral de fenômenos...

109
O criminoso frequente muitas vezes não está à altura de seus atos: ele os apequena e calunia.

110
Os advogados de um criminoso raras vezes são suficientemente artistas para converter o belo horror do ato a serviço de seu autor.

---
107. "Mentira piedosa."
108. "Mentira ímpia."

111
Bem quando nosso orgulho é ferido se torna mais difícil ferir nossa vaidade.

112
Para aquele que se sente predestinado à contemplação e não à fé, todos os crentes são por demais ruidosos e inoportunos: aquele se protege deles.

113
"Queres predispor alguém a teu favor? Pois finja-te desconcertado por ele."

114
A enorme expectativa das mulheres quanto ao amor sexual e o pudor presente nessa expectativa arruínam de antemão todas as perspectivas.

115
Onde o amor ou o ódio não fazem parte do jogo, a mulher é jogadora medíocre.

116
As grandes épocas de nossa vida são aquelas em que criamos coragem e rebatizamos nosso mal como o maior mal.

117
A vontade de sobrepujar um afeto no fim das contas é apenas a vontade de um ou mais outros afetos.

118
Não existe uma inocência da admiração: é-se dela provido aquele a quem ainda não ocorreu que também ele poderia ser admirado alguma vez.

119
A náusea ante a sujeira pode ser grande a ponto de nos impedir de nos limparmos – de nos "justificarmos".

120
A sensualidade com frequência faz apressar em nós o crescimento do amor, de modo que a raiz se mantém fraca e fácil de arrancar.

121
Da parte de Deus foi uma sutileza ter aprendido grego quando quis se tornar escritor — e não o ter aprendido melhor.

122
Para muitos, regozijar-se com um elogio é apenas uma esperança do coração — e é precisamente o contrário de uma vanidade do espírito.

123
Também o concubinato foi corrompido: pelo casamento.

124
Quem continua a exultar sobre a fogueira triunfa não sobre a dor, mas sobre não sentir nenhuma lá onde ela seria esperada. Uma alegoria.

125
Se temos de mudar a opinião sobre alguém, fazemo-lo pagar caro pelo incômodo que ele com isso nos provoca.

126
Um povo é o rodeio que faz a natureza para chegar a seis, sete grandes homens. Sim: e para evitá-los na sequência.

127
Para todas as mulheres autênticas, a ciência vai contra o pudor. Parece-lhes como se com isso lhes quisesse olhar sob a pele — pior ainda! Sob vestidos e adereços.

128
Quanto mais abstrata é a verdade que se quer ensinar, tanto mais se deverá seduzir mesmo os sentidos para ela.

129
O diabo tem as mais amplas perspectivas sobre Deus, razão pela qual dele se mantém tão distante: o diabo, isto é, o amigo mais antigo do conhecimento.

130
O que alguém é começa a se revelar quando seu talento declina, quando ele cessa de mostrar o que *pode*. O talento é também um adereço; um adereço é também um esconderijo.

131
Os sexos se iludem um ao outro: isso faz com que no fundo cada qual honre e ame tão somente a si mesmo (ou a seu próprio ideal, para expressá-lo mais perigosamente). De modo que o homem quer a mulher pacífica – mas precisamente a mulher é *em essência* não pacífica, tal qual o gato, por mais que tenha aprendido a se dar ares de paz.

132
É por suas virtudes que mais se é castigado.

133
Quem não sabe encontrar o caminho para o *seu* ideal vive de modo mais frívolo e insolente do que o homem sem ideal.

134
É dos sentidos que vêm toda a credibilidade, toda a boa consciência, toda a evidência de verdade.

135
O farisaísmo não é uma degenerescência do homem bom: boa parte dele muito mais é a condição para ser bom.

136
O homem procura quem possa fazê-lo dar à luz suas ideias, outro busca quem o possa ajudar: surge daí uma boa conversa.

137

No trato com eruditos e artistas facilmente nos equivocamos na direção oposta: por trás de um notável erudito não raro se encontra um homem mediano, e por trás de um artista mediano não raro até mesmo – um homem muito notável.

138

No estado de vigília agimos tal como no sonho:[109] começamos por inventar e forjar as pessoas com quem tratamos – e logo as esquecemos.

139

Na raiva e no amor a mulher é mais bárbara que o homem.

140

Conselho como enigma. "Para que o laço não arrebente" – deves primeiramente mordê-lo.

141

O baixo-ventre é o motivo pelo qual para o homem não é fácil se tomar por um Deus.

142

A palavra mais pudica entre as que ouvi: *Dans le véritable amour c'est l'âme, qui enveloppe le corps.*[110]

143

Nossa vaidade gostaria que justamente o que fazemos melhor fosse visto como o que nos fosse o mais difícil. Sobre a origem de diversas morais.

---

109. Uma constante em Nietzsche é o reconhecimento de um mesmo padrão entre a lógica de interpretação do sonho e a da vida em vigília. Ela está presente no aforismo 13 do *Humano, demasiado humano*, já que a inversão da causa a partir do efeito para a interpretação dos fenômenos é ali apresentada como teoria onírica e também como fenômeno da consciência desperta; o mesmo vale para o aforismo 119 de *Aurora*, onde a vida em vigília é aproximada da vida onírica quanto à interpretação dos estímulos nervosos por nossos impulsos, segundo as necessidades deles próprios; semelhante aproximação ainda se tem no aforismo 193 da presente obra.
110. "No amor verdadeiro é a alma que envolve o corpo."

144

Quando uma mulher tem inclinações eruditas, via de regra há algo errado com sua sexualidade. Já a esterilidade predispõe para certa masculinidade de gosto; pois o homem é, permita-se dizer, "o animal estéril".

145

Comparando, no todo, homem e mulher, pode-se dizer: a mulher não teria o gênio do adereço se não tivesse o instinto para o papel *secundário*.

146

Quem combate monstruosidades cuide para que isso não o converta em um monstro. E se tu olhas por muito tempo para um abismo, também o abismo olha para dentro de ti.

147

Extraído de velhas novelas florentinas, e ademais, da vida: *buone femmina e mala femmina vuol bastone*. Sachetti, nov. 86.[111]

148

Induzir o próximo a uma opinião favorável e em seguida acreditar de maneira convicta nessa opinião: quem iguala as mulheres nessa obra de arte?

149

O que uma época sente como sendo mal costuma ser uma ressonância intelectual do que outrora foi sentido como bom – o atavismo de um ideal mais antigo.

150

Em torno do herói tudo se converte em tragédia, em torno do semideus, em drama satírico; e em torno de Deus – como? Possivelmente em "mundo"?

---

111. A tradução do italiano é "mulher boa e mulher má merecem o bastão". O autor, Franco Sachetti, é um escritor florentino do século XIV. Nietzsche foi leitor de suas novelas, e é muito possível que tenha chegado a ele por intermédio do historiador da arte e da cultura Jakob Burckhardt, seu contemporâneo, professor e influência.

151

Ter um talento não é suficiente: deve-se também ter a sua permissão para ele — não é, meus amigos?

152

"Onde se ergue a árvore do conhecimento se tem sempre o paraíso": eis o que dizem as mais velhas e as mais jovens serpentes.

153

O que se faz por amor acontece sempre além do bem e do mal.

154

A objeção, a pulada de cerca, a gaia desconfiança, o sarcasmo são sinais de saúde: todo o incondicionado pertence à patologia.

155

O sentido para o trágico crê e descrê com a sensualidade.

156

A loucura é algo raro nos indivíduos — mas entre grupos, partidos, povos e épocas é a regra.

157

A ideia de suicídio é um vigoroso meio de consolo: ajuda a atravessar mais de uma noite ruim.

158

Nossos impulsos mais fortes, que nos tiranizam, submetem não apenas nossa razão, mas também nossa consciência.

159

Deve-se retribuir o bem e o mal: mas por que precisamente à pessoa que nos fez bem ou mal?

160

Já não se ama suficientemente seu conhecimento quando se o comunica.

161
Os poetas são desavergonhados para com suas vivências: eles as exploram.

162
"Nosso próximo não apenas é nosso vizinho, mas vizinho dele" – assim pensa todo o povo.

163
O amor traz à luz as qualidades elevadas e ocultas de quem ama – o que nele há de raro, de excepcional: nisso ele facilmente ilude acerca do que nele é a regra.

164
Disse Jesus a seus judeus: "A lei era para escravos. Amai a Deus como eu o amo, como a seu filho! Que importa a moral a nós, filhos de Deus?".

165
Com relação a todos os partidos. Um pastor tem sempre necessidade de um carneiro-guia – ou eventualmente haverá de ele próprio ser o carneiro.

166
Pode-se mentir com a boca; mas com a expressão no ato de fazê-lo se diz a verdade.

167
Nos homens duros, a intimidade é uma questão de vergonha – e é algo custoso.

168
O cristianismo deu de beber veneno a Eros: ele não morreu disso, mas degenerou em vício.

169
Falar muito de si pode também ser um meio de se ocultar.

170
Há mais indiscrição no elogio do que na repreensão.

171
Em um homem de conhecimento, a compaixão atua quase a produzir o riso, como um ciclope de mãos delicadas.

172
Por amor aos homens por vezes se abraça o primeiro que passa (pois não se pode abraçar a todos): mas justamente isso não se pode revelar ao primeiro que passar...

173
Não se odeia tanto quando se despreza, e sim só mesmo quando a estima é igual ou superior.

174
Também vocês, utilitaristas, amam tudo quanto é *utile*[112] apenas como *veículo* de suas inclinações — também vocês acham insuportável o ruído de suas rodas?

175
O que amamos é, em última instância, o nosso desejo, e não o desejado.

176
A vaidade dos outros só nos contraria o gosto quando vai contra a nossa vaidade.

177
É possível que ninguém ainda tenha sido suficientemente veraz acerca do que é a "veracidade".[113]

---

112. Em latim, no original: "útil".
113. Temas tratados no decorrer da obra — quase sempre de forma cifrada e dificilmente de maneira alentada, exceção feita ao *Nascimento da tragédia* e à *Genealogia da moral* — são neste capítulo referidos de modo lancinante, irradiador e, não raro, também arrevesado. Um dos exemplos é a questão da verdade, que, referida aqui como questão da veracidade (*Wahrhaftigkeit*), é tratada no prefácio e no primeiro aforismo da obra. Ali, lembremo-nos, a própria busca da verdade é posta

178
Não se dê crédito às tolices de homens inteligentes: que descalabro aos direitos humanos!

179
As consequências de nossas ações agarram-nos pelos cabelos, não importando termos melhorado no entretempo.

180
Há uma inocência na mentira que é sinal da boa-fé numa coisa.

181
É desumano abençoar quando se foi amaldiçoado.

182
A familiaridade do superior exaspera, porque não se a deve retribuir.

183
"O que me atemoriza não é teres mentido, mas que eu já não creia em ti."

184
Há uma petulância da bondade que se apresenta como maldade.

185
"Ele me desagrada." Por quê? "Não estou à sua altura." Alguém um dia já respondeu assim?

---

como questão, como jamais havia sido feito em toda a história da filosofia: em afinidade com a esfera pulsional aqui trazida à cena filosófica, a questão versa sobre *de onde vem* nossa vontade de verdade. Se esta se espraia, sobretudo ao longo do primeiro capítulo, aqui ela aparece de forma sumamente abreviada e enquistada.

CAPÍTULO V
PARA A HISTÓRIA NATURAL DA MORAL

186

O sentimento moral é hoje na Europa algo de tão sutil, tardio, multiforme, excitável, refinado quanto o é a ainda jovem, incipiente, inepta e desajeitada "ciência da moral" que a ele corresponde: oposição atraente, que por vezes se encarna e se torna visível na pessoa de um moralista. Já a expressão "ciência da moral", com relação ao que ela designa, é algo por demais presunçoso e *contrário* ao bom gosto, que cuida sempre de ser um gosto que privilegia as palavras mais modestas. Com todo o rigor deveríamos admitir *o que* se faz necessário por muito tempo, *o que* unicamente por ora se justifica: coleta de material, formulação e classificação de um imenso reino de delicados sentimentos e diferenciações de valor, os quais vivem, crescem, reproduzem-se e morrem, e, possivelmente, tentativas de tornar visíveis as configurações mais frequentes e que mais se repetem nessa vivente cristalização – como preparação para uma *tipologia*[114] da moral. Não há que duvidar: até agora ninguém foi modesto a tal ponto. Os filósofos todos, com uma seriedade enrijecida que faz rir desde o momento em que passaram a se ocupar da moral como ciência, passaram a exigir de si algo muito mais elevado, mais pretensioso, mais solene: desejaram a

---

114. Juntamente com a questão axiológica, a ideia de tipo ou tipologia é uma das noções-chave para se compreender o problema da cultura, que é central em *Além do bem e do mal* e no conjunto da obra de Nietzsche. Estreitamente relacionada à de cultivo ou disciplina do homem, esta que acima ressaltamos. Não se deve perder de vista que o pano de fundo científico e cultural é o das teorias da evolução natural do século XIX. Desse modo, assim como o cultivo da besta-homem se espraia ao longo de gerações, o *tipo* se forma com a mesma lentidão, já que depende de valorações extensivamente inculcadas em povos e indivíduos, que assim neles se cristalizam. De tal maneira é lento o processo de maturação, que o tipo homem, como Nietzsche refere no aforismo 62, é ainda um animal sem uma configuração definitiva – e com isso tocamos na questão do cultivo como cerne da preocupação por excelência de Nietzsche nesta obra. Deve-se observar que na noção de tipo, à diferença dos dispositivos conceituais com que se está habituado em filosofia, não se tem fixidez, nem imobilidade, tampouco univocidade, já que a tipologia se pauta pelo estudo das diferenças, variantes e possibilidades de variação inerentes ao homem, a grupos de homens e a culturas, aí incluindo suas morais, mas sem que os processos de identificação de traços recorrentes se façam excludentes: um tipo não exclui a possibilidade de outras características, ou de transformações – daí a magnitude da referida ideia de cultivo. Nesse sentido, que é de flexibilidade e multivocidade, um indivíduo, como uma cultura ou uma moral, pode pertencer a diferentes tipos.

fundamentação da moral – e todo filósofo até agora acreditou ter fundado a moral: mas a moral em si mesma passava por algo "dado".¹¹⁵ Quão longe se punha de seu orgulho tosco a tarefa aparentemente insignificante, deixada ao pó e à lama, de uma descrição, ainda que para ela talvez não bastassem os mais finos sentidos! Justamente porque os filósofos da moral conhecem os *facta*¹¹⁶ morais de modo apenas grosseiro, sob a forma de extrato arbitrário ou de abreviação casual, por exemplo, ao modo da moralidade de seu ambiente, da situação, de sua igreja, do espírito de seu tempo, de seu clima e região, justamente por estarem mal informados e mesmo com escassa curiosidade em conhecer povos, tempos, passados, não chegam a ter diante de si os autênticos problemas da moral: como tais, só emergem quando se tem uma comparação de *muitas* morais. Em toda a "ciência da moral" de até agora *faltou*, por incrível que pareça, o próprio problema da moral: faltou a desconfiança para se perceber que havia algo de problemático. Visto sob verdadeira luz, o que os filósofos chamavam de "fundamentação da moral", exigindo-a de si mesmos, era tão só uma forma erudita da boa *crença* na moral dominante, um novo meio de sua *expressão*, portanto um estado de fato no seio de certa moralidade e, até mesmo, em última instância, uma espécie de negação de que *fosse permitido* tomar essa moral como problema: em todo caso, o contrário de um exame, de uma decomposição, de um pôr em dúvida, e mesmo de uma vivissecção dessa crença. Ouve-se, por exemplo, com que inocência quase venerável o próprio Schopenhauer põe para si sua tarefa, e tire-se daí suas conclusões sobre a cientificidade de uma "ciência" da qual os últimos mestres falam ainda como as crianças e como as velhinhas: "o princípio" diz, a tese fundamental sobre cujo conteúdo todos os éticos estão *realmente* de acordo – *neminem laede, imo omnes, quantum potes, juva*¹¹⁷ –, esta é *realmente* a tese que todos os teóricos da ética se esforçam por fundamentar... o *real* fundamento da ética que se busca há milênios,

---

115. Ter tomado a moral como algo dado, e não como problema, é a insuficiência e pusilanimidade dos que até então filosofaram sobre a moral, como Nietzsche vigorosamente denuncia, sobretudo na *Genealogia da moral*, em especial em seu prefácio e em sua primeira dissertação.
116. Em latim, no original: "fatos", no caso, morais. Ainda uma vez, Nietzsche faz referência irônica aos que até ali filosofaram sobre a moral imaginando ter fatos diante de si, quando na verdade tinham interpretações.
117. "Não prejudiques a ninguém, antes ajudes quanto puderes."

como se fosse a pedra filosofal. A dificuldade em se fundamentar a referida tese é por certo grande – sabe-se que mesmo Schopenhauer nisso não foi feliz; e quem alguma vez percebeu a fundo a falsidade e falta de gosto, e percebeu quanto há de sentimental nessa tese, num mundo do qual a essência é vontade de potência – a ele podemos lembrar que Schopenhauer, ainda que pessimista, *na realidade*, tocava flauta... Todos os dias, depois da refeição: a esse respeito se lê em seus biógrafos. E se pergunte, a propósito: um pessimista, um negador de Deus e do mundo, que *se detém* ante a moral, que diz "sim" à moral e toca flauta, à moral do *laede-neminem*:[118] como? será realmente um pessimista?

187
Mesmo prescindindo do valor de afirmações como "existe em nós um imperativo categórico", pode-se ainda perguntar: o que diz tal afirmação sobre quem a faz? Existem morais que devem justificar seu autor diante dos outros; outras morais devem aquietá-lo e deixá-lo em paz consigo mesmo; com outras, seu próprio autor quer se sacrificar e se humilhar; com outras quer vingar-se, com outras ocultar-se, com outras transfigurar-se e se colocar além nas alturas e a distância; essa moral serve a seu autor para esquecer, aquela outra para que esqueça de si ou de alguma coisa; mais de um moralista gostaria de exercer sobre a humanidade seu poder e seu capricho criador; alguns outros, possivelmente o próprio Kant, com sua moral dão a entender: "O que em mim é respeitável está em eu poder obedecer – e em vocês não deve ser diferente do que é comigo" – em suma, as morais não são mais do que uma *linguagem mímica dos afetos*.

188
Em oposição a um *laisser aller*,[119] toda moral é uma parcela de tirania contra a "natureza", e também contra a "razão": mas isso ainda não é uma objeção contra ela, ou então se teria de previamente decretar, com base em alguma moral, a proibição de toda espécie de tirania e desrazão.

---
118. "Não prejudiques a ninguém."
119. No francês, no original, "deixar ir".

O essencial e inestimável em toda moral consiste em ela ser uma coação prolongada: para entender o estoicismo ou Port-Royal ou o puritanismo deve-se lembrar da coação sob a qual até agora toda língua adquiriu força e liberdade – a coação métrica, a tirania de rima e ritmo. Quantos esforços não empenharam poetas e oradores em cada povo! sem excluir alguns prosadores de hoje, em cujo ouvido reside uma implacável consciência – "por uma insensatez", como dizem os broncos utilitaristas, e com isso se imaginam espertos, "por submissão às leis arbitrárias", como dizem os anarquistas, que desse modo se supõem "livres", mesmo espíritos livres. Mas o fato espantoso de que tudo o que de liberdade, de sutileza, audácia, de dança[120] e magistral segurança que há ou tem havido na Terra, no próprio pensamento que seja, ou no governar ou no falar e persuadir,[121] nas artes bem como nos bons costumes, desenvolveu-se tão só em razão da "tirania de tais leis arbitrárias"; e, para dizê-lo com toda a seriedade, não é pequena a probabilidade de que precisamente isso seja "natureza" e "natural"! – e não aquele *laisser aller*! Todo artista sabe quão distante de seu estado natural, isto é, do livre ordenar, estabelecer, dispor, configurar nos instantes de "inspiração" encontra-se o sentimento de deixar-se levar – e quão rigorosa e sutil é a forma com que ele obedece a mil leis diferentes, que escarnecem de toda formulação por conceitos, e isso precisamente por sua dureza e sua precisão (diante dela, mesmo o mais firme conceito detém algo de flutuante, de múltiplo, de multiforme). O essencial, "no céu como na terra", como parece, é, dito ainda uma vez, que *se obedeça* demoradamente e em uma única direção: disso resulta, e por muito tempo resultou, algo pelo qual vale viver sobre a Terra, por exemplo, virtude, arte, música, dança, razão, espiritualidade – algo de transfigurador, de refinado, louco e divino. A prolongada privação de liberdade do espírito, a desconfiada coerção à incomunicabilidade dos pensamentos, a disciplina que o pensador se impunha para pensar segundo uma

---

120. Em Nietzsche, a metáfora da dança remete à fusão, melhor dizendo, ao coincidir do corpo com o espírito, que desde Schopenhauer já não são concebidos como apartados, e também à amplitude e liberdade de movimento que se fazem possíveis – isto é, não interceptada por compromissos e convenções de ordem gregária – no âmbito de uma configuração pulsional. Quanto à "configuração pulsional", trata-se do que outros filósofos e o senso comum entendem por "sujeito", "indivíduo", este que, não obstante, para Nietzsche, nada tem de indiviso.
121. Como exemplo da preocupação e sobretudo da excelência estilística de Nietzsche, tem-se aqui – como em muitos momentos de sua obra publicada – uma assonância de difícil transposição: *im Reden und Überreden* para, literalmente "no falar e no persuadir/convencer".

orientação eclesiástica ou sob pressupostos aristotélicos, a prolongada vontade espiritual de interpretar tudo o que acontece segundo um esquema cristão e de tornar a descobrir e justificar o Deus cristão mesmo em todos os acasos – todo esse esforço violento, arbitrário, duro, horrível, antirracional revelou-se um meio pelo qual, no espírito europeu e em sua fortaleza, foi sendo cultivada a sua implacável curiosidade e sua fina mobilidade: admitindo que com isso uma quantidade grande e insubstituível de força, de espírito, teve de ser oprimida, sufocada e corrompida (pois aqui, como em toda parte, mostra-se "a Natureza" como ela é, em toda a sua magnificência pródiga e *indiferente*, que se rebela, ainda que seja nobre). O fato de que durante milênios os pensadores europeus pensaram apenas para algo demonstrar – já hoje, ao contrário, suspeitamos de todo pensador que queira demonstrar alguma coisa –, de que sempre estiveram certos do que deveria advir de suas rigorosas reflexões, como outrora se tinha na astrologia asiática ou como ainda hoje se tem na inofensiva interpretação moral cristã dos acontecimentos mais próximos e pessoais "para a glória de Deus" e "para a salvação da alma" – essa tirania, essa arbitrariedade, essa rigorosa e grandiosa imbecilidade *educaram* o espírito; a escravidão é, como parece, no entendimento grosseiro e no sutil, o meio indispensável também para a disciplina e cultivo espirituais. Pode-se examinar toda moral por esse aspecto: é a "Natureza" nela que ensina a odiar o *laisser aller*, a excessiva liberdade e que implanta a necessidade de horizontes restritos, de tarefas o mais próximas que seja possível; que ensina o *estreitamento de perspectivas*, e também, em certo sentido, a imbecilidade como condição de vida e crescimento. "Tu deves obedecer, a quem quer que seja, e por longo tempo: ou então perecerás e perderás o último respeito para consigo próprio" – este me parece o imperativo moral da natureza, que por certo não é nem "categórico", como dele exigia o velho Kant (daí o "ou então"), e tampouco voltado para os indivíduos (que lhe importam os indivíduos?), mas sim aos povos, raças, épocas, classes, mas sobretudo ao inteiro animal "homem", *ao* homem.

189
Suportar o ócio é um fardo pesado para as raças laboriosas: foi uma obra-prima do instinto *inglês* tornar o domingo tedioso e sagrado, e a tal ponto que com isso o inglês, sem o perceber, torna a desejar os

dias da semana e do trabalho: como uma espécie de jejum sabiamente inventado e intercalado, como se pode encontrar em abundância no mundo antigo (e também entre os povos meridionais, aí já nem tanto em relação ao trabalho). É preciso que existam jejuns de variados tipos; e sobretudo, onde se tiver a prevalência de impulsos e hábitos potentes, os legisladores devem cuidar de introduzir dias intercalados, durante os quais tal impulso se faça acorrentado, e mais uma vez se aprender a conhecer a fome. Vistas de um ponto elevado, gerações e épocas inteiras, ao que se mostram afetadas por algum fanatismo moral, assomam como tempos de coerção e de jejum, durante os quais um impulso aprende a se agachar e a se submeter, mas também a *se purificar* e *se aguçar*; e seitas filosóficas particulares (por exemplo a Stoa em meio à cultura helênica tardia e sua atmosfera sobrecarregada e lasciva de aromas afrodisíacos) também admitem interpretação desse tipo. Eis que também aqui se tem um indício para esclarecer o paradoxo sobre o porquê de precisamente no período cristão da Europa, e unicamente sob a pressão de avaliações cristãs, o impulso sexual tenha se sublimado até o amor *(amour-passion)*.[122]

190
Na moral de Platão há algo que no fundo não pertence a Platão, e sim unicamente à sua filosofia, poder-se-ia dizer, apesar de Platão; trata-se do socratismo, para o qual, na verdade, ele era nobre demais.[123] "Ninguém quer causar dano a si mesmo, razão pela qual todo o mal acontece involuntariamente. Pois o homem mau a si mesmo inflige danos: ele não o faria se soubesse que o mal é mal. Assim sendo, o mal é mal apenas por um erro; se alguém lhe tira o seu erro, necessariamente o torna bom". Essa maneira de inferir cheira à *plebe*, que no agir mal enxerga tão somente as consequências penosas e na verdade julga que "é *estúpido* agir mal"; ao passo que, sem mais, toma "bom" e "útil e agradável" por idênticos. Em todo o utilitarismo da moral pode-se de antemão

---
122. Em francês: "amor paixão".
123. Bem entendido, a nobreza aqui seria da ordem da integridade e autonomia pulsional, e, nesse sentido, entre Sócrates e Platão, segundo Nietzsche, haveria uma diferença de ordem pulsional e tipológica, como já se salientara no "Prefácio": "de onde vem essa doença a acometer Platão, a mais bela planta da Antiguidade? Teria sido desvirtuada pelo maligno Sócrates? Teria sido Sócrates realmente o corruptor da juventude?".

conjecturar essa mesma origem e se fiar pelo seu nariz:[124] dificilmente se cairá em erro. Platão tudo fez para interpretar o princípio de seu mestre e introduzir ali algo de refinado e nobre, sobretudo a si mesmo – ele, o mais audacioso de todos os intérpretes, que tomou o inteiro Sócrates por um tema e canção popular das ruas, para lhe fazer variar ao infinito e ao impossível: e entenda-se, em todas as suas próprias máscaras e complexidades que lhe são próprias. Dito jocosamente e, ademais, de modo homérico: o que não é o Sócrates platônico, se não πρόσθε Πλάτων ὄπιθεν τε Πλάτων μέσση τε Χίμαιρα.[125]

191

O velho problema teológico acerca de "fé" e "saber" – ou, de modo mais claro, de instinto e razão – e, portanto, a pergunta sobre se, com relação à avaliação das coisas, o instinto merece autoridade superior à da racionalidade, que deseja que se saiba apreciar e agir em função de fundamentações, em função de um "por quê?", como segundo a conveniência e utilidade, é sempre e ainda aquele velho problema moral, que surgiu na pessoa de Sócrates e cindiu os espíritos já bem antes do cristianismo. O próprio Sócrates, com o gosto de seu talento – de um dialético superior – começou pondo-se do lado da razão; e na verdade o que ele fez, ao longo de sua vida, a não ser rir da incapacidade canhestra de seus nobres atenienses, que eram homens de instinto como o são todos os nobres aristocratas, e jamais podiam suficientemente dar conta das razões de seu agir?[126] Mas, por fim, em silêncio e em segredo, riu também de si mesmo: em si, diante de sua consciência sutil e do foro de si mesmo, a mesma dificuldade e incapacidade. Mas para que, intentava disso se persuadir, desfazer-se dos instintos? É preciso ajudá-los, e *também* à razão, a fazer valer seu direito, é preciso seguir os instintos, mas convencer a razão a nisso auxiliá-los com bons motivos. Essa foi a verdadeira *falsidade*

---

124. Em Nietzsche a recorrência ao nariz pode ser vista como um intuito de nos fazer lembrar de nossa própria animalidade, e ressaltá-la, para nos afastar do ascetismo em filosofia, bem como para exaltar o sentido mais desprezado, já que associado justamente ao animal.
125. "Platão na frente, Platão atrás; no meio, a quimera." Nietzsche faz aqui uma paródia de um verso da *Ilíada*, no qual se descreve a Quimera, um animal mitológico. Segundo o verso da *Ilíada*: "Leão na frente, serpente atrás; no meio, a cabra". A cabra ao meio, ao que tudo indica, é Sócrates.
126. A esse respeito, ver *Crepúsculo dos ídolos*, o capítulo sobre "O problema de Sócrates" em toda a sua extensão.

desse grande ironizador de tantos segredos: levou sua consciência[127] a satisfazer-se com uma espécie de autoengano: no fundo ele desvelou o irracional nos juízos morais. Platão, que em tais coisas é mais inocente e desprovido da malícia do plebeu, com o dispêndio de toda a sua força — a maior força que já dispendeu um filósofo! — desejou provar que razão e instinto convergem para um único objetivo, para o Bem, para "Deus"; e desde Platão, teólogos e filósofos[128] seguem todos na mesma trilha — ou seja, em questões morais o instinto, ou "a fé", como dizem os cristãos, o "rebanho", como digo eu — foi o que até agora triunfou. É preciso fazer exceção a Descartes, o pai do racionalismo (e consequentemente pai da Revolução), que reconheceu autoridade tão somente à razão: mas a razão é apenas uma ferramenta, e Descartes era superficial.

192

Quem tiver acompanhado a história das ciências particulares encontrará em seu desenvolvimento um fio condutor para a compreensão dos processos mais comuns e mais antigos de todo "saber e conhecer": lá como cá se têm as hipóteses apressadas, as fabulações, a boa e estúpida vontade de "crer", a falta de confiança e de paciência que se desenvolveram por primeiro — nossos sentidos aprendem tardiamente, e não aprendem de todo a ser órgãos de conhecimento sutis, fiéis e prudentes. Em certa circunstância, nossos olhos têm por mais cômodo reproduzir uma imagem criada já muitas vezes a se fixar no que há de desviante e novo em uma impressão: essa última tarefa exige mais força, mais moralidade. Ouvir algo novo é penível e difícil aos ouvidos; temos por ruim ouvir música estranha. Ao ouvir outra língua, involuntariamente buscamos transformar os sons ouvidos em palavras que nos soem mais familiares e como que "de casa"; foi assim que fez, por exemplo, o alemão de outrora, quando ouviu o termo *arcubalista* e o transformou em *Arbrust* [balista]. Também o novo depara com o que há de inamistoso e resistente em nossos sentidos; e de modo geral já em nossos "mais simples" processos de sensibilidade prevalecem afetos como medo, amor, ódio, incluídos aí os

---

127. Aqui, a consciência já tem sua segunda ocorrência, trata-se da consciência moral, *Gewissen*.
128. Sobre "teólogos e filósofos" ou, mais precisamente, sobre filósofos como na verdade providos de uma natureza sacerdotal, ou como "desenvolvimento do tipo sacerdote", ver a terceira dissertação da *Genealogia da moral*, como também, com mais brevidade, o aforismo 12 de *O anticristo*.

afetos passivos da preguiça. Assim como hoje um leitor não lê as palavras (ou sílabas) individuais em uma página – em vez disso, de vinte palavras destaca aproximadamente cinco ao acaso e "adivinha" o sentido que presumivelmente cabe a essas cinco palavras –, tampouco vemos uma árvore de modo preciso e completo, no tocante a folhas, galhos, cores e forma; para nós é muito mais fácil, tomando-se a árvore, fantasiar algo aproximado. Mesmo em meio às mais raras vivências, procedemos desta mesma forma: nós inventamos a parte maior das vivências, e quase não há como nos forçar a não contemplar um processo como "inventores". Tudo isso quer dizer: somos fundamentalmente, e desde tempos imemoriais, *habituados a mentir*. Ou, para expressá-lo de modo mais virtuoso e mais hipócrita, mais agradável, em suma: é-se mais artista do que se sabe. Em uma conversa animada vejo frequentes vezes a fisionomia de uma pessoa com quem falo em conformidade com os pensamentos que ela expressa, ou que acredito ter evocado nela, com tamanha nitidez e sutileza de caracterização que esse grau de nitidez ultrapassa em muito a *força* de minha capacidade visual: a sutileza do jogo muscular e da expressão dos olhos *deve* ter sido sido fabulada por mim. É provável que a pessoa fizesse outra cara, talvez nenhuma.

193

Quidquid luce fuit, tenebris agit:[129] mas também o inverso. O que vivenciamos em sonho, supondo-se que o vivenciemos muitas vezes, acaba por fazer parte da economia de nossa alma, como qualquer outro "real" vivido: somos, por isso, mais ricos ou pobres, temos mais ou menos necessidades, e, mesmo nos mais luminosos momentos de nossa vida desperta, somos um pouco levados pelos hábitos de nossos sonhos. Supondo que alguém tenha frequentes vezes voado em sonho, e, por fim, tenha se posto consciente de uma força e arte do voar como sua prerrogativa legítima, e também como sua mais legítima e invejável felicidade: tal pessoa, que acredita poder realizar todo tipo de curva e ângulo com o mais leve impulso, que conhece o sentimento de certa frivolidade divina, um "para cima" sem tensão e coerção, um "para baixo" sem condescendência e aviltamento – sem *peso*! –, como tal pessoa, conhecendo tais experiências

---

[129] Em latim, no original: "O que estava na luz atua nas trevas".

e hábitos oníricos, não haveria de encontrar, também durante a vigília, outra coloração para o termo "felicidade"! Como não poderia de maneira outra aspirar pela felicidade? "Elevação", tal como a descrevem os poetas, em comparação com aquele "voar", deve lhe parecer algo já demasiado terrestre, musculoso, violento, já demasiadamente "pesado".

194

A diversidade dos homens revela-se não apenas na diversidade de suas tábuas de bens, ou seja, no fato de tomarem bens diversos como dignos de ser desejados e, da mesma forma, no fato de estarem em desacordo quanto ao maior ou menor valor, quanto à hierarquia dos bens reconhecidos de maneira unânime: ela se mostra ainda mais no que efetivamente é, para eles, *ter* e *possuir* um bem. No que diz respeito a uma mulher, por exemplo, o homem mais modesto considera que já o dispor de seu corpo e dele desfrutar sexualmente é sinal suficiente e satisfatório de que a tem e possui; outro, com mais suspeitosa e exigente sede de posse, vê o "sinal de interrogação", o que de mera aparência há em tal possuir, e desejará provas mais sutis, sobretudo para saber se a mulher não apenas se lhe oferece, mas também por ele renuncia ao que tem ou gostaria de ter: só *assim* ele a tem por "possuída". Mas um terceiro não se detém aí com sua desconfiança e sua vontade de ter, e se pergunta se a mulher, se a tudo renuncia por ele, não o faz por algo como um fantasma dele: só então ele sente a amada plenamente sob sua posse, quando ela já não se ilude com ele, quando o ama tanto por desejar sua diabrura e insaciedade oculta quanto por desejar sua bondade, paciência e espiritualidade. Há aquele que gostaria de possuir um povo: e todas as artes superiores, à la Cagliostro e Catilina, lhe são boas para esse fim. Outro, com mais sutil sede de posse, diz-se "não se deve enganar onde se quer possuir"; e se irrita e se impacienta com a ideia de ser uma máscara dele a comandar o povo: "então devo me *deixar* conhecer e, antes disso, conhecer a mim mesmo!". Entre homens serviçais e benevolentes quase regularmente se encontra aquele ardil grosseiro, que consiste em fazer uma ideia corrigida de quem se quer ajudar: como se, por exemplo, ele "merecesse" ajuda, e aspirasse precisamente por *sua* ajuda, que por toda ajuda se mostrasse profundamente grato e submisso – com essas fantasias dispõe das necessidades como de uma propriedade, tal e qual os que em geral se mostram benevolentes e solícitos por um anseio de propriedade. Despertamos o seu ciúme quando com eles cruzamos ou nos adiantamos para lhes prestar ajuda. Algo semelhante fazem os pais em relação aos filhos – chamam a isso "educação"; mãe alguma, lá no fundo de seu coração, duvida que, ao dar à luz o filho, deu à luz uma propriedade, como pai nenhum contesta o direito de submeter o filho *a seus* conceitos e avaliações de valor. Mais ainda, aos pais de outrora (também entre os antigos alemães) parecia justo dispor a seu bel-prazer sobre a vida e morte dos recém-nascidos. E assim como o pai, também o professor, a classe, o padre, o príncipe, continuam a ver em cada novo homem uma cômoda ocasião para uma nova posse. Disso se segue...

195

O judeu – um povo "nascido para a escravidão", como diz Tácito[130] e o inteiro mundo antigo, "o povo escolhido entre os povos", como eles próprios dizem e acreditam –, os antigos judeus levaram a efeito aquele prodígio de inversão de valores. Graças a eles, por uns tantos milênios a vida na Terra adquiriu novo e perigoso estímulo: seus profetas fundiram "rico", "sem deus", "mau", "violento", "sensual", e pela primeira vez cunharam a palavra "mundo" como algo infame. Nessa inversão de valores (e parte dela é empregar o termo "pobre" como sinônimo de "santo" e "amigo") reside o significado do povo judeu: com ele se inicia a *rebelião dos escravos na moral*.[131]

196

Junto do Sol há inúmeros corpos obscuros que temos de *inferir* – a eles nós jamais veremos. Aí se tem, dita entre nós, uma alegoria: e um psicólogo da moral lê toda a escritura das estrelas como apenas uma linguagem de símbolos e signos, com a qual muito se deixa calar.

---

130. As considerações do historiador romano Tácito (56-117 d.C.) sobre os judeus encontram-se em sua obra *Histórias*, v. 8, onde se tem uma contraposição entre os assírios, os medos e os persas, como os mestres do Oriente, e os judeus como seus escravos e fração mais desprezada.
131. Na *Genealogia da moral*, em sua primeira dissertação, a bem-sucedida rebelião é abordada de forma alentada e descrita da seguinte forma: "A rebelião escrava na moral começa quando o próprio ressentimento se torna criador e gerador de valores: o ressentimento dos seres aos quais é negada a verdadeira reação, a dos atos, e que apenas por uma vingança imaginária obtêm reparação." (cf. NIETZSCHE, F. *Genealogia da moral*. Trad. Paulo César de Souza. São Paulo: Companhia das Letras, 2010, p. 26).

197

Demonstra-se profunda incompreensão do animal de rapina e do homem de rapina (por exemplo, César Bórgia), incompreensão da "natureza" quando se busca por algo "doentio" no fundo desses mais saudáveis monstros e criaturas tropicais, ou mesmo por um "inferno" que lhes seja congênito: algo que até agora fizeram quase todos os moralistas. Não parece haver entre os moralistas um ódio à mata virgem e aos trópicos? E que o "homem tropical" tem de ser descreditado a todo custo, seja como doença e degeneração do homem, seja como seu próprio inferno e automartírio? Ora, por quê? Em favor das "zonas temperadas"? Em favor dos "homens temperados?" Dos "homens morais"? Dos medíocres? Isso para o capítulo "moral como pusilanimidade".

198

Todas essas morais que se dirigem à pessoa individual, para fins de sua "felicidade", como se diz, são nada mais que sugestões de comportamento em relação ao grau de periculosidade com que a pessoa individual vive consigo mesma, receitas contra suas paixões, contra suas inclinações boas e ruins, uma vez que elas têm vontade de potência e gostariam de se fazer senhoras; usam de pequenas e grandes sagacidades e artifícios, a exalar o odor rançoso de todos os remédios e das sabedorias de mulheres velhas, sob a forma do barroco e do irracional, pois se voltam a "todos" e generalizam onde não se deve generalizar — todos, para falar incondicionalmente, e se tomar incondicionalmente, temperados não apenas com um grau de sal, antes mesmo toleráveis e por vezes até mesmo sedutores, quando aprendem a exalar a algo supercondimentado e perigoso, "de outro mundo", sobretudo. Se mensurado pelo intelecto, tudo isso é de escasso valor, estando ainda longe de "ciência", para não falar em "sabedoria", e sim, dizendo ainda uma vez e dizendo três vezes, sagacidade, sagacidade, sagacidade, entremeada a estupidez, estupidez, estupidez — que se trate daquela indiferença e frieza de estátuas ante o ardoroso desatino dos afetos, que os estoicos aconselhavam e prescreviam; ou também daquele não mais rir e não mais chorar de Espinoza,[132]

---

132. O aforismo 333 de *A gaia ciência* igualmente cita essa fórmula de Espinoza, mas lá põe-se em tela o conhecer e a pretensão espinosista de um conhecimento que se alce sobre os afetos – e, não obstante, segundo Nietzsche, é na verdade consumido por eles. A citação por Nietzsche – neste

sua destruição dos afetos tão ingenuamente preconizada por meio de sua análise e vivissecção; ou aquele rebaixamento dos afetos à inofensiva mediania, na qual se é permitido satisfazê-los, o aristotelismo da moral;[133] mesmo a moral como gozo dos afetos, em uma forma intencionalmente rarefeita e espiritualizada pela simbologia da arte, algo como a música ou como o amor a Deus, ou como o amor ao homem por amor a Deus – pois na religião as paixões de novo têm direito à cidadania, supondo que...; por último, mesmo aquele abandono condescendente e petulante aos afetos, como ensinaram Hafiz e Goethe,[134] aquele audacioso deixar cair das rendas, aquela *licentia morum*[135] espírito-corpórea nos casos excepcionais de velhos tipos esquisitos e bêbados, nos quais "já não há mais perigo". Também isso para o capítulo "moral como forma de pusilanimidade".

199

Uma vez que em todos os tempos, havendo homens, há também rebanhos de homens (grupos familiares, comunidades, linhagens, povos, estados, Igrejas) e há sempre muitos que obedecem em comparação a um número pequeno dos que comandam – considerando, pois, que até agora por muito tempo esteve no obedecer o que de melhor foi exercido e cultivado[136] entre os homens –, pode-se bem pressupor que, falando em termos gerais, cada qual contenha em si, inata, a necessidade de obedecer, qual uma espécie de *consciência formal* a ordenar:

---

como em outros casos – é aproximada, de memória, subsumida pelo estilo e pelo fluxo do texto. No Prefácio da parte III ("Da origem e da natureza das afecções") da *Ética* de Espinoza se lê: "Procuram, portanto, a causa da impotência e da inconstância humana, não na potência comum da Natureza, mas não sei em que vício da natureza humana, e, por essa razão, lamentam-na, riem-se dela, desprezam-na, ou, o que acontece mais frequentemente, detestam-na". (Cf. ESPINOZA, B. *Ética*. Trad. Joaquim Ferreira Gomes. São Paulo: Abril Cultural, 1983, p. 175. [Coleção Os pensadores]).
133. A alusão é feita à caracterização da virtude por Aristóteles, que a tem por "mediania", como se tem na *Ética a Nicômaco*, II, 6.
134. Hafiz, poeta persa (1319-1390), autor de *O divã*, livro de poemas, uma das fontes que inspiraram o *Divã de Ocidente e Oriente*, de Goethe. Na obra publicada, Hafiz é citado por Nietzsche também na *Genealogia da moral* (III, § 2) – ainda uma vez juntamente com Goethe –, em *A gaia ciência* (§ 370) e em *Nietzsche contra Wagner*, seção "Wagner como apóstolo da covardia", § 2.
135. Do latim, no original: "Licença dos costumes".
136. Deve-se ressaltar a insistência na ideia do cultivo do homem, já que nesta obra trata-se justamente da missão transformadora do filósofo, tendo em vista a plena determinação do ainda não determinado animal-homem (ver aforismo 62). Para tanto o filósofo se valerá do cultivo, tendo em vista o domínio dos impulsos, em contraposição à domesticação até então prevalecente. Essa domesticação, como já se observou, fez do homem um animal capaz, sobretudo, de obedecer, aquiescer, acatar até mesmo valores de há muito caducos.

"tu deves fazê-lo incondicionalmente, evitá-lo incondicionalmente", em suma, "tu deves". Essa necessidade busca se saciar e preencher sua forma com um conteúdo; de acordo com sua força, impaciência e tensão, de maneira pouco seletiva, como um apetite grosseiro, aceita o que aos ouvidos lhe grita quem quer que mande — pais, professores, leis, preconceitos de classe, opiniões públicas — e a tal se aferra. A estranha limitação do desenvolvimento humano, o caráter indeciso, lento, não raro regressivo e tortuoso está no fato de o instinto de rebanho da obediência ser o que melhor se herda, à custa da arte de mandar. Se pensarmos nesse instinto levado às suas últimas aberrações, ao final faltarão homens que mandem e sejam independentes; ou padecerão internamente da má consciência e, para poderem mandar, terão a necessidade de a si mesmos simular um engano: qual seja, o de que também eles se limitam a obedecer. Tal é de fato a situação hoje na Europa: eu a chamo de hipocrisia moral dos que mandam. Não se sabe se proteger de sua má consciência a não ser assumindo ares de executores de ordens mais antigas ou mais elevadas (dos antepassados, da Constituição, do direito, das leis ou mesmo de Deus) ou até mesmo tomando de empréstimo máximas gregárias de modos de pensar gregários, por exemplo, como "primeiro servidor de seu povo" ou como "instrumento do bem comum". Por outro lado, na Europa de hoje existem homens de rebanho como se fossem a única espécie permitida de homem, a glorificar suas propriedades, tornando-o dócil, conciliador e útil ao rebanho, como se fossem as virtudes mais autenticamente humanas: daí o espírito comunitário, a benevolência, a deferência, a diligência, a moderação, a modéstia, a indulgência, a compaixão. Mas, para todos os casos, não se crê poder dispensar o chefe e carneiro-guia, e hoje se faz tentativa após tentativa de substituir os homens de comando por sagazes homens de rebanho: dessa origem são, por exemplo, todas as Constituições representativas. Apesar de tudo, do alívio, da libertação de uma pressão até certo ponto insuportável, que, para esses europeus animais de rebanho, representa a aparição de alguém que incondicionalmente manda, disso o maior testemunho recente é o efeito do surgimento de Napoleão: a história do efeito de Napoleão é quase a história da felicidade superior, à qual se alçou este inteiro século, em seus homens e instantes mais valorosos.

200

O homem oriundo de uma época de desintegração a entremear as raças, homem que, como tal, traz no corpo a herança de múltiplas proveniências, isto é, impulsos e critérios de valor opostos e não apenas opostos, que travam embates entre si e raramente se aquietam – tal homem de culturas tardias e de luzes refratadas será, via de regra, um homem bastante fraco: sua aspiração mais radical consiste em que a guerra, que ele é, finalize de uma vez; a felicidade lhe parece em consonância com uma medicina e modos de pensar apaziguadores (epicurista ou cristão, por exemplo), de preferência como a felicidade do repouso, da imperturbabilidade, da saciedade, da unidade final, como "sabá dos sabás", para falar com o santo retórico Agostinho, ele próprio tendo sido homem como esse. Mas se, em tal natureza, a oposição e a guerra atuam como um atrativo e um estimulante *a mais* para a vida, e se, por outro lado, a seus impulsos potentes e inconciliáveis se acrescentam uma autêntica maestria e sutileza em guerrear consigo mesmo, isto é, em se dominar, em se enganar:[137] assim surgem aqueles seres magicamente inapreensíveis e inimagináveis, aqueles homens enigmáticos e destinados a vencer e a seduzir, cuja mais bela expressão se tem em Alcibíades e César (aos quais a eles gostaria de acrescentar aquele que, para o meu gosto, é o primeiro europeu, Frederico II Hohenstaufen[138]), e entre os artistas talvez Leonardo da Vinci. Aparecem precisamente nas épocas em que o tipo mais débil, com sua aspiração ao repouso, surge em primeiro plano: ambos os tipos se inter-relacionam e emanam das mesmas causas.

201

Enquanto a utilidade, que rege os juízos de valor moral, seja tão somente a utilidade de rebanho, enquanto o olhar estiver voltado unicamente para

---

137. Importa ressaltar como para Nietzsche esse inteiro processo de luta e domínio versa sobre as interações pulsionais – daí também o enfoque desta obra na questão do cultivo –, e, portanto, está num âmbito mais profundo que o das simples paixões, como durante tanto tempo se teve no debate filosófico.
138. Frederico II Hohenstaufen (1194-1250) foi imperador do Sacro Império Romano Germânico de 1215 a 1250. Quando muitos monarcas de seu tempo eram até mesmo analfabetos, Frederico II sabia expressar-se em nove línguas, mantinha farta correspondência e foi um patrono das ciências e das artes, enfim, um líder no mínimo à frente de seu tempo – "um extemporâneo". Por isso, Nietzsche o exalta aqui como "o primeiro europeu", numa descrição que o poria também entre os espíritos livres.

a conservação da comunidade, com o imoral sendo buscado única e exclusivamente no que parece ser perigoso à subsistência da comunidade: enquanto for assim, não pode haver nenhuma "moral do amor ao próximo". Supondo-se que também aqui exista já um pequeno e constante exercício de atenção, de piedade, de equidade, de doçura, de reciprocidade em se prestar auxílio, supondo ainda que também nesse estado da sociedade estejam ativos já todos aqueles impulsos que mais tarde serão designados com nomes honrosos, como "virtudes", e que por fim quase se unificam no conceito de "moralidade": nessa época, tais coisas não pertencem ao reino das valorações morais – são ainda *extramorais*. Nos melhores tempos de Roma, por exemplo, uma ação piedosa não significa nem ação boa nem má, nem moral nem imoral; e, se se a elogia, com esse elogio continua a ser plenamente compatível a melhor espécie de menosprezo indignado, tão logo se a compara a qualquer tipo de ação que sirva ao fomento do todo, da *res publica*.[139] Por fim, em relação ao *temor ao próximo*, o "amor ao próximo" é sempre algo secundário, em parte convencional e aparentemente voluntário. Uma vez que a estrutura da sociedade, tomada como um todo, parece consolidada e assegurada contra perigos externos, esse medo do próximo torna a criar novas perspectivas de valoração moral. Certos impulsos fortes e perigosos, como o prazer de empreender, a temeridade, a ânsia de vingança, a astúcia, a rapacidade, o despotismo, que até agora não apenas foram respeitados no sentido de sua utilidade sob outros nomes, por justo, como os acima selecionados, mas também desenvolvidos e cultivados com vigor[140] (pois quando o todo estava em perigo havia constante necessidade deles contra os inimigos do todo), e a partir de agora em sua periculosidade são sentidos com força duplicada – agora, quando lhe faltam os canais de escoamento – e pouco a pouco são tachados de imorais e abandonados à difamação. Agora, seus impulsos e inclinações morais contrários acedem a honras morais; o instinto de

---

139. Em latim, "coisa pública", referindo-se às "coisas do povo" no âmbito de uma República, isto é, de um Estado governado em função do bem do povo.
140. Aqui "cultivo" aparece junto com um qualificativo (*grossgezogen und – gezüchtet*), o qual traduzimos por "vigorosamente". A mesma construção aparecerá no aforismo 259 e já apareceu no "Prefácio", em "herdeiros de toda a força que a luta contra esse erro *cultivou* com vigor": nesse caso, o cultivo se dá por meio de uma luta, e, ressalte-se, essa luta não se dá no âmbito consciente – e sim no pulsional –, por mais que possa ser desencadeada por ações conscientes.

rebanho extrai suas conclusões passo a passo. O grau maior ou menor de periculosidade para a comunidade, para a igualdade, reside em uma opinião, em um estado e em um afeto, em uma vontade, em um dom, isso agora vem a ser a sua perspectiva moral: também aqui o medo volta a ser a mãe da moral. Quando os impulsos mais elevados e mais fortes, a irromper de modo apaixonado, impelem o indivíduo para além e para acima do mediano e do baixo estrato da consciência de rebanho, eles aniquilam o sentimento de comunidade, sua crença em si, e mesmo sua espinha dorsal se faz em pedaços: consequentemente, são bem esses impulsos que melhor se estigmatizam e caluniam. A espiritualidade elevada e independente, a vontade de estar só, a grande razão, já são sentidas como perigosas; tudo o que eleva o indivíduo sobre o rebanho e atemoriza o próximo doravante significa *mau*; o modo de sentir e pensar equitativo, modesto, ordenador, igualitarista, a mediocridade dos anseios alcança nomes e honrarias morais. Por fim, em meio a situações deveras pacíficas falta a oportunidade e a necessidade de educar seu sentimento com rigor e dureza; e agora o inteiro rigor, mesmo na justiça, começa a perturbar a boa consciência; uma nobreza e a autorresponsabilidade elevada e dura quase ofendem e despertam a desconfiança, "o cordeiro" e tanto mais "a ovelha" ganham em consideração. Na história da sociedade há um ponto em que o amolecimento e o enlanguescimento são tais que eles próprios começam a tomar partido, mesmo de modo sério e honesto, em favor de quem os prejudica, do *criminoso*. Punição: isso parece de certo modo injusto – e certamente o é, uma vez que a ideia de "punição" e de "dever ser punido" lhe é dolorosa e lhe põe medo. "Não basta deixá-lo não *perigoso*? Para que, ainda uma vez, punir? O punir em si mesmo é "temível!" – com essa pergunta a moral de rebanho, a moral de temor extrai suas últimas consequências. Supondo que se pudesse suprimir o perigo, o motivo para temer, com isso se suprimiria essa moral: ela não mais seria necessária, já não *se tomaria* por necessária! Aquele que examinar a consciência do europeu acabará sempre por extrair, de mil pregas e esconderijos morais, o mesmo imperativo, o imperativo do temor de horda: "queremos que em algum dia *já não se tenha temor de mais nada*!" Algum belo dia – a vontade e o caminho *que a tal conduzem* chamam-se hoje, em toda a Europa, "progresso".

202

Vamos logo dizer ainda uma vez o que já dissemos uma centena de vezes: pois hoje os ouvidos não têm boa vontade para tais verdades – para nossas verdades. Sabemos já suficientemente bem quão ofensivo é ouvir que alguém, sem retoques nem alegorias, inclui o homem entre os animais; mas é tido quase como *culpa* que em relação ao homem das "ideias modernas" empreguemos continuamente as expressões "rebanho", "instinto de rebanho" e assemelhados. Que importa? Não podemos fazer diferente: pois precisamente aí se encontra nossa nova visão. Nós achamos que em todos os principais juízos morais a Europa se fez unânime: de modo visível se sabe na Europa o que Sócrates pensava não saber e o que aquela velha e célebre serpente prometeu um dia ensinar – hoje "se sabe" o que é bem e mal. Deve então soar de forma dura e chegar mal aos ouvidos quando mais uma vez se insiste: o que aqui se acredita saber, o que prevalece com seus louvores e censuras, que se qualifica como bom, é o instinto do homem animal de rebanho: tal instinto é levado a irromper, a preponderar, a predominar sobre outros instintos, e continua cada vez mais, conforme crescem a aproximação e o assemelhamento fisiológico de seu sintoma. A *moral é hoje na Europa moral de animal de rebanho*: portanto, segundo o modo como entendemos as coisas, mais não é do que uma espécie de moral humana, junto da qual, diante da qual, por trás da qual são ou deveriam ser possíveis muitas outras morais, sobretudo mais elevadas. Contra tal "possibilidade", contra tal "deveriam", essa moral se defende com todas as forças: obstinada e inflexível ela diz "eu sou a própria moral, e nada além da moral!" – e mais ainda, com o auxílio de uma religião, que aos mais sublimes apetites do animal de rebanho tem se mostrado favorável, e os tem adulado, chegou-se ao ponto de encontrar uma expressão sempre mais visível dessa moral nessas disposições políticas e sociais: o movimento *democrático* se constitui na herança do movimento cristão. Mas que o *tempo* de tal movimento seja por demais lento e sonolento para os impacientes, para os doentes e intoxicados do referido instinto, atestam-no o alarido cada vez mais furioso, o ranger de dentes cada vez menos dissimulado dos cães anarquistas, que agora rondam as vielas da cultura europeia: em aparente contraposição aos democratas obreiros da paz e ideólogos da revolução, e tanto mais aos estúpidos filosofrastos e iludidos da fraternidade, que se denominam socialistas e desejam a "sociedade livre", e na verdade coincidem com todos aqueles na hostilidade radical e instintiva a toda forma de sociedade que não seja a do rebanho *autônomo* (até se chegar a rechaçar mesmo os conceitos "senhor" e "servo" – *ni dieu ni maître*,[141] diz uma fórmula socialista); coincidem na tenaz resistência a toda pretensão especial, a todo direito especial e a todo privilégio (e isso significa, em última instância, contra todo direito: pois só quando todos forem iguais ninguém mais necessitará de "direitos"); coincidem com a desconfiança contra a justiça punitiva (como se ela fosse uma violência contra os mais fracos, uma injustiça ante a *necessária* consequência de toda a sociedade anterior); mas também coincidem na religião da compaixão, na simpatia, enquanto apenas se sinta, se viva, se padeça (descendo ao animal, elevando-se a "Deus" – a aberração de uma "compaixão para com Deus" é própria de uma época democrática); coincidem todos no grito e na impaciência da compaixão, no ódio mortal ao sofrimento, na quase feminina[142] incapacidade de se manter espectador, de poder *deixar* sofrer; coincidem no ensombrecimento e no abrandamento involuntário sob cujo feitiço se tem um novo budismo a ameaçar a Europa; coincidem na crença na moral, no sofrimento conjunto, como se se tratasse da moral em si, como se fosse o cume, o cume alcançado pelo homem, a única esperança de futuro, o meio de consolo dos homens de hoje, a grande dissolução de toda a culpa de outrora: coincidem todos na crença na comunidade como *redentora*, portanto na crença no rebanho, em si mesmos...

203

Nós, que professamos outra fé; nós, que temos o movimento democrático não meramente por uma forma de decadência da organização política, mas ao modo de forma de decadência, mesmo de apequenamento do homem, ao modo de sua mediocrização e do rebaixamento

---

141. Em francês, no original: "nem deus nem mestre".
142. Assim como se observou em nota do início do Prefácio, a metáfora da mulher apresenta variadas conotações em Nietzsche. Se lá ela simbolizava a sutileza, o mistério, a profundidade, a volubilidade, aqui ela versa sobre a incapacidade de suportar sofrimento, ou seja, uma forma de fraqueza, e essa característica não será especificamente da mulher como se a toma comumente, mas de um tipo por Nietzsche metaforicamente associado à mulher.

do mundo: para onde devemos *nós* acorrer, com nossas esperanças? Aos *novos filósofos*, não resta escolha alguma: aos espíritos por demais fortes e originais para proporcionar um ímpeto a valorações e transvalorar, inverter os "valores eternos"; aos precursores, aos homens do futuro, que atrelam no presente a coação e os nós que forçarão a vontade de milênios a *novos* trilhos. Para ensinar ao homem o futuro do homem como sua *vontade*, como dependente de um querer humano, e para preparar grandes e arriscados empreendimentos e tentativas globais de disciplina e cultivo,[143] com isso dando-se um fim àquela espantosa dominação do sem-sentido e do acaso, que até agora se chamou "história" – o sem-sentido do "maior número" é apenas sua última forma: para tanto em algum momento se fará necessária uma nova espécie de filósofos e detentores de comando, e em comparação com eles tudo quanto a Terra conheceu de espíritos ocultos, terríveis e benevolentes assumirá ares pálidos e mirrados. A imagem de tais guias é a que paira diante de *nossos* olhos: posso dizê-lo em voz alta, espíritos livres? As circunstâncias, que se deveriam em parte criar, em parte explorar para fazê-los surgir; os presumíveis caminhos e provas, por meio dos quais uma alma ascenderia a altitude e poder tamanhos que se poderia sentir a *coerção* a essas tarefas; uma transvaloração dos valores, sob cuja nova pressão e martelo uma consciência se faz de aço, um coração se faria cobre, a fim de suportar o peso de tal responsabilidade: por outro lado, a necessidade de tais líderes, o risco pavoroso de que possam faltar, ou malograr e degenerar – são bem essas *nossas* preocupações e ensombrecimentos reais, sabeis disso, espíritos livres? São bem esses os pesados e remotos pensamentos, e as borrascas rumo ao céu de *nossa* vida. Existem poucas dores tão lancinantes quanto haver presenciado, adivinhado, sentido como um homem extraordinário se extravia e degenera: mas quem tem a rara percepção para o risco global de *se degenerar* o *próprio* "homem", quem, como nós, reconheceu a prodigiosa casualidade que até agora jogou seu jogo em relação ao futuro do homem – um jogo de que não participa

---

143. Cultivo e disciplina *(Zucht und Züchtung)* já haviam aparecido conjugados no aforismo 188, e a essa junção já fizemos atentar: para o cultivo, que por certo não se dá por mero convencimento de caráter racional, demanda-se ação continuada sobre os impulsos orgânicos, e para tal faz-se necessária a disciplina. A ênfase na questão do cultivo durante todo este capítulo encontra-se obviamente condicionada pelo papel dos novos filósofos no âmbito de uma cultura, que estará no cerne do próximo capítulo, "Nós, eruditos".

mão alguma, nem mesmo o "dedo de Deus"? – quem adivinha a fatalidade que há na inocuidade e credulidade das "ideias modernas", que tanto mais se oculta na inteira moral cristã da Europa: pois este padece de uma angústia a que nenhuma outra se compara, apreende com um único olhar tudo o que, mediante favoráveis acúmulo e intensificação de forças e tarefas, *ainda se poderia cultivar do homem*, e ele sabe, com todo o saber de sua consciência, quanto o homem jaz ainda inesgotado para as maiores possibilidades e para as vezes todas em que o tipo homem se encontrou ante decisões secretas e novos caminhos: por sua dolorosíssima recordação, ele sabe ainda melhor contra que tipo de coisas lamentáveis via de regra se chocou um ser de estrato superior em vias de evolução. A *integral degeneração do homem*, descendo até o que aos boçais socialistas e de cabeça rasa aparece como "homem do futuro" – como seu ideal! –, essa degeneração e apequenamento do homem em acabado animal de rebanho (ou, como dissemos, em homem da "sociedade livre"), essa animalização do homem em nanoanimal de direitos e reivindicações iguais é *possível*, não há dúvida! Quem alguma vez pensou nessa possibilidade até o fim já conhece náusea maior do que a dos outros homens – e também possivelmente uma nova *tarefa*!...

CAPÍTULO VI
NÓS, ERUDITOS

204

Com o risco de que o moralizar também aqui se apresente como o que sempre foi – diga-se, como um intrépido *montrer ses plaies*,[144] no dizer de Balzac –, eu ousaria contestar um inconveniente e nocivo deslocamento hierárquico, que hoje, bem despercebidamente e com a melhor consciência, ameaça se produzir entre ciência e filosofia. Quero dizer que, partindo de sua *experiência* – que sempre significa experiência ruim, ao que me parece –, é preciso que se tenha o direito de interferir no debate sobre a elevada questão de hierarquia:[145] para não falar *contra* a ciência como um cego fala das cores ou como o fazem as mulheres e os artistas ("Ah, essa deplorável ciência! Suspiram seu instinto e seu pudor, sempre indo ver o que há *por trás*!"). A declaração de independência do homem científico, sua emancipação da filosofia, é um dos efeitos mais sutis dos feitos e malfeitos[146] democráticos: hoje, por toda parte, a autoglorificação e autoexultação do erudito se encontram em seu pleno florescimento e em sua melhor primavera, e com isso ainda não se deve dizer que nesse caso o elogio de si exala um perfume agradável. "Abaixo todos os senhores!" – eis o que também aqui deseja o instinto plebeu; e depois que, com o mais venturado êxito, a ciência se libertou da teologia, da qual fora a "serva" durante longo tempo, com plena petulância e desrazão aspira agora a ditar leis à filosofia e a representar ela própria o papel de "senhora" – mas o que digo! De *filósofos*. Minha memória – a memória de um homem científico, que se me permita dizer! – encontra-se eivada de ingenuidades da soberba, que da parte de jovens cientistas e antigos médicos ouvi dizer sobre a

---

144. Em francês, no original, "mostrar suas chagas".
145. Novamente a noção de hierarquia, que começou a se apresentar no final do aforismo 6, e note-se que aqui se está falando de uma hierarquia no âmbito dos impulsos (ou instintos, a depender do contexto) que hierarquizam com base no expediente pelo qual se pode remeter aos impulsos desde as sensações até as mais abstratas construções do pensamento: trata-se do ato de valorar, onipresente em todos os organismos e estruturas vivas.
146. Aqui Nietzsche opera mais um jogo de palavras com *Wesen*, que designa ser ou essência, e *Unwesen*, termo de sentido sempre negativo, a designar desordem, confusão, inconveniência.

filosofia e os filósofos (para não falar dos mais cultivados e convencidos[147] de todos os eruditos, os filósofos e pedagogos, que são ambas as coisas por profissão). Por vezes era o especialista a falar de seu canto, que instintivamente se punha na defensiva contra todas as tarefas e aptidões sintéticas; por vezes era o trabalhador aplicado, que recebera um aroma de *otium*[148] e de aristocrática exuberância na economia anímica do filósofo, e com isso se sentia comprometido e diminuído. Por vezes era esse daltonismo do homem utilitário, que na filosofia nada vê a não ser uma série de sistemas *refutados* e uma prodigalidade dissipadora que não "beneficia" a ninguém. Por vezes vinha o medo da mística camuflada, bem como da ausência de limites do conhecedor; por vezes o desprezo por alguns filósofos, que arbitrariamente se generalizava em desprezo pela filosofia. Na maioria das vezes, enfim, por trás do altivo desprezo pela filosofia dos jovens eruditos encontrei a nefasta repercussão de um filósofo, ao qual por certo se negara a obediência em conjunto, mas sem ter se furtado ao feitiço de suas avaliações negativas de outros filósofos: disso resultava uma disposição integral contra toda a filosofia. (Assim me parece, por exemplo, a repercussão de Schopenhauer sobre a mais recente Alemanha: com sua cólera não inteligente contra Hegel, ele conseguiu que a última inteira geração de alemães rompesse todos os liames com a cultura alemã, cultura esta que, tudo somado, tem sido um cume e uma sutileza divinatória de *sentido histórico*:[149] mas o próprio Schopenhauer justamente nesse aspecto era tão pobre, tão pouco receptivo, tão pouco alemão,[150] que chegava à genialidade. Considerando em termos gerais, pode ter sido sobretudo o humano, demasiado humano, em suma, a miséria mesma dos novos filósofos o que mais radicalmente fez solapar o respeito pela filosofia, abrindo as portas ao instinto do homem da plebe. Que se conceda, porém, até que ponto nosso mundo moderno carece de toda a espécie dos Heráclitos, dos Platões, dos Empédocles, e quaisquer que

---

147. No alemão de Nietzsche se tem aqui uma assonância quase intransponível para o português: "*von den gebildetsten* [mais cultos] *und eingebildetsten* [mais presumidos, convencidos]".
148. Em latim, no original: "ócio".
149. A questão do sentido histórico e seu caráter divinatório será tematizada de modo mais preciso e relativamente alentado no aforismo 224.
150. Sobre o "sentido histórico" como sexto sentido e traço essencial dos alemães, ver *A gaia ciência*, § 357.

sejam os nomes dados a esses régios e magníficos eremitas do espírito; e com quanta razão, à vista de tais representantes da filosofia que hoje, graças à moda, encontram-se tanto por cima como por baixo – na Alemanha, por exemplo, ambos os leões de Berlim, o anarquista Eugen Dühring e o amalgamista Eduard von Hartmann –, um bravo homem de ciência *pode* se sentir de melhor espécie e ascendência. Em especial é a visão desses filósofos de miscelânea, que se denominam "filósofos da realidade" ou positivistas, que está em condições de lançar uma perigosa desconfiança na alma de um jovem e ambicioso erudito: no melhor dos casos, eles são eruditos e especialistas, pode-se apalpá-lo com as mãos! – e são, todos eles, homens vencidos e *reconduzidos* ao mando da ciência, que um dia desejou *mais* de si, sem ter direito a esse "mais" e responsabilidade por ele –, e eis que agora, honrados, furiosos, vingativos, com palavras e fatos representam a *descrença* na tarefa senhorial e soberana da filosofia. Por fim: como poderia ser de outra forma! A ciência hoje floresce e mostra abundantemente em sua face a boa consciência, enquanto aquilo a que pouco a pouco se reduziu a inteira nova filosofia, esse resíduo de filosofia de hoje, atrai para si desconfiança e desagrado, quando não escárnio e compaixão. A filosofia reduzida a "teoria do conhecimento", que de fato já não é mais do que tímida epoquística[151] e teoria da abstinência: uma filosofia que já não chega até o umbral e escrupulosamente *recusa* para si o direito de entrar – essa é a filosofia nos estertores, um final, uma agonia, algo que produz compaixão. Como poderia tal filosofia *dominar!*

205

Os perigos para o desenvolvimento do filósofo são hoje na verdade tão múltiplos que se duvidaria que esse fruto ainda pudesse madurar. A amplidão e a vertiginosa elevação das ciências assumiram proporções formidáveis,[152] e com isso também a probabilidade de que o filósofo se

---

151. "Epoquística", do termo grego *epoché* (ἐποχή), a significar interrupção, cessação; na filosofia antiga designa a suspensão do juízo. Nietzsche o utiliza aqui para ressaltar o caráter tímido e pusilânime da filosofia de seu tempo, perdida em escrúpulos aos quais ela interpreta como rigor.
152. Com alguma frequência Nietzsche faz uso do termo *Ungeheur*, de sentido ambíguo: pode ser simplesmente enorme, imenso, pode assumir o sentido negativo de monstruoso ou o sentido fantástico de prodigioso. Aqui o sentido seria um misto, daí nossa opção por "formidável".

afadigue já como aprendiz ou se deixe reter em alguma parte e "se especialize": de modo que eles jamais alcancem a sua altura, ou seja, uma visão para cima, para o entorno, *para baixo*. Ou então chegue tarde demais, quando seu melhor tempo e suas melhores forças já passaram; ou chegue lesionado, embrutecido, degenerado, de modo que seu olhar, sua inteira avaliação dos valores já não muito signifique; é precisamente a sutileza de sua consciência intelectual[153] que o faz hesitar e ralentar[154] em seu caminho; teme a sedução do diletantismo, criatura de mil pés e mil antenas, e sabe muito bem que quem perde o respeito por si mesmo já não ordena, já não *conduz*: teria então de querer se converter em grande ator, em Cagliostro filosófico e em enfeitiçador[155] de espíritos, logo em sedutor. Essa é, por fim, uma questão de gosto: se é que não seria questão de consciência. Acrescente-se a isso a dificuldade do filósofo em ainda uma vez se duplicar, já que exige de si mesmo um juízo, um sim ou não, e isso não sobre as ciências, mas sobre a vida e o valor da vida. Ele penosamente aprende a acreditar ter um direito ou mesmo um dever a esse juízo, e que ele deve partir das vivências mais abrangentes – possivelmente as mais perturbadoras, as mais destruidoras[156] –, e muitas vezes vacilando, duvidando, emudecendo, ele tem de buscar seu caminho para esse juízo e essa crença. De fato, durante muito tempo a multidão não compreendeu o filósofo e também o confundiu, fosse com o homem científico e com o erudito ideal, fosse com arrebatado e ébrio de Deus, religiosamente elevado, dessensualizado, "desmundanizado"; quando hoje se ouve elogiar alguém por viver "de maneira sábia" ou "como um filósofo", isso quase nada mais significa a não ser "de modo prudente e apartado". Sabedoria: à plebe isso parece mais uma espécie de fuga, um meio e artifício para se esquivar de um jogo ruim; mas o filósofo verdadeiro – assim não se parece *a nós*, meus

---

153. Aqui novamente a questão da consciência intelectual, aplicada ao que Nietzsche entende ser uma necessária probidade filosófica, tal como tivemos no aforismo 45 e tal como é tematizada, de modo central, no aforismo 2 de *A gaia ciência*.
154. Novamente a língua alemã e a estilística nietzschiana produzem assonâncias que aqui conseguimos reproduzir tão somente pela terminação verbal: *zögern und verzögern* (hesitar e ralentar).
155. No original se tem *Rattenfänger*, "encantador de ratos", que seria uma referência ao "flautista de Hamelin". Nietzsche usa a metáfora algumas vezes ao longo da obra publicada, como no aforismo 206 de *Aurora*, para a atração ou sedução socialista, no aforismo 340 de *A gaia ciência*, para Sócrates.
156. Ainda uma vez uma assonância, semelhante à que se assinalou na nota 147: *störendsten, zerstörendsten*, daí "as mais perturbadoras, as mais destruidoras".

amigos? – vive "de maneira não filosófica" e "não sábia", sobretudo *não prudente*, e sente o peso e o dever de cem tentativas e tentações da vida: ele continuamente *se* arrisca, ele joga *o* jogo ruim...

206

Em relação a um gênio, isto é, a um sábio, a um ser que ou bem *concebe* outro ou o *dá à luz*, ambas as expressões tomadas em sua máxima extensão, o erudito, o homem de ciência médio tem sempre algo da solteirona: tal como ela, nada entende das duas mais valiosas disposições do ser humano. E, de fato, a ambos, os eruditos e as solteironas, atribui-se a respeitabilidade como que a título de compensação – em ambos os casos se ressalte a respeitabilidade; e o caráter forçoso desse reconhecimento proporciona a mesma dose de fastio. Olhemos as coisas de mais perto: o que é o homem científico? Em primeiro lugar, uma espécie não aristocrática de homem, com as virtudes de uma espécie não aristocrática, e isso significa não dominante, não autoritária e tampouco satisfeita consigo própria: ele tem laboriosidade, é paciente ao se integrar em ordem e posição, tem regularidade e medida quanto a seus poderes e deveres, tem instinto para reconhecer seus iguais e o que eles necessitam, por exemplo, aquela dose de independência e prados verdes sem a qual não há sossego no trabalho, aquela reivindicação de honra e reconhecimento (que pressupõe, antes de mais nada e acima de tudo, conhecimento, cognoscibilidade), aquele raio de sol do bom nome, aquela constante insistência em seu valor e em sua utilidade, com a qual a *desconfiança* mais íntima que há no fundo do coração de todos os homens dependentes e animais de hora deve continuamente ser superada. O erudito também tem, por óbvio, as enfermidades e defeitos de uma espécie aristocrática: ele é profuso em inveja mesquinha e tem olho de lince para tudo o que há de baixo em tais naturezas, a cujas alturas ele não pode ascender. Ele é confiante, mas apenas como alguém que se deixa ir aos passos, sem *fluir feito uma corrente*; e perante o homem da grande corrente ele se põe tão mais frio e fechado, seu olho é então feito um lago liso e relutante, que não se ondula em nenhum deleite, em nenhuma simpatia. O pior e o mais perigoso de que um erudito é capaz advém do instinto da mediocridade de sua espécie: daquele jesuitismo de mediocridade, que instintivamente opera na aniquilação do homem de exceção e busca rebentar ou – tanto melhor! – distender todo arco retesado. E distender, dito precisamente, de forma considerada, por certo que com mão indulgente – *distender* de forma carinhosamente compassiva: esta é a verdadeira arte do jesuitismo, que sempre soube se apresentar como religião da compaixão.

207

Por mais gratos que sejamos ao acolher o espírito *objetivo* – e quem alguma vez já não se viu farto até a morte de todo o subjetivo e de sua maldita ipsissimosidade![157] –, ao final devemos aprender a ter cautela também contra a sua gratidão e pôr um termo ao exagero com que nos últimos tempos se tem celebrado a renúncia de si e a despersonalização do espírito, como se fossem um objetivo em si, como uma redenção e transfiguração: como sói acontecer no seio das escolas pessimistas, que também elas têm bons motivos para render as maiores honrarias ao "conhecimento desinteressado". O homem objetivo, que já não maldiz nem insulta como os pessimistas, comos os eruditos *ideais*, homem no qual o instinto científico chega a florescer e prosperar após milhares de fracassos totais e parciais, é certamente a ferramenta mais preciosa que há: mas cabe ser manejado por alguém mais poderoso. É apenas uma ferramenta, digamos: é um *espelho*, nenhuma "finalidade em si". O homem objetivo é na verdade um espelho: habituado a se submeter a tudo quanto quer ser conhecido, sem nenhum outro prazer além do que proporciona o conhecer, o "refletir", ele espera até que venha algo e então se alastre com delicadeza, para que sobre sua superfície e pele tampouco se percam leves pegadas e o deslizar fugaz de seres fantasmais. O que de "pessoa" ainda lhe resta lhe parece fortuito, com frequência arbitrário, e com ainda mais frequência perturbador: de tal maneira se converteu em passagem e em reflexo de figuras e acontecimentos estranhos. Apenas com esforço ele reflete sobre "si", e não raro o faz de forma equivocada; facilmente se confunde e se equivoca no que toca a suas próprias necessidades, e só aí se mostra pouco refinado

---

157. Tem-se aqui um dos neologismos formados por Nietzsche, com base no termo *ipse*, do latim, empregado para sinalizar insistência de que se trata da própria pessoa ou objeto. Aqui é usado para reforçar a subjetividade, tendo-se assim uma subjetividade extremada que o "espírito objetivo" viria a aliviar.

e negligente. Talvez a saúde o atormente, ou a pequenez e o ambiente abafado de mulher e de amigos, ou a falta de companheiros e de sociedade, sim, ele se força a refletir sobre seu tormento: em vão! Seu pensamento já divaga para longe, para casos *mais gerais*, e amanhã saberá tão pouco quanto sabia ontem sobre o que lhe pode ajudar. Perdeu a seriedade para consigo, e também o tempo: é sereno, *não* por falta e necessidade, mas por carecer de dedos e de manejo para *suas* misérias. A condescendência habitual para com toda coisa e vivência, a ensolarada e imparcial hospitalidade com que acolhe tudo o que lhe vem ao encontro, sua espécie de implacável benquerença, de perigosa despreocupação quanto ao sim e ao não: ah, têm-se casos suficientes nos quais ele deve expiar suas virtudes. Se dele se quiser amor e ódio, e quero dizer amor e ódio tal como o compreendem Deus, mulher e animal: ele fará o que puder e dará o que puder. Mas não há que se admirar se isso não for muito, se quanto a esse aspecto ele se mostrar inautêntico, frágil, questionável e putrefato. Seu amor é desejado, seu ódio é artificial e mais um *tour de force*,[158] uma pequena vaidade e exagero. Só é autêntico uma vez que deve ser objetivo: só mesmo em seu totalismo[159] sereno continua a ser "natureza" e "natural". Sua alma especular, eternamente ocupada em se polir, já não sabe afirmar, já não sabe negar; ele já não comanda; tampouco destrói. "*Je ne méprise presque rien*",[160] ele o diz com Leibniz: que não se deixe passar nem subestimar o *presque*![161] Tampouco é um homem-modelo: ninguém o precede, ninguém o sucede; muito mais ele se põe a distância, como se tivesse motivo para tomar partido entre bem e mal. Se por tanto tempo o confundiram com o filósofo, com o cesário disciplinador e violentador da cultura, honraram-no demasiadamente e deixaram passar o que lhe é essencial – ele é um instrumento, um exemplar de escravo, ainda que certamente se trate do mais sublime tipo de escravo, mas nada em si, *presque rien*![162] O homem objetivo é um instrumento, instrumento de medida e obra-prima

---

158. Em francês, no original, "prova de força".
159. *Totalismus* no original, neologismo pelo qual Nietzsche ironiza as pretensões totalizantes dos metafísicos, expressa em sua onipresente e pretensa universalidade, em sua crença nos conceitos.
160. Em francês, no original, "Eu não desprezo quase nada".
161. *Idem*, para "quase".
162. Em francês, no original: "quase nada".

especular, precioso, que se deve poupar e respeitar: mas não se tem aí meta, nem resultado nem elevação, nem homem complementar em que se justifique a *restante* existência, tampouco se tem conclusão – menos ainda começo, fecundação e causa primeira,[163] nem nada de sólido, de potente, de plantado em si, de querer ser senhor: muito mais um delicado e móvel receptáculo de formas, que deve esperar por um primeiro conteúdo e teor, para então, segundo ele, "se conformar", pois via de regra é um homem sem conteúdo e teor, um homem "sem si mesmo". Consequentemente, tampouco será algo para mulheres, *in parenthesi*.[164]

208

Quando hoje um filósofo dá a entender que ele não é um cético – espero que se o tenha percebido na descrição que acabo de fazer do espírito objetivo –, todo mundo o ouve com desgosto, examina-se-lhe com algum receio, e se desejaria perguntar mais e mais... sim, entre ouvintes temerosos, tal como hoje os há em quantidade, a partir de agora isso é considerado perigoso. Em seu repúdio ao ceticismo, para eles é como se ouvissem de longe algum ruído perverso e ameaçador, como se em alguma parte se experimentasse um novo explosivo, uma dinamite do espírito, talvez um recém-descoberto niilismo russo,[165] um pessimismo *bonae voluntatis*,[166] que não apenas diz não, quer o não, mas também – e é terrível pensá-lo! – *faz* o não. Contra esse gênero de "boa vontade" – uma vontade real e efetiva de negar a vida – não existe hoje sonífero e tranquilizante melhores que o ceticismo, a suave, encantadora, adormecedora papoula do ceticismo; e o próprio *Hamlet*[167] é hoje receitado pelos médicos deste tempo contra o "espírito" e seus rumores subterrâneos. "Já não temos os ouvidos repletos de ruídos ruins?", diz o cético, como amigo da tranquilidade e quase feito uma polícia da

---

163. Nietzsche por certo não crê em "causas primeiras", muito menos as propõe. A referência aqui é irônica aos metafísicos, tal como o filósofo fizera, acima, com "totalismo".
164. "Que seja dito entre parênteses."
165. A respeito do niilismo russo, em *A gaia ciência*, § 347, Nietzsche refere-o por "niilismo de São Petersburgo", caracterizando-o por sua necessidade de crer na descrença a ponto de se martirizar por ela.
166. Em latim, no original: "de boa vontade".
167. Se aqui Nietzsche contrapõe *Hamlet* ao ceticismo, em *O nascimento da tragédia*, § 17, ele se refere à atitude de Hamlet em relação ao conhecimento, precisamente como aquele que, envolto por um véu de ilusão, e não por excesso de reflexão, atingiu o conhecimento, a ponto da paralisia, isto é, de o agir desgostá-lo.

segurança: "Esse 'não' subterrâneo é horrível! Que se calem, por fim, seus ratos pessimistas!". Pois o cético, essa criatura delicada, horroriza--se por demais facilmente; sua consciência encontra-se amestrada para estremecer e sentir algo como uma mordidela. Sim! e não! – isso lhe repugna a moral; inversamente, agrada-lhe festejar sua virtude com a nobre abstenção, por exemplo, quando fala com Montaigne: "Que sei eu?". Ou com Sócrates: "Só sei que nada sei". Ou: "Aqui não me fio em mim, nenhuma porta está aberta para mim". Ou: "Supondo que estivesse aberta, para que entrar de pronto?". Ou: "De que servem todas as hipóteses apressadas?". Não formular hipótese alguma poderia bem fazer parte do bom gosto. Precisam absolutamente endireitar o que é torto? Absolutamente encher todo orifício com uma estopa qualquer? Isso não tem lá seu tempo? Não tem tempo o tempo? Oh, camaradas do diabo, não podem vocês *esperar*? Também o incerto tem lá seus atrativos, mesmo a esfinge é uma Circe, mesmo Circe foi filósofa. Assim se consola um cético; e é verdade que ele necessita de algum consolo. O ceticismo, com efeito, é a expressão mais espiritual de certa e complexa constituição psicológica, que na linguagem corrente chamam debilidade nervosa e condição enfermiça; o ceticismo surge toda vez que raças ou classes separadas se cruzam de modo repetido e decisivo. Na nova estirpe, que como que herda no sangue diferentes medidas e valores, tudo é inquietude, distúrbio, dúvida, tentativa; as melhores forças atuam de modo obstrutivo, as próprias virtudes não se deixam crescer e fortalecer, em corpo e alma falta equilíbrio, gravidade, segurança perpendicular. Mas o que mais profundamente adoece e degenera em tais mestiços é a *vontade*; já não conhecem de modo algum a independência na deliberação, o valente sentimento de prazer no querer – mesmo em seus sonhos duvidam da "liberdade da vontade". Nossa Europa de hoje, cenário de uma tentativa súbita e sem sentido de radicalmente mesclar classes e, *por via de consequência*, raças, é desse modo cética em todas as alturas e profundidades, por vezes exibindo esse ceticismo móvel, que salta ávido e impaciente de um galho a outro, por vezes a turvar feito nuvem carregada de pontos de interrogação, não raro mortalmente saciado de sua vontade! Paralisia da vontade: em que lugar não se encontra hoje sentada essa inválida! Frequentes vezes ainda bastante adornada! E quão sedutoramente adornada! Para essa enfermidade existem hoje as mais belas vestes de gala e de mentira; e, por exemplo, a maior parte do que hoje se expõe nas vitrines como "objetividade", "cientificidade", "*l'art pour l'art*",[168] "conhecimento puro de vontade" é apenas ceticismo e paralisia da vontade ornamentados, por esse diagnóstico da vontade quero eu ser responsável. A vontade da vontade encontra-se desigualmente disseminada pela Europa: mostra-se mais ampla e variada onde a cultura se estabeleceu já há mais tempo, e se esvanece uma vez que "o bárbaro" ainda – ou novamente – faz valer seu direito sob a veste esvoaçante da educação ocidental. Em consequência, é na França de hoje que a vontade se encontra mais adoentada, o que é fácil deduzir; e a França, que sempre teve habilidade magistral em transformar em algo atraente e sedutor mesmo as reviravoltas mais funestas de seu espírito, mostra hoje, verdadeiramente, como escola e espetáculo, sua preponderância cultural sobre a Europa. A força de querer, e de na verdade querer uma vontade por longo tempo, é algo já um pouco mais forte na Alemanha, e no norte alemão por sua vez mais forte que no centro; é consideravelmente mais forte na Inglaterra, na Espanha e na Córsega, no primeiro caso em associação à fleuma, no segundo à dureza dos crânios, para não falar da Itália, que é jovem demais para já saber o que quer e primeiro tem de provar que pode querer, mas onde se revela mais forte e assombrosa é no imenso império intermediário, onde a Europa como que reflui para a Ásia, na Rússia. Ali a força de querer desde há muito vem sendo reservada e acumulada, ali a vontade – não se sabe se como vontade de negação ou de afirmação – aguarda ameaçadoramente ser acionada, para tomar de empréstimo aos físicos de hoje sua palavra dileta. Para que a Europa se livre de seu maior perigo podem ser necessárias não apenas guerras nas Índias e complicações na Ásia, mas sim convulsões internas, o desmembramento do Reich em pequenos corpos e sobretudo a introdução da imbecilidade parlamentar, incluindo a obrigação de todos lerem seu jornal no café da manhã. Digo isso não por desejá-lo: eu mais teria gosto no contrário – quero dizer, um tamanho crescimento da ameaça russa que forçasse a Europa a se tornar tão ameaçadora quanto, isto é, a *adquirir uma vontade única*,

---

168. Em francês, no original: "arte pela arte".

por meio de uma nova casta a dominar sobre a Europa, uma vontade própria, prolongada e terrível, que pudesse estabelecer metas por milênios: para que enfim se findasse a comédia longamente entramada de sua divisão em pequenos estados, o mesmo valendo para a sua multiplicação de vontades[169] dinásticas e democráticas. O tempo da pequena política é passado: o próximo século trará consigo a luta pelo domínio da Terra – a *coação* para a grande política.[170]

209

Até que ponto a nova idade guerreira, em que nós, europeus, visivelmente entramos, pode talvez ser favorável mesmo ao desenvolvimento de outra e mais forte espécie de ceticismo, a esse respeito, por ora, eu só poderia me expressar por uma alegoria que os amigos da história alemã hão de compreender. Aquele irreflexivo entusiasta dos belos e portentosos granadeiros que, como rei da Prússia, deu a vida a um gênio militar e cético – e com isso, no fundo, a um tipo novo de alemão, que bem agora se assoma vitoriosamente, o controverso e louco pai de *Frederico, o Grande* teve ele próprio, em um único ponto, o golpe e a garra afortunada do gênio: ele sabia que era então o que faltava na Alemanha e sabia qual falta seria cem vezes mais angustiante e urgente, como a falta de formação intelectual e forma social. Sua aversão pelo jovem Frederico vinha da angústia de um instinto profundo: *faltavam homens*; e com amaríssimo desgosto suspeitava que seu próprio filho não seria suficientemente homem. Nisso ele se enganou: mas quem

---

169. Nietzsche recorre aqui a um neologismo – *Vielwollerei*, "multiplicidade de vontades" – para contrapor a referida multiplicidade à "vontade única" do homem nobre, a sua unicidade dizendo respeito não a uma imposição exterior, mas bem pelo contrário, ou seja, diz respeito à singularidade, a uma configuração pulsional não assolada por demandas que na verdade são gregárias.
170. Ao se falar na "grande política", fala-se da mesma esfera a que fizemos referência na nota anterior, quando se contrapôs a vontade única à multiplicidade de vontades. Não se trata de algo como o domínio de outros povos ou de um governo centralizador na política tal como comumente conhecida, mas sim de uma política no âmbito fisiológico, devendo se exercer no escopo das singularidades. A "grande política" é referida já no aforismo 491 de *Humano, demasiado humano*, e em alguns momentos da obra tardia, bem como nos aforismos 241 e 254 da presente obra. Entretanto, é um fragmento póstumo, de 1888, que dela proporciona a caracterização mais precisa: "A grande política quer que a fisiologia seja a rainha de todas as demais questões: ela quer criar um poder forte o suficiente para *cultivar* a humanidade, como um todo superior, com impiedosa dureza contra o que é degenerante e parasitário na vida – contra o que a perverte, envenena, denigre, arruína (...) e que vê no aniquilamento da vida o sinal de um tipo superior de alma" (fragmento póstumo 25 [1], janeiro de 1888).

não teria se enganado em seu lugar? Via seu filho presa do ateísmo, do *esprit*,[171] da deleitosa frivolidade dos espirituosos franceses: no pano de fundo ele viu a grande sugadora de sangue, a aranha do ceticismo, suspeitou da incurável miséria de um coração, que não é suficientemente forte nem para o mal nem para o bem, de uma vontade alquebrada, que já não comanda, *não pode* comandar. Mas no entremeio cresceu em seu filho aquela espécie mais dura e perigosa de ceticismo — quem sabe *até que ponto* favorecida precisamente pelo ódio ao pai e pela gélida melancolia de uma vontade que se fizera solitária? —, o ceticismo da virilidade temerária, estreitamente aparentado com o gênio para a guerra e para a conquista, que fez sua primeira entrada na Alemanha na figura do grande Frederico. Tal ceticismo despreza e, não obstante, atrai para si; solapa e toma posse; não acredita, mas não se perde nisso; ao espírito outorga uma liberdade perigosa, refreia rigorosamente o coração; é a forma *alemã* do ceticismo, que, ao modo de um fredericanismo prolongado e elevado ao espírito, trouxe à Europa um tempo bom sob o domínio do espírito alemão e de sua desconfiança histórica e crítica. Graças ao caráter indomavelmente forte e tenazmente viril dos grandes filólogos e críticos da história alemães (que, se vistos corretamente, foram todos também artistas da destruição e da desagregação), pouco a pouco se estabeleceu, em que pese todo o romantismo na música e na filosofia, um *novo* conceito do espírito alemão, e nele decididamente predominava o traço do ceticismo viril: seja, por exemplo, como intrepidez do olhar, como a coragem e a dureza da mão que disseca, como a tenaz vontade de empreender perigosas explorações, nas mais perigosas expedições polares sob céus desolados e perigosos. Sem dúvida pode haver boas razões para que homens humanitários superficiais, de sangue quente, façam o sinal da cruz bem diante desse espírito: *cet esprit fataliste, ironique, méphistophélique*,[172] como não sem calafrios o chama Michelet. Mas se se quer perceber qual tão grande distinção no espírito alemão representa esse medo diante do temor do "homem", distinção que despertou a Europa de seu "sono dogmático",[173] que se recorde o

---

171. Em francês, no original: "espírito".
172. "Esse espírito irônico, fatalista, mefistofélico."
173. A referência é a célebre passagem de Kant, no prefácio dos *Prolegômenos a toda a metafísica futura*, onde ele se refere à interrupção de seu sono dogmático por David Hume.

antigo conceito que com ele se fez necessário superar – e como há não muito tempo uma mulher masculinizada, com desenfreada presunção, ousou recomendar os alemães à simpatia da Europa, como poeticamente ineptos, de vontade fraca e bom coração. Que por fim se compreenda, com suficiente profundidade, o assombro de Napoleão ao se encontrar com Goethe: revela o que durante séculos se entendera como o "bom alemão". "*Voilà un homme!*"[174] – isto quereria dizer: "Isso é um *homem*! E eu esperava apenas um alemão!".

210

Supondo, então, que na imagem dos filósofos do futuro haja algum traço a permitir adivinhar se por acaso não haveriam de ser céticos, no sentido recém-insinuado,[175] com isso se estaria designando algo acerca deles – e *não* eles próprios. Com iguais direitos poderiam se chamar críticos; e sem a menor dúvida serão homens de experimentos. Mediante o nome com que se ousou batizá-los expressamente já ressaltei o prazer de experimentar: teria sido porque, críticos de corpo e alma, apraz a eles se servir do experimento em sentido novo, talvez mais amplo, talvez mais perigoso? Em sua paixão do conhecimento poderão eles chegar, com seus temerários e dolorosos experimentos, mais além do que comporta gosto sentimental e amolecido de um século democrático? Não há dúvida: a esses homens vindouros é que menos será lícito se abster dessas qualidades sérias e nem um pouco inofensivas que distinguem o crítico do cético, e refiro-me aqui à certeza de critérios de valor, ao recurso inconsciente a uma unidade de método,[176] à astuciosa coragem, à aptidão a manter-se isolado e responder por si; chegam mesmo a em si reconhecer um *prazer* em dizer não e em dissecar e certa crueldade prudente, que sabe manejar

---

174. "Eis aí um homem!"
175. Trata-se do ceticismo proposto no aforismo 209, que não crê nem mesmo na necessidade de crer.
176. De maneira pontual, como é de sua marca, ao tempo mesmo em que crucial, ao longo da presente obra Nietzsche faz importantes admoestações acerca do método, sempre no sentido de uma economia do método; no aforismo 13, "Aqui como em toda parte, enfim, cautela quanto a princípios teleológicos supérfluos! [...] Bem a isso se presta o método, que tem de ser essencialmente economia de princípios"; e no aforismo 36, "Não assumir outros tipos de causalidade, enquanto não se levar ao limite extremo (até o absurdo, se permitiria dizer) a tentativa de se bastar com uma só: essa é a moral do método".

o escalpelo com segurança e sutileza, mesmo com o coração a sangrar.[177] Serão *mais duros* (e talvez nem sempre apenas contra si mesmos) do que poderiam desejar os humanitaristas, não se envolveriam com a "verdade" para que esta lhes "agrade" ou os "eleve" e "entusiasme": em vez disso, poucos serão levados a crer que precisamente a *verdade* contenha em si tais prazeres para o sentimento. E hão de sorrir, tais espíritos rigorosos, quando alguém lhes disser "esse pensamento me enleva: como não haveria de ser verdadeiro?". Ou: "essa obra me arrebata – como não haveria de ser bela?". Ou: "esse artista me engrandece – como não haveria de ser grande?" – talvez possam ter preparado não apenas um sorriso, mas uma autêntica náusea ante tudo o que assim seja arrebatado, idealista, feminino, hermafrodita, e quem os soubesse seguir até as câmaras ocultas de seu coração dificilmente encontraria ali a intenção de conciliar "sentimentos cristãos" com o "gosto antigo", menos ainda com o "parlamentarismo moderno" (espírito de reconciliação que, em nosso século incerto e consequentemente bastante conciliador, se deverá encontrar até mesmo em filósofos). Esses filósofos do futuro não apenas exigirão de si disciplina crítica e todo hábito a conduzir à pureza e ao rigor nas coisas do espírito: poderão exibi-los como se fossem seu próprio ornamento – não obstante, nem por isso vão querer ser chamados de críticos. Não lhes parecerá afronta pequena à filosofia decretar, como hoje se gosta de fazer: "A própria filosofia é crítica e ciência crítica – e nada além disso!". Por mais que essa valoração da filosofia desfrute da aprovação de todos os positivistas de França e Alemanha (e seria possível que tivesse adulado mesmo o coração e o gosto de *Kant*: basta lembrar o título de suas obras capitais); apesar disso, novos filósofos dirão: críticos são instrumentos do filósofo, e precisamente por isso, por serem instrumentos, não serão filósofos por muito tempo! Também o grande chinês de Königsberg[178] foi apenas um grande crítico.

---

177. As metáforas médicas são frequentes em Nietzsche porque ele se propõe – e propõe o filósofo – como médico da civilização, com a intenção de transformá-la efetivamente em cultura.
178. "Chinês de Königsberg" é o modo como Nietzsche se refere a Kant, e isso significa que se refere a ele como um trabalhador indiferenciado e carente de probidade intelectual; se considerado do ponto de vista pulsional, seria um filósofo que não perscrutou sua profundidade nem fez jus à singularidade que poderia ter expresso.

211

Insisto em que por fim se deixe de confundir os trabalhadores filosóficos e os homens de ciência em geral com os filósofos, e que precisamente aqui com rigor se dê "a cada qual o que é seu" e àquele não se dê muito, nem a este muito pouco. Para a educação do verdadeiro filósofo talvez seja necessário que ele próprio alguma vez tenha estado também em todos esses níveis em que permanecem, em que *têm de* permanecer seus servidores, os trabalhadores científicos da filosofia; ele próprio talvez tenha sido crítico, cético, dogmático e historiador, e ademais poeta, colecionador e viajante e decifrador de enigmas, moralista, vidente e "espírito livre" e quase todas as coisas, para percorrer o círculo de valores e sentimentos de valor humanos, para com muitos olhos e consciências poder *contemplar* do alto os horizontes longínquos, das profundezas toda altura, de cada recanto toda amplidão. Mas todas essas coisas são apenas condições de sua tarefa: a tarefa mesma deseja algo outro, ela exige *criar valores*. Aqueles trabalhadores filosóficos segundo o nobre padrão de Kant e Hegel têm de estabelecer e reduzir a fórmulas qualquer grande fato relativo a avaliações – ou seja, às fixações de valores, às criações de valores de outrora, que se tornaram dominantes e por algum tempo foram denominados "verdades" –, seja no reino da *lógica* da *política* (moral), ou no do *artístico*.[179] A esses pesquisadores cabe cingir com os olhos, com o pensamento, com os punhos, com as mãos tudo o que até agora se deu e foi objeto de apreço, ao abreviar tudo o que é longo, mesmo "o tempo", e *subjugar* o inteiro passado: tarefa imensa e prodigiosa, e servir a ela por certo pode lhes satisfazer todo sutil orgulho, toda vontade pertinaz. *Mas os autênticos filósofos são os que ordenam e legislam*: dizem "deve ser assim!", determinam o para onde e o para que do homem e para isso dispõem do trabalho prévio de todos os trabalhadores filosóficos, de todos os subjugadores do passado, com mãos criadoras agarram o futuro, e tudo quanto é e foi converte-se para eles em meio, em instrumento, em martelo.[180] Seu "conhecer" é

---

[179]. Aqui bem se pode visualizar a diferença entre as filosofias de Kant e Hegel, calcadas na redução a fórmulas e conceitos, e o filosofar de Nietzsche, calcado na tarefa genealógica de avaliação dos valores.
[180]. A metáfora do martelo já apareceu aqui, no aforismo 62, como instrumento de detecção da degeneração cultural. Na obra do filósofo, a aparição mais célebre é a do subtítulo do *Crepúsculo*

criar,¹⁸¹ seu criar é legislar, sua vontade de verdade é – *vontade de potência*. Existem filósofos hoje em dia? Existem já tais filósofos? Será preciso que existam tais filósofos?...

212

Parece-me cada vez mais que o filósofo, na condição de homem necessário do amanhã e do depois do amanhã, encontrou-se e *teria de sempre se encontrar em contradição* com seu hoje: seu inimigo tem sido sempre a ideia de hoje. Até agora¹⁸² todos esses extraordinários fomentadores de homens, a que chamam de filósofos, que raras vezes têm se sentido como amigos da sabedoria, e sim mais como desagradáveis insensatos e perigosos pontos de interrogação, encontraram sua tarefa, sua dura, indesejada, inevitável tarefa, mas por fim a grandeza de sua tarefa, em ser a má consciência¹⁸³ de seu tempo. Ao submeter precisamente as *virtudes de seu tempo* à vivissecção, colocando-lhes a faca no peito, revelaram qual seria seu segredo: conhecer uma *nova grandeza do homem*, um caminho novo e não trilhado rumo a seu engrandecimento. A cada vez desvelaram quanto de hipocrisia, de comodidade, de preguiça, de se deixar ir e se deixar cair, quanta mentira se ocultava sob os tipos mais venerados de sua moralidade contemporânea, quanta virtude estava *antiquada*; e a cada vez diziam: "Temos de ir para lá, para lá fora, para onde hoje vocês menos se sintam em casa". Em face de um

---

dos ídolos, "como filosofar a golpes de martelo", visto ali como instrumento de auscultação e, no caso de valores sem lastro, destruição.
181. O pensamento de Nietzsche é sempre de mão dupla, com a vertente demolidora sendo sopesada pela construtiva: se no aforismo 4 "o conhecimento puramente *inventado* do mundo do incondicionado, igual a si mesmo" tem um viés crítico às pretensões e ao anseio por fixidez do conhecimento metafísico, na presente passagem um qualificativo muito próximo da inventividade – de modo puro e simples, o ato de criar – é celebrado como via de expressão da vontade de potência.
182. Como já se chamara atenção no início do livro, continua a haver aqui a ênfase no "até agora", Bisher, que assinala não apenas as rupturas com a filosofia de até então, mas também um reconhecimento da inserção da filosofia na temporalidade – pois mais que o filósofo deva se apartar dos elementos e das questões de seu tempo e ser dele a "má consciência" –, em contraposição às filosofias metafísicas e idealistas, com sua pretensão à eternidade, ou seja, a esquivar-se da passagem do tempo.
183. O filósofo como "má consciência de seu tempo" é uma formulação que aparece em alguns momentos e pontos cronologicamente díspares de sua obra, como na *Terceira consideração extemporânea*, "Schopenhauer como educador", e no prólogo de *O caso Wagner*. Essa má consciência do próprio filósofo é uma contraface de sua solidão, do embate com os valores temporais e "demasiado humanos" de seu tempo, e, por isso mesmo, de sua extemporaneidade.

mundo das "ideias modernas", que gostaria de confinar cada qual a um canto e "especialidade", um filósofo, caso hoje houvesse filósofos, ver-se-ia forçado a posicionar a grandeza do homem, o conceito de "grandeza" precisamente em sua amplidão e diversidade, em sua totalidade de muitas coisas: ele determinaria até mesmo o valor e o grau pelo número e diversidade de coisas que se poderiam suportar e tomar para si, pelo *ponto a que* poderia estender sua responsabilidade. Hoje em dia, o gosto e a virtude da época fazem enfraquecer e debilitar a vontade, nada sendo mais rigorosamente atual quanto a fraqueza da vontade: no ideal do filósofo, são bem o rigor do querer, a dureza e aptidão para longas decisões que estão contidas no conceito de "grandeza"; com o mesmo direito com que a doutrina oposta e o ideal de uma humanidade indigente, humilde, altruísta se adequavam a uma época oposta que, tal como o século XVI, sofresse por sua energia acumulada da vontade e pelas águas e marés selvagens do egoísmo. À época de Sócrates, entre homens de instinto altamente fatigado, entre atenienses conservadores, que se deixavam ir — "rumo à felicidade", como diziam, rumo ao prazer, como faziam — e que ao fazê-lo continuavam a ter na boca as antigas e imponentes palavras, às quais de há muito sua vida não dava direito algum, para a grandeza da alma talvez fosse necessária a *ironia*,[184] aquela maliciosa certeza socrática do velho médico e plebeu que não sem misericórdia cortava na própria carne, como na carne e no coração do "nobre", com um olhar que muito ininteligivelmente dizia: "Não finjam para mim! Aqui — somos iguais!".[185] Hoje, ao contrário, quando na Europa o animal de rebanho é o único a receber e repartir honrarias, onde com demasiada facilidade a "igualdade de direitos" poderia se transformar na igualdade da injustiça: quero dizer, num embate conjunto a tudo quanto é raro, estranho, privilegiado, ao homem superior, à alma superior, ao dever superior, à responsabilidade superior, à plenitude do poder criador e da arte de dominar — hoje o ser nobre, o querer para si, o poder ser outro, o estar só e ter de viver por si mesmo pertencem ao conceito "grandeza"; e o filósofo revelará algo de seu próprio ideal ao estabelecer: "será grande aquele que puder ser o

---

184. Sobre a ironia socrática, ver *Crepúsculo dos ídolos*, "O problema de Sócrates", § 7.
185. Sobre o que Sócrates enxergou por trás da aristocracia ateniense, ver idem, § 9.

mais solitário, o mais oculto, o mais divergente, o homem para além do bem e do mal, o senhor de suas virtudes, o abundante de vontade; eis precisamente o que se chama *grandeza*: poder ser tanto múltiplo quanto total, tanto vasto quanto pleno". E para perguntar ainda uma vez: será hoje a grandeza *possível*?

213

O que vem a ser um filósofo, isso é algo difícil de aprender, porque não se pode ensinar: é preciso "sabê-lo" por experiência, ou então deve-se ter o orgulho de *não* saber. Mas uma vez que hoje cada qual fala de coisas das quais não *pode* ter nenhuma experiência, isso vale o mais das vezes e pior quando se trata de filósofos e de estados filosóficos: raríssimos são os que conhecem, que têm o direito de conhecer, e são falsas todas as opiniões populares a seu respeito. É assim que, por exemplo, essa coexistência autenticamente filosófica de uma espiritualidade audaciosa e vivaz, a correr em um *presto*, e de rigor e necessidade dialéticas, que não comete o menor passo em falso, é desconhecida da experiência da maior parte dos pensadores e eruditos, e com isso, caso alguém viesse falar diante deles, não teria crédito. Eles se representam toda necessidade como aflição, como penoso ter de seguir e ser forçado a; e tomam o pensamento em si mesmo como algo lento, hesitante, quase como fadiga e não raro por algo que "vale o *suor* dos nobres" – mas de modo algum algo de leve, de divino e de estreitamente aparentado à dança, à exuberância! "Pensar" e "levar a sério", "tomar por grave" alguma coisa – eis o que neles mutuamente se implica: só mesmo assim o "vivenciam". Os artistas talvez tenham aqui um faro já mais sutil: eles, que apenas sabem muito bem que justo quando nada mais fazem "voluntariamente", mas "necessariamente", seu sentimento de liberdade, de sutileza, de estabelecer, de dispor, de dar forma como criadores atinge seu apogeu – sabem, em suma, que neles necessidade e "liberdade da vontade" não são mais do que uma coisa só. Há, por fim, uma hierarquia de estados d'alma que se adequa à hierarquia dos problemas; e os mais elevados problemas rechaçam sem piedade tudo quanto se atreve a acercar-se deles, sem que pela altura e poder de sua espiritualidade se esteja predestinado a lhes dar solução. De que adianta, como hoje é tão frequente, se hábeis sabe-tudo, ou se inábeis honestos mecânicos e empíricos se esforçam por nessa "corte das cortes" penetrar com sua ambição plebeia? Sobre tais tapetes, pés grosseiros jamais serão autorizados a pisar: disso cuidou a lei originária das coisas; a esses importunos as portas se mantêm fechadas, ainda que nela batam e esmaguem as cabeças! Para entrar em qualquer mundo deve-se ter nascido; dito com mais clareza, para ele, deve-se ter sido *cultivado*: um direito à filosofia – o termo tomado em grande acepção – é devido à sua ascendência, são os ancestrais, o "sangue" a decidir também a esse respeito. Muitas gerações devem ter trabalhado para o surgimento dos filósofos; cada uma de suas virtudes deve ter sido individualmente adquirida, cultivada, transmitida em herança, e não apenas o passo e a corrida audazes, leves e ternos de seus pensamentos, mas sobretudo a prontidão para grandes responsabilidades, a soberania dos olhares que dominam e sobreolham, o sentir-se apartado da multidão com seus deveres e virtudes, a afável proteção e defesa do não compreendido, do caluniado, seja Deus, seja o diabo, o prazer e a prática da grande justiça, a arte do comandar, a amplidão da vontade, o olhar ralentado[186] que raras vezes admira, raras vezes olha para cima, raras vezes ama...

---

186. A lentidão, assim como outras das referências aqui arroladas (soberania dos olhares, que dominam e sobreolham, o sentir-se apartado da multidão, a arte do comandar...), é identificada à nobreza, que obviamente não deve ser entendida no sentido habitual, mas sim com o domínio dos próprios impulsos que preservam sua necessidade de satisfação pondo-se à parte de tantas e tão insidiosas referências e demandas gregárias, a sujeição a essas caracterizando o que Nietzsche entende por "naturezas plebeias".

CAPÍTULO VII
NOSSAS VIRTUDES

214

Nossas virtudes?[187] É provável que também nós ainda tenhamos nossas virtudes, por mais que, obviamente, não sejam aquelas virtudes cândidas e maciças pelas quais honramos nossos avós, mas também os mantemos um pouco a distância. Nós, europeus de depois de amanhã, nós, primogênitos do século XX, com toda a nossa perigosa curiosidade, nossa complexidade e arte do disfarce, nossa crueldade abrandada e mesmo adocicada em espírito e sentidos, *se* devemos ter virtudes, presume-se que teremos aquelas que mais aprenderam a se harmonizar com nossos pendores mais secretos e mais íntimos, com nossas necessidades mais ardentes: pois bem, partamos a procurá-las em nosso labirinto! – como é sabido, há neles muita coisa que se extravia, há muita coisa que se perde completamente. E haveria algo mais belo do que *procurar* nossas próprias virtudes? Isso quase não significa *acreditar* em sua própria virtude? Mas esse "acreditar em sua virtude" no fundo não será o mesmo que outrora se chamava sua "boa consciência", aquela venerável trança conceitual que nossos avós deixavam pender por trás da cabeça, muitas vezes também atrás de seu entendimento? Ao que parece, pois, ainda que nos tomemos por bem pouco antiquados e veneráveis ao modo de nossos avós, em uma coisa somos os netos dignos desses avós, nós, últimos europeus com boa consciência: também nós ainda trazemos sua trança. Ah! Soubessem vocês quão logo e tão logo isso doravante mudará!

215

Assim como no reino das estrelas são por vezes dois sóis que determinam a trajetória de um planeta, assim como em alguns casos sóis de coloração distinta iluminam um único planeta, ora com luz vermelha, ora com luz

---
187. Assim como já se teve no capítulo VI, há uma ambiguidade quanto à valência de "nossas virtudes", podendo dizer respeito às virtudes dos espíritos livres, no que assumiriam um viés propositivo, ou então às virtudes (não serão os vícios) do homem europeu moderno – e moderno, diga-se ainda uma vez, no sentido propriamente nietzschiano –, que remete a Sócrates e à irrupção do modo de pensar dialético.

verde, para então fazê-lo ao mesmo tempo e inundá-lo de luz multicor: assim também somos nós, homens modernos, graças à complicada mecânica de nosso "firmamento" – *determinada* por diferentes morais; nossas ações brilham de forma alternada com diferentes cores, raras vezes são unívocas, e com alguma frequência realizamos ações *multicores*.

216

Amar aos inimigos?[188] Creio que isso foi bem aprendido; isso acontece hoje de mil maneiras, no grande como no pequeno; sim, e por vezes acontece mesmo o mais elevado e mais sublime – aprendemos a *desprezar* o que amamos, e justamente a quem mais amamos: mas tudo isso se dá inconscientemente, sem ruído, sem pompa, com o pudor e a clandestinidade da bondade, que à boca proíbem a palavra solene e a fórmula da virtude. Moral como atitude – hoje algo que é contrário ao nosso gosto. Ora, isso é também um progresso: como no progresso de nossos pais, quando a religião como atitude por fim veio lhe contrariar o gosto, incluindo-se aí a inimizade e o amargor voltairiano para com a religião (e tudo o que à época compunha a pantomima dos livres-pensadores). É a música de nossa consciência, a dança de nosso espírito, a que não pode se afinar nenhuma litania de puritanos, nem prédica moral alguma, nem virtude de homem honesto.

217

Acautelar-se dos que atribuem alto valor a que se fie em seu tato moral, na sutileza de seu discernimento moral! Jamais nos perdoam quando se equivocam diante de nós (ou mesmo *quanto a* nós) – inevitavelmente se tornarão nossos caluniadores e perturbadores instintivos, ainda que se mantenham nossos "amigos". Bem-aventurados os que esquecem: pois "darão cabo" até mesmo de seus disparates.

218

Os psicólogos da França – e onde mais haverá psicólogos hoje em dia? – ainda não acabaram de saborear o gozo amargo e multiforme que

---

188. A referência, obviamente, é uma paródia ao mandamento cristão, presente no "Evangelho de Mateus".

encontram na *bêtise bourgeoise*,[189] como se, por assim dizer... basta, com isso revelam alguma coisa. Flaubert, por exemplo, o bravo burguês de Rouen, ao final já não via, ouvia e degustava outra coisa: foi a sua espécie de tortura de si e de refinada crueldade. Recomendo agora, a título de variação — já que se torna tedioso —, um outro tipo de encantamento: a argúcia inconsciente com a qual se comportam todos os bons, gordos e honestos da mediocridade em relação àquela sutil argúcia retorcida, jesuítica, que é mil vezes mais sutil que o entendimento e gosto dessa classe mediana em seus melhores momentos — e mais sutil até mesmo que o entendimento de suas vítimas: prova a mais de que, entre todos os tipos de inteligência descobertos até agora, o "instinto" é o mais inteligente. Em suma, vocês, psicólogos, estudam a filosofia da "regra" em luta com a "exceção": e aí têm um espetáculo suficientemente bom para deuses e para a malícia divina! Ou, de modo ainda mais claro: pratiquem a vivissecção no "homem bom", no "*homo bonae voluntatis*"...[190] em *vocês*!

219
O juízo e a condenação moral são a vingança preferida dos limitados de espírito contra aqueles que o são menos, mesmo uma espécie de compensação pelo fato de terem sido maldotados pela natureza, e por fim uma ocasião de adquirir espírito e *se tornarem* sutis: a maldade espiritualiza.[191] No fundo de seu coração lhes agrada haver um critério ante o qual mesmo os sobrecarregados de bens e privilégios de espírito lhes sejam iguais: combatem pela "igualdade de todos perante Deus" e quase têm a necessidade de crer em Deus. É no meio deles que se encontram os mais vigorosos opositores do ateísmo. E quem lhes dissesse que "uma espiritualidade elevada não tem a menor comparação com qualquer honradez e respeitabilidade de um homem apenas e simplesmente moral" os enfureceria: evitarei fazê-lo. Em vez disso eu gostaria de os adular com minha tese de que mesmo uma espiritualidade elevada

---
189. Em francês, no original: "estupidez burguesa".
190. Em latim, no original: "homem de boa vontade".
191. "Limitados de espírito", "a maldade espiritualiza" e, a seguir, "uma elevada espiritualidade": a questão do espírito (*Geist*) aqui não deve ser entendida em um sentido metafísico ou idealista, ou seja, apartado do corpo, mas no sentido anunciado no aforismo 44, algo como "capacidade de invenção e de dissimulação (seu "espírito")". Portanto, trata-se mais de uma conotação intelectual, na qual há vontades de potência (§ 36) que, em face das oposições que a ela se fazem, veem-se estimuladas a desdobrar seu jogo interpretativo.

persiste apenas como último aborto de qualidades morais; de que ela é uma síntese de todos aqueles estados atribuídos a homens "apenas morais", uma vez que foram conquistados um a um por meio de disciplina e exercício prolongados, possivelmente em uma longa cadeia de gerações; que a espiritualidade elevada seja precisamente a espiritualização da justiça e daquele rigor benevolente, que se sabe encarregado de manter no mundo a *ordem hierárquica* entre as próprias coisas – e não apenas entre os homens.

220

Em se tratando do elogio, hoje em dia tão popular, ao "desinteressado", deve-se tomar consciência, talvez não sem algum perigo, *do que* afinal suscita o interesse do povo e das coisas que básica e profundamente preocupam o homem comum: incluam-se aí os cultos, até mesmo os eruditos, e, se não me engano de todo, quase que mesmo os filósofos. O fato a advir daí é que a grande maioria do que interessa e estimula os gostos mais sutis e exigentes, bem como a toda a natureza superior, ao homem médio parece completamente "desinteressante" – e se este, não obstante, observa uma inclinação para ela, chama-a de *"désintéressé"*[192] e sempre que possível se admira de ser possível atuar "de forma desinteressada". Houve filósofos que ainda souberam proporcionar expressão atraente e misticamente ultraterrena a essa admiração do povo (talvez por não conhecerem a natureza superior por experiência?) – em vez de apresentar a verdade nua e intimamente justa de que a ação "desinteressada" é uma ação *muito* interessante e interessada, supondo que... "e o amor?" Como? Até mesmo uma ação por amor deve ser "egoísta"? Ora, seus ineptos! E o elogio ao sacrifício?" Mas quem efetivamente rende sacrifícios sabe que deseja e recebe algo em troca – talvez algo de si para algo de si –, que deu algo aqui para lá ter mais, talvez para sobretudo ser mais ou mesmo se sentir como "mais". Porém esse é um reino de perguntas e respostas ao qual um espírito mais exigente não se apraz em se deter: a ponto de a verdade aqui precisar reprimir o bocejo, se tiver de responder. Afinal de contas, ela é uma mulher: não se deve violentá-la.

---

192. Em francês, no original: "desinteressado".

221

Ocorre-me, dizia um pedante e escrupuloso moralista, honrar e distinguir um homem não egoísta: mas não por não ser egoísta, e sim porque ele me parece ter um direito a ser, às próprias custas, útil a outro homem. Certo, a questão está sempre em saber quem é *ele* e quem é *aquele*. A um homem, por exemplo, destinado ao comando e feito para ele, a abnegação e o modesto retraimento não seriam uma virtude, e sim a dissipação de uma virtude: assim me parece. Toda moral não egoísta que se tome por incondicionada e se volte a todo e qualquer um não peca apenas contra o gosto: ela é um incitamento a pecados de omissão, uma sedução *a mais* sob a máscara da filantropia – e precisamente sedução e injúria para os homens superiores, mais raros, mais privilegiados. Há que forçar as morais para que se curvem sobretudo à *hierarquia*, é preciso culpá-las por sua presunção – até que, por fim, ela veja com clareza que é imoral dizer: "o que é certo para um é justo para o outro". Assim pensa consigo o meu *bonhomme*[193] e pedante moralista: ele de fato mereceria que dele se risse, assim exortando as morais à moralidade? Mas não se deve ter muita razão quando se quer ter *a seu* lado os que riem; ao bom gosto cai bem até mesmo uma pitada de desrazão.

222

Lá onde hoje se prega a compaixão – e se ouvirmos bem já não se prega nenhuma outra religião –, o psicólogo deveria abrir os ouvidos: em meio a toda vaidade, em meio a todo o ruído próprio desses pregadores (como de todos os pregadores), poderá se ouvir um som áspero, queixoso e genuíno de *autodesprezo*. Ele é parte daquele ensombrecimento e enfeamento da Europa, o qual de um século para cá encontra-se em crescimento (e seus primeiros sintomas registram-se já nas reflexivas cartas de Galiani à Madame d'Épinay): *a menos que não se tenha aí a sua causa!* O homem das "ideias modernas", esse macaco orgulhoso, está incontidamente insatisfeito consigo mesmo: é ponto pacífico. Ele padece: e sua vaidade quer que ele apenas "com padeça"...[194]

---
193. Em francês, no original: "bom homem".
194. Nietzsche faz aqui um jogo de palavras com as assonâncias de *Mitleiden* (compaixão, piedade) e "padecer com" (*leidet mit*), invertendo os termos para efeito de aproximação, daí *Mitleiden – mit leidet* e "compaixão – com padeça".

223

O mestiço europeu – um plebeu um tanto feio, no fim das contas – encontra-se absolutamente necessitado de uma fantasia: precisa da história como depósito de fantasias. Por certo se apercebe de que nenhuma delas cai bem em seu corpo – ele a troca e troca de novo. Que se considere o século XIX nessas rápidas predileções e mudanças de mascaradas estilísticas: também no que se refere aos instantes de desespero, por nada "nos servir". Inútil se apresentar sob fantasia romântica ou clássica ou cristã ou florentina ou barroca ou "nacional", *in moribus et artibus*:[195] "não veste"! Mas, mesmo nesse desespero, o "espírito", sobretudo o "espírito histórico", vislumbra sua vantagem: repetidas vezes um novo fragmento da pré--história e do exterior é experimentado, é vestido, é despido, guardado e sobretudo *estudado*: somos a primeira época estudada *in puncto*[196] de fantasias, e aqui tenho em mente as morais, os artigos de fé, os gostos artísticos e as religiões, e estamos preparados, como não esteve nenhum outro tempo, ao carnaval do grande estilo, à mais espiritual gargalhada e exuberância de carnaval, às alturas transcendentes da mais elevada loucura e da arte aristofânica de ridicularizar o mundo. Talvez precisamente aqui venhamos a descobrir o reino da nossa *invenção*, aquele reino em que também nós podemos ser originais, por exemplo, como parodistas da história universal e como bufões de Deus – e talvez, se do presente nada existir no futuro, que justamente nosso *riso* ainda tenha futuro!

224

O *sentido histórico* (ou a capacidade de se adivinhar com rapidez a hierarquia de valorações segundo as quais viveu um povo, uma sociedade, um ser humano, o "instinto divinatório" para as conexões dessas valorações, para a relação de autoridade dos valores, para a autoridade das forças atuantes): esse sentido histórico, que nós, europeus, reivindicamos como nossa peculiaridade, chegou a nós na sequência da enfeitiçadora e demente *semibarbárie*[197] em que o amálgama de classes e raças fez precipitar

---

[195]. Em latim, no original: "nos costumes e nas artes".
[196]. Em latim, no original: "em matéria de".
[197]. A concepção de barbárie em Nietzsche está mais presente em seus escritos de juventude, nos quais se contrapõe à ideia de cultura, uma e outra se relacionando segundo o critério de unidade de estilo: "A cultura é antes de tudo a unidade de estilo artístico mediante todas as manifestações da vida de um povo. Mas o fato de muito saber e muito ter aprendido não é nem um

a Europa – só mesmo o século XIX conhece esse sentido como seu sexto sentido. O passado de cada forma e modo de vida, de culturas antes estritamente justapostas a jazer umas sobre as outras, precipita-se em nós, "almas modernas", e doravante nossos instintos correm todos para trás, somos nós próprios uma espécie de caos: finalmente, "o espírito", como se diz, sabe tirar daí sua vantagem. Por nossa semibarbárie de corpo e de desejo temos acessos secretos a toda parte, como jamais houve em qualquer época aristocrática, sobretudo os acessos aos labirintos de culturas incompletas e de toda semibarbárie que jamais houve sobre a Terra; e, uma vez que a parte mais considerável da cultura humana até agora tem sido a da semibarbárie, o "sentido histórico" vem quase significar o sentido e o instinto para perceber todas as coisas, o gosto e a língua para apreciar todas as coisas: com isso de antemão ele se identifica como um sentido *não nobre*. Por exemplo, tornamos a apreciar Homero: talvez esteja aí nossa mais afortunada vantagem, a de saber fruir Homero, a quem os homens de uma cultura nobre (por exemplo, os franceses do século XVII, como Saint-Évremond, que lhe reprovou o *esprit vaste*,[198] e mesmo ainda o seu último eco, Voltaire) não sabem nem souberam se apropriar com tanta facilidade – e quase não se permitiram desfrutar. O tão apreciado sim e não de seu palato, sua repugnância sempre a postos, sua vacilante reserva no que toca a todo o heterogêneo, seu medo ante a falta de gosto mesmo de vivazes curiosos, e sobretudo aquela má vontade de toda e qualquer cultura aristocrática e autossatisfeita em se confessar um novo desejo, uma insatisfação no que é próprio, um maravilhamento no que é estranho: tudo isso predispõe e previne desfavoravelmente mesmo contra as melhores coisas do mundo, que não sejam propriedade sua ou que não *possam* ser presa sua – e sentido algum é incompreensível a tais pessoas como o é o sentido histórico e sua curiosidade submissa, própria de plebeus. Algo não diferente ocorre com Shakespeare, essa espantosa síntese de gosto espanhol-mourisco-saxão, que quase teria feito morrer de riso, ou de furor, um ateniense antigo, amigo de Ésquilo: porém nós – nós

---

instrumento necessário nem um signo da cultura e, a depender da necessidade, harmoniza-se perfeitamente com seu contrário, a barbárie, isto é, com a ausência de estilo ou a mistura caótica de todos os estilos" (*Considerações extemporâneas I, David Strauss, o devoto e o escritor*, § I, em livre tradução).
198. Em francês, no original: *"espírito vasto"*.

aceitamos justamente esse colorido selvagem, esse entremear dos mais delicados, grosseiros e artificiais elementos com familiaridade e cordialidade secretas, nós nele apreciamos o refinamento artístico que nos esteve previamente reservado, pelas repugnantes exalações e proximidades da plebe inglesa, onde vive a arte e o gosto de Shakespeare, sentimo-nos tão pouco incomodados quanto estaríamos, por exemplo, na Chiaja[199] de Nápoles: ali, com todos os nossos sentidos abertos, fascinados e dóceis, seguimos nosso caminho, ainda que as cloacas dos bairros plebeus se disseminem pelo ar. Nós, homens do "sentido histórico": como tais temos nossas virtudes, o que não se contesta. Somos isentos de pretensões, desinteressados, modestos, valentes, plenos de autossuperação, e de abnegação, bastante gratos, e pacientes, e muito acolhedores: com tudo isso talvez não sejamos de muito "bom gosto". Confessemo-lo por fim: o que para nós, homens de "sentido histórico", é mais difícil de compreender, de sentir, de saborear, de amar, o que no fundo nos encontra prevenidos e quase hostis, tal é precisamente o perfeito e o definitivamente maduro em toda a cultura e arte, o autenticamente aristocrático em obras e em homens, seu instante de mar liso e autossatisfação alciônica, a condição áurea e fria exposta por todas as coisas que chegaram à perfeição. Nossa grande virtude do sentido histórico talvez resida em uma necessária oposição ao *bom* gosto, ao menos ao melhor de todos os gostos, e só mesmo com muita dificuldade, a hesitar, só mesmo por coação podemos restituir em nós esses pequenos, breves e mais elevados golpes do acaso e transfigurações da vida humana, a resplandecer aqui e ali: aqueles instantes e prodígios onde uma grande força voluntariamente estancou ante o desmesurado e ilimitado, onde gozamos de uma abundância de sutil prazer a bruscamente se domar e se petrificar, a se solidificar e a se imobilizar em um solo ainda vacilante. A *medida* nos é estranha, reconhecemos; nosso prurido é bem o prurido do infinito, do desmesurado. À semelhança do cavaleiro que, montado em resfolegante corcel, lança-se para adiante, deixamos cair as rédeas ao infinito, nós, homens modernos, nós, semibárbaros – e só encontramos *nossa* bem-aventurança lá onde também *corremos o máximo perigo*.

---

199. Chiaja é um bairro de Nápoles visitado por Nietzsche em 1877, durante sua estada em Sorrento.

225

Hedonismo, pessimismo, utilitarismo, eudemonismo: todos esses modos de pensar, que mensuram o valor das coisas por *sofrimento* e *prazer*, e isso significa, por estados concomitantes e elementos acessórios,[200] são modos de pensar e ingenuidades de fachada, aos quais todo aquele que se saiba possuidor de forças *conformadoras* e de consciência de artista não deixará de lançar um cimeiro olhar de escárnio e também de compaixão. Compaixão por *vocês*! Por certo não é a compaixão tal como a compreendem: não é a compaixão para com a "miséria" social, com a "sociedade" e seus enfermos e infelizes, para com os viciosos e arruinados de antemão, caídos por terra à nossa volta; menos ainda é compaixão para com murmurantes, oprimidas, convulsionantes camadas de escravos que aspiram dominar – chamam-na "liberdade". *Nossa* compaixão é uma compaixão mais refinada, de visão mais ampla. Nós vemos como *o homem* se apequena, como *vocês* se apequenam! – e há momentos em que contemplamos precisamente a *sua* compaixão com uma ansiedade indescritível, em que nos defendemos dessa compaixão, momentos em que vemos ser sua seriedade mais perigosa que qualquer leviandade. Vocês querem tanto quanto possível *eliminar o sofrimento*; e nós? – parece mesmo que nós o preferimos, maior e pior do que já foi um dia! O bem-estar, tal como vocês o entendem, absolutamente não é meta, parece-nos mais um fim! Um estado que em seguida vem tornar o homem ridículo e desprezível – que o faz *desejar* seu ocaso! A disciplina do sofrimento, do grande *sofrimento* – não sabem que tão somente *essa* disciplina[201] esteve a criar todas as elevações do homem até agora? Aquela tensão da alma na infelicidade, ela

---

200. A questão sobre prazer (*Lust*) e desprazer (*Unlust*) (ou "sofrimento" [*Leid*], como se tem aqui) serem fatores últimos ou acessórios a pautar a ação dos organismos vivos foi sempre uma questão crucial, recorrente em todo o percurso nietzschiano. Ao final, tendo já desvelado o caráter mesmo da natureza pulsional, bem como chegado à sua hipótese de vontade de potência, ele concebe prazer e desprazer como "fenômenos intelectuais tardios e deduzidos" (fragmento póstumo 11 [113], novembro de 1887 – março de 1888) em relação a um sentimento de potência ou a um não resistir a outra potência que seja mais forte. Nesse sentido, "a vontade de potência como vida do homem não busca o prazer e evita o desprazer [...]. Prazer e desprazer são meros fenômenos concomitantes – o que o homem quer, o que quer toda a menor parte de um organismo vivo é um *plus* de potência" (fragmento póstumo 14 [174], primavera de 1888).
201. Também aqui, neste capítulo, a ideia de disciplina, *Zucht*, relacionada à de cultivo, *Züchtung*, desta vez com referência à sua relação com o cultivo, visando à elevação do homem, que deve ser entendido não como um processo de "assepsia espiritual", nem, por outro lado, como processo biológico, mas de caráter axiológico, a atuar em um âmbito que Nietzsche entende ser fisiopsicológico.

que lhe cultiva o vigor, seus estremecimentos à visão da grande ruína, sua inventividade e valentia em suportar, em perseverar, interpretar e aproveitar a infelicidade, bem como o que a ela foi dado em profundidade, e segredo, máscara, espírito, argúcia, grandeza — não lhe foram doados sob sofrimento, sob a disciplina do grande sofrimento? No homem estão unidos *criador e criatura*: no homem se tem matéria, fragmento, excesso, lama, lixo, ausência de sentido, caos; mas no homem há também um criador, um escultor, dureza de martelo, deuses-espectadores e sétimo dia — compreendem essa oposição? E que a *sua* compaixão se aplica também à "criatura no homem", ao que deve ser configurado, quebrado, forjado, arrancado, queimado, encandecido, purificado, e ao que necessariamente tem de *padecer* e deve *padecer*? E *nossa* compaixão — vocês não se dão conta de a quem se dirige nossa compaixão *inversa*, quando ela se defende de sua compaixão, como do pior de todos os amolecimentos e fraquezas? Compaixão *contra* compaixão, pois! Mas, dito ainda uma vez, há problemas mais elevados do que todos os problemas de prazer e sofrimento e compaixão; e toda a filosofia que conduza tão somente a isso é uma ingenuidade.

226

Nós, imoralistas![202] Este mundo que *nos* concerne, em cujo seio temos *nós* de temer e de amar, este mundo quase invisível e inaudível de mando sutil e obediência sutil, um mundo do "quase" em todo e qualquer aspecto, espinhoso, insidioso, cortante, delicado: sim, ele é bem protegido contra espectadores grosseiros e curiosidade confiada! Estamos inseridos numa fiação intrincada e numa camisa de deveres, e dela não *podemos* sair — é justamente isso que faz de nós, também nós, "homens de deveres"! Por vezes, é verdade, bem dançamos em nossas "cadeias" e entre nossas "espadas": com mais frequência, não é menos verdade, rangemos os dentes sob seu jugo e nos vemos impacientes ante toda a secreta dureza de nosso destino. Mas podemos fazer o que desejamos:

---

202. "Nós, imoralistas" é outro expediente linguístico, adaptado ao contexto que passa a se apresentar para expressar a ideia de espíritos livres, dos quais advirão os filósofos do futuro e também o além do homem. Importa ressaltar que Nietzsche se inclui entre os espíritos livres, como explicitamente se inclui entre os imoralistas, mas não entre os filósofos do futuro — da filosofia destes propõe na presente obra um prelúdio.

os imbecis e as aparências dizem contra nós "eis aí homens *sem* dever!"
– contra nós temos sempre os imbecis e as aparências!

227

A probidade, supondo que ela seja nossa virtude, da qual nós, espíritos livres, não podemos nos desatar – pois bem, queremos nela trabalhar com toda a malícia e com todo o amor e não cansar de nos "aperfeiçoar" em *nossa* virtude, única virtude que nos restou: que seu brilho ainda uma vez se estenda, tal qual uma dourada, azul, sarcástica luz do entardecer sobre essa cultura envelhecida, e sobre sua obtusa e sombria seriedade! E se nossa probidade um dia se fizer cansada e suspirar e estirar os membros e nos considerar por demais duros e quiser ser tratada melhor, de modo mais leve, mais delicado, qual um vício agradável: permaneçamos duros, nós, últimos estoicos!²⁰³ E em sua ajuda enviemos tudo quanto em nós tivermos de demoníaco – nossa náusea ante o rude e o impreciso, nosso *"nitimus in vetitum"*,²⁰⁴ nossa coragem de aventureiros, nossa curiosidade astuta e requintada, nossa mais sutil, mais encoberta e espiritual vontade de potência e de superação do mundo, que contorna e arrebata ansiosa pelos reinos do futuro – venhamos nós em auxílio a nosso "deus" com todos os nossos "diabos"! É provável que por causa disso não nos reconheçam e nos confundam: que importa! Dirão: "sua probidade – é seu demonismo e nada mais do que isso!". Que importa! E mesmo que tivessem razão! Até agora não foram todos os deuses rebatizados e declarados santos? E o que sabemos nós, afinal? E como se quer *chamar* o espírito a nos guiar? (é uma questão de nomes.) Quantos espíritos encerramos em nós? Nossa probidade, nós, espíritos livres, cuidemos para que não se converta em nossa vaidade, em nosso adorno e em nossa pompa, em nossa limitação, em nossa estupidez! Toda virtude se inclina à estupidez, toda estupidez à virtude; "imbecil até a santidade", se diz na Rússia – cuidemos para não nos convertermos, por fim, por honestidade, em santos e entediados! Não será a vida

---

203. Não obstante criticar a máxima estoica do "viver conforme a natureza" no aforismo 9, Nietzsche se vale da metáfora estoica de maneira favorável, com o intuito de simbolizar autonomia e austeridade moral, viés estoico que era por ele exaltado até a época de *Aurora* (1881). Mas no âmbito de *Além do bem e do mal*, por certo que não se trata de contradição, mas sim o uso que se tem aqui é do estoicismo como dispositivo linguístico condicionado pela trama aforismática.
204. "Lancemo-nos ao proibido", dos *Amores* III de Ovídio III, 4, 17.

cem vezes demasiado curta, para com ela se entendiar? Na vida eterna teríamos de crer para...

228

Perdoem-me a descoberta de que todas as filosofias morais até agora foram tediosas e soporíferas – e de que a meu ver coisa alguma tem prejudicado mais a virtude do que esse *enfado* de seus defensores; mas nem por isso eu deixaria de reconhecer a utilidade geral desses defensores. Importa muito que as pessoas a refletir sobre a moral sejam em menor número possível – razão pela qual importa *muito* que a moral não chegue um dia a se fazer interessante! Mas fiquem tranquilos! As coisas continuam a estar hoje como estiveram sempre: na Europa não vejo ninguém a ter (ou a *dar*) a ideia de que a reflexão sobre a moral pudesse ser exercida de forma perigosa, capciosa, sedutora, de que nisso poderia haver *fatalidade*! Vejam-se, por exemplo, os incansáveis, inevitáveis utilitaristas ingleses, o modo rude e honorável com que vão e vêm nas pegadas de Bentham[205] (uma comparação homérica o diz de maneira mais nítida), tal como ele próprio seguiu nas pegadas do honorável Helvetius (não, não foi nenhum homem perigoso, esse Helvetius!).[206] Nenhum pensamento novo, nenhuma viragem ou dobra mais sutil de um pensamento antigo, nem a de uma verdadeira história do que foi anteriormente pensado: no todo, uma literatura *impossível*, supondo que não se saiba salgá-la com um pouco de malícia. Também precisamente nesses moralistas (a quem se deve ler com todas as segundas intenções, caso se *tenha de* ler), introduziu--se furtivamente aquele velho vício inglês, que se chama *cant*[207] e vem a ser *tartufaria moral*, desta vez ocultada sob a nova forma de cientificidade; também não se carece de um secreto rechaço dos pesos na consciência, dos quais obviamente padecerá uma raça dos puritanos de outrora, em

---

205. Jeremy Bentham (1748-1832), filósofo inglês, um dos proponentes do utilitarismo, corrente em filosofia moral na qual se avaliam ações morais com base em suas consequências – esse utilitarismo é aqui alvo de crítica.
206. A menção à questão de o iluminista francês Helvetius (1715-1771) ser ou não perigoso deve-se ao fato de ele, como filósofo materialista, propor uma teoria do conhecimento calcada no sensualismo, e uma moral, no hedonismo.
207. Em Nietzsche, o sarcasmo, a busca da expressividade estilística aliada à intenção de fazer ver as limitações de todo e qualquer léxico, além do ímpeto protagonizador a permear sua filosofia, fazem com que o filósofo se valha de termos em língua inglesa ao falar dos ingleses (como de expressões em francês ao falar dos franceses ou fazer eco à superioridade da cultura francesa). Daí proliferarem termos em inglês neste aforismo: por *cant* entenda-se "hipocrisia".

que pese se ocuparem da moral de modo científico. (Um moralista não será o contrário de um puritano? Como pensador que tem a moral por duvidosa, por questionável, em suma, por um problema?²⁰⁸ Moralizar não seria imoral?) Por fim, todos os que desejam que se dê razão à moralidade *inglesa*: de que modo é precisamente com isso que se vem servir à humanidade, ou à "utilidade geral" ou "à felicidade da maioria", não! à felicidade da *Inglaterra*; queriam com todas as forças provar para si mesmos que aspirar à felicidade *inglesa*, e quero dizer, aspirar a *comfort* e a *fashion*²⁰⁹ (e, em posição suprema, a um lugar no parlamento) é também e ao mesmo tempo o caminho certo para a virtude, e, mais ainda, que toda a virtude que até agora se conheceu no mundo consistiu em tal aspiração. Nenhum desses animais de rebanho, morosos, de consciência inquieta (que defendem a causa do egoísmo como causa do bem-estar geral) deseja saber ou exalar o "bem-estar geral" como um ideal, como uma meta ou conceito de algum modo apreensível, e sim como mero vomitivo – que o que é justo para este não *pode* ser justo para aquele, que a exigência de uma moral para todos é bem o comprometimento dos homens superiores, em suma, que existe uma *hierarquia* entre homem e homem, como, por conseguinte, há também entre moral e moral. São uma espécie de homens modesta e radicalmente medíocre esses utilitaristas ingleses, e, como foi dito: uma vez que são tediosos, não há como suficientemente superestimar sua utilidade. Deve-se até mesmo *encorajá-los*: foi o que se procurou fazer, em parte, com as rimas²¹⁰ a seguir.

> Eu vos saúdo, bravos carroceiros,
> Sempre "quanto mais fastidioso, tanto melhor",
> Retesados, sempre, de cabeça e de joelhos,
> Sem riso nem entusiasmo,
> Indestrutivelmente mediano,
> *Sans génie et sans esprit!*²¹¹

---

208. E é justamente a esse problema, inédito em filosofia, que Nietzsche dedicará, entre muitas outras passagens, o aforismo "Moral como problema" (§ 345) em *A gaia ciência*.
209. Em inglês, no original: "conforto" e "moda".
210. No original alemão os versos estão em rimas, as quais não procuramos reproduzir a fim de privilegiar uma fidelidade ao sentido.
211. No original:
Heil euch, brave Karrenschieber,
Stets "je länger, desto lieber",

229

As épocas tardias, que podem se orgulhar de sua humanidade, conservam excessivo medo, excessiva *superstição* de medo ante o "feroz e selvagem animal", cuja subjugação bem constitui o orgulho dessas épocas mais humanas, a ponto de mesmo as verdades palpáveis se manterem inexpressas durante séculos, já que pareciam chamar à vida essa besta selvagem por fim abatida. Talvez eu assumisse o risco de deixar escapar uma dessas verdades: possam outros ainda uma vez capturá-la e lhe dar de beber tanto "leite do pensamento pio",[212] até ela voltar, inerte e esquecida, a seu velho canto. Devem-se revisar suas posições acerca da crueldade e abrir os olhos; deve-se por fim aprender a impaciência, para que com isso já não continuem a vagar por aí, com ares de virtude e impertinência, erros imodestos e gordos como, por exemplo, os que filósofos antigos e novos nos proporcionaram acerca da tragédia. Quase tudo o que denominamos "alta cultura" reside na espiritualização e no aprofundamento da *crueldade* – eis a minha tese; aquele "animal selvagem" de modo algum foi morto, ele vive, floresce, foi simplesmente divinizado. O que constitui a dolorosa volúpia da tragédia é a crueldade; o que produz um efeito agradável na assim chamada piedade trágica e até mesmo em todo sublime, até os mais elevados e delicados tremores da metafísica, obtém sua doçura tão somente do ingrediente da crueldade que nele se entremeia. O que saboreava o romano na arena, o cristão no êxtase da cruz, o espanhol ante as fogueiras ou ante as touradas, o japonês que hoje acorre à tragédia, o trabalhador dos arredores de Paris, saudoso de revoluções sangrentas, a wagneriana que, suspensa toda a vontade, "deixa-se submergir" por *Tristão e Isolda*; o que todos esses saboreiam e aspiram a beber com misterioso ardor até a última gota são bebidas aromáticas da grande Circe chamada "crueldade". Com isso por certo que se deva afugentar a imbecil psicologia de outrora, que sabia ensinar apenas que a crueldade surgia ante o espetáculo do sofrimento *alheio*: também no sofrimento próprio, no fazer-se sofrer a si mesmo se dá um abundante, superabundante gozo

---

Steifer stets an Kopf und Knie,
Unbegeister, ungespässig,
Unverwüstlich-mittelmässig,
Sans genie et sans esprit! [Em francês: "Sem gênio e sem espírito!"].
212. A citação é de Friedrich von Schiller, de seu *Guilherme Tell*, IV, 3.

com o próprio corpo, com o fazer-se sofrer, e em todos os lugares onde o homem se deixa persuadir a uma autonegação no sentido religioso ou a uma automutilação, como entre os fenícios e os astecas, ou, de modo geral, à dessensualização, descarnação, à contrição, ao espasmo de penitência puritana, à vivissecção da consciência e ao pascaliano *sacrifizio dell'intelleto*,[213] ali ele é secretamente atraído por sua crueldade e impelido para adiante, pelo estremecimento perigoso da crueldade *empregada contra si mesmo*. Considere-se, por fim, que mesmo o homem de conhecimento, ao forçar seu espírito a conhecer contra a inclinação do espírito e não raro também contra os desejos de seu coração – a saber, dizer "não" onde gostaria de afirmar, de amar, de adorar –, atua como artista e transfigurador da crueldade; tomar as coisas de modo profundo e radical constitui uma violência, um querer fazer mal à vontade fundamental do espírito, que deseja a todo tempo ir à aparência e à superfície – já em todo querer conhecer se tem uma gota de crueldade.

230
É possível que se compreenda sem mais o que aqui se quis dizer com "vontade fundamental do espírito": permitam-me um esclarecimento. Esse algo que comanda, ao que o povo chama "espírito", deseja ser senhor e sentir-se senhor em si e à sua volta: tem vontade de ir da pluralidade à simplicidade, uma vontade de garrote, vontade que amansa, ávida por domínio e efetivamente dominadora. Suas necessidades e capacidades se mostram aqui as mesmas que os filólogos atribuem a tudo o que vive, cresce e se multiplica. A força do espírito em se apropriar do que lhe é estranho manifesta-se em uma forte inclinação de assemelhar o novo ao antigo, a simplificar o múltiplo, a ignorar ou lançar fora o absolutamente contraditório: da mesma forma, é de modo arbitrário que ele ressalta com mais intensidade, assinala, retifica, falseia determinados traços e linhas do que lhe é estranho, de todo fragmento do "mundo exterior". Sua intenção se orienta para a incorporação[214] de novas "experiências", para a ordenação de coisas novas sob série antigas – orienta-se, pois, para

---
213. Em italiano, no original: "sacrifício do intelecto".
214. O processo de incorporação, que pauta a nutrição, bem como todas as relações orgânicas, Nietzsche o reconhece e o desvela como padrão para pensar modalidades de interação pulsional e também processos que até então nada pareciam ter a ver com processos vitais, por exemplo, o da atribuição de um signo linguístico – o movimento do nomear em última instância segue

o crescimento; de modo ainda mais preciso, para o *sentimento* do crescimento, para o sentimento da força multiplicada.[215] Essa mesma vontade serve ao impulso aparentemente oposto do espírito, à súbita resolução de ignorar, de voluntariamente se isolar, um fechar de suas próprias janelas, um interiormente dizer não a essa ou àquela coisa, um não deixar que nada se nos acerque, uma espécie de estado defensivo contra tudo o que pode ser conhecido, uma satisfação na obscuridade, no horizonte a se retrair, um dizer sim à insciência e bendizê-la: tudo isso é necessário a depender do grau de sua própria força de assimilação, de sua "força digestiva", para falar em imagens – e na verdade o que mais se assemelha ao "espírito" é ainda um estômago. É bem a isso que se relaciona a ocasional vontade do espírito, de se deixar iludir, talvez com um pressentimento petulante de que as coisas *não* sejam bem assim, de que apenas se convenciona tomá-las desse ou daquele modo, um prazer de toda incerteza e ambiguidade, um exultante autodesfrute na voluntária estreiteza e clandestinidade de um ângulo, do demasiado próximo, de fachada, do que é ampliado, diminuído, deslocado, embelezado, um autodesfrute da arbitrariedade de todas essas expressões de poder. É bem a isso que se relaciona, por fim, aquela preocupante disposição de espírito a iludir outros espíritos e ante eles se dissimular, aquela contínua pressão e aquele empuxo de uma força criadora, conformadora, transmutadora: o espírito goza aqui de sua pluralidade de máscaras e de sua astúcia, goza também do sentimento de sua certeza – justamente por suas artes de Proteu, ele é maximamente defendido e ocultado! *Essa* vontade de aparência, de simplificação, de máscara, de manto, em suma, de superfície – pois toda superfície é um manto –, *contraria* aquele pendor do homem de conhecimento, que toma e *deseja* tomar as coisas de modo profundo, múltiplo, radical: como espécie de crueldade da consciência e do gosto intelectuais, que todo pensador valente reconhecerá em si mesmo, supondo que, como convém, por um longo tempo tiver endurecido e afiado os olhos para se ver a si mesmo e se pôr habituado à disciplina rigorosa, como também a palavras rigorosas. Ele dirá "há algo de cruel no pendor do meu espírito": que os virtuosos e amáveis tentem dissuadi-lo! De fato, mais

---

o mesmo ímpeto do pseudópode nos seres unicelulares – e o do conhecimento que, tal qual a alimentação, efetivamente nos modifica, indo além de meramente nos conservar.
215. Esse sentimento se trata de, em uma palavra, vontade de potência.

cortês soaria se de nós se dissesse, se murmurasse, se propalasse – a nós, espíritos livres, *muito* livres: e quem sabe se um dia não será *essa* a nossa reputação? Por ora – e até lá levará tempo – seríamos os últimos a nos adornar com tais vistosidades e floreios de palavras: nosso inteiro trabalho até agora nos amarga bem esse gosto e essa desperta opulência. Probidade, amor à verdade, amor à sabedoria, sacrifício pelo conhecimento, heroísmo do homem veraz – tem-se aí algo a fazer inflar nosso orgulho. Porém nós, eremitas e marmotas, já de há muito que, com todo o segredo de uma consciência de eremita, persuadimo-nos de que também essa digna suntuosidade de palavras faz parte dos antigos adornos-mentira, da poeira e ouro em pó da inconsciente vaidade humana, e que também sob tão lisonjeiras cor e pintura se deve reconhecer o terrível texto-base do *homo natura*: isto é, retraduzir o homem de volta à natureza; vencer as vãs e exaltadas interpretações e distorções que até agora se fizeram rabiscar e pintar sobre aquele eterno texto fundamental do *homo natura*; fazer de modo com que no futuro o homem se ponha diante do homem, como já hoje, endurecido pela disciplina da ciência, ele se põe diante da *outra* natureza, com os destemidos olhos de Édipo e os ouvidos tapados de Ulisses, surdos às atraentes melodias do metafísico encantador de pássaros, que por tempo demais lhe têm soprado feito flauta: "Tu és mais! Tu és mais elevado! Tu és de outra origem!" – pode-se ter aí tarefa singular e insensata, mas é uma tarefa, quem poderia negar? Por que a escolhemos, a essa tarefa insensata? Ou, para perguntar de outro modo: "Afinal, para que conhecimento?" Isso cada qual nos perguntará. E nós, assim premidos, nós que já cem vezes nos perguntamos a mesma coisa, jamais veremos resposta melhor...

231

O aprendizado nos transforma, ele faz o que faz toda a nutrição, que tampouco se limita a "manter", como sabe o fisiólogo. Mas no fundo de nós, bem "lá embaixo", certamente existe algo não passível de ser ensinado, um granito de fato espiritual, de predeterminada decisão e resposta a predeterminadas e seletas perguntas. Em todo problema cardeal fala um imutável "assim sou eu"; sobre homem e mulher, por exemplo, um pensador não pode aprender nada novo, apenas aprender até o fim, apenas descobrir até o fim o que nele a tal respeito está "firmado".

Com o tempo se aprendem certas soluções para problemas que suscitam precisamente *em nós* uma crença forte; quem sabe se depois não a vamos chamar suas "convicções". Mais tarde — e nelas se veem apenas rastros para o conhecimento de si, sinalizações para problemas que somos *nós* — mais precisamente, para a grande estupidez que somos nós, para o nosso *fatum*[216] espiritual, para o que "lá embaixo" *não é passível de ser ensinado*. Após a abundante gentileza que a mim mesmo acabo de dirigir, talvez já me seja permitido enunciar algumas verdades sobre a "mulher em si".[217] supondo que a partir de agora se saiba de antemão até que ponto se têm aí tão somente — *minhas* verdades.

232

A mulher quer se tornar independente: e para tanto ela começa a ilustrar os homens acerca da "mulher em si" — isso faz parte dos piores progressos do *enfeamento* geral da Europa. Pois o que não trarão à luz essas grosseiras tentativas de cientificidade e autodesnudamento femininos! A mulher tem tantos motivos para ser pudica; na mulher oculta-se tanto de pedantismo, de superficial, de mestre-escola, de mesquinhamente presunçoso, e desenfreado e imodesto — basta estudar seu trato com as crianças! —, todas as coisas que até agora só mesmo o *temor* ao homem da melhor maneira tem feito reprimir e conter. Ai de nós, se algum dia o "eterno-tedioso na mulher" — no qual ela é abundante! — puder se atrever a sair! Se por princípio e radicalidade ela começar a desaprender sua inteligência e arte, que é a da graciosidade, do jogo, do dissipar das aflições, do aliviar e tomar com leveza, sua habilidade refinada para com desejos agradáveis! Já agora se alçam as vozes femininas que, por santo Aristófanes!, fazem tremer, e nos ameaçam com médica explicitação quanto ao que a mulher, antes de tudo e sobretudo, *quer* do homem. Não será do pior gosto que a mulher se disponha assim, desse modo, a se fazer científica? Até agora, por sorte, aclarar as coisas era coisa de homens, dom de homens — e assim ficava "entre nós"; e por fim, com relação a tudo o que escrevem as mulheres sobre "a mulher", deve-se reservar boa desconfiança sobre se a mulher quer — e se *pode* querer — esclarecimento

---

216. Em latim, no original: "destino".
217. Inicia-se aqui, prolongando-se até o aforismo 239, uma abordagem de Nietzsche sobre a mulher.

sobre si... Se com isso ela não está a buscar para si um novo *adorno* – mas penso se, não seria o adornar-se algo do eterno feminino –, então o que se *quer* é suscitar o medo em relação a ela: ao fazê-lo talvez ela queira o domínio. Mas ela não *quer* verdade: que importa a verdade à mulher? Desde o início, à mulher nada é mais estranho, repugnante, hostil do que a verdade! – sua grande arte é a mentira, sua máxima preocupção é a aparência e a beleza. Confessemo-lo, nós, homens: honramos e amamos na mulher precisamente essa arte e esse instinto: nós, que enfrentamos dificuldades e, para ter algum alívio, juntamo-nos a seres sob cujas mãos, olhares e delicada insensatez nosso peso e profundidade parecem quase uma insensatez. Por fim, ponho a seguinte questão: houve algum dia mulher que atribuísse profundidade a uma cabeça feminina, justiça a um coração feminino? E, se tudo se somar, não é verdade que não foi "a mulher" que até agora mais desprezou "a mulher" – e de modo algum fomos nós? Nós homens desejamos que a mulher não continue a se comprometer com o esclarecimento: e foi por preocupação e solicitude do homem para com a mulher que a Igreja decretou: *mulier taceat in ecclesia!*[218] *Foi em proveito da mulher que Napoleão deu a entender à Madame de Stäel: mulier taceat in politicis!*[219] – e eu penso que é verdadeiro amigo da mulher aquele que às mulheres invoque: *mulier taceat de muliere!*[220]

233
Revela corrupção dos instintos – sem falar que revela mau gosto – uma mulher invocar Madame Roland ou Madame de Staël ou Monsieur George Sand, como se isso demonstrasse algo *em favor da* mulher. Entre nós, homens, as aqui referidas são em si três mulheres *estranhas* – nada além disso! – e são justamente os melhores *contra-argumentos*, involuntários, contra a emancipação e soberania femininas.

234
A estupidez na cozinha; a mulher como cozinheira; o horrível desleixo com que prepara o alimento da família e do senhor da casa! A mulher não entende o que *significa* a refeição: e quer ser cozinheira!

---
218. "Que se cale a mulher em assuntos eclesiásticos!"
219. "Que se cale a mulher em assuntos políticos!"
220. "Que se cale a mulher acerca da mulher!"

Fosse a mulher uma criatura pensante, aí sim teria tido de encontrar, já há milênios, na condição de cozinheira, os maiores fatos fisiológicos, ao tempo mesmo em que teria de se apoderar das artes curativas! São as más cozinheiras – é a mais completa falta de razão na cozinha o que por mais tempo tem retardado e mais seriamente comprometido o desenvolvimento dos homens: só mesmo hoje as coisas ainda estão um pouco melhores. Conversa para senhorinhas secundaristas.

235
Há ocorrências e lances do espírito, há sentenças, um pequeno punhado de palavras nas quais uma inteira cultura, uma inteira sociedade subitamente se cristaliza. Entre eles se encontra aquela eventual palavra de Madame de Lambert a seu filho: *"Mon ami, ne vous permettez jamais que de folies, qui vous feront grand plaisir"*[221] – diga-se de passagem, a fala mais maternal e inteligente que já se dirigiu a um filho.

236
O que Dante e Goethe acreditaram em relação à mulher – aquele, ao contar *"ella guardava suso, ed io in lei"*,[222] este, quando traduz sob a forma "o eterno feminino nos atrai *para o alto*".[223] Para mim não há dúvida de que toda mulher nobre se defenderá dessa crença, pois é justamente o que ela pensa do eterno masculino...

237
Sete máximas de mulher[224]

> Como voa o mais prolongado tédio
> quando um homem se arrasta para nós!

---
221. "Meu amigo, jamais permita que as loucuras lhe deem grande prazer." Nietzsche extrai o enunciado das *Mémoire et voyages, ou lettres écrits à diverses époques, pendant des courses en Suisse, en Calabre, en Anglaterre et en Escosse*, obra publicada pela primeira vez em Paris em 1830.
222. A referência original é *"Beatrice in suso, ed io in lei guardava"*. Dante, *Divina Commedia*, Paradiso II, 22.
223. "O tédio eterno da mulher nos atrai para cima." Nietzsche cita aqui dois versos com que se conclui o *Fausto* de Goethe, que parodiara no aforismo 232, ao se referir ao tédio eterno da mulher.
224. Assim como se teve ao final do aforismo 228, no original aqui cada uma das máximas contém uma rima interna. Por privilegiar o sentido, optamos por não intentar reproduzir as rimas em português.

★ ★

A idade, ah!, e a ciência dão força mesmo
a uma virtude fraca.

★ ★

O traje preto e o mutismo vestem
toda mulher – que for sensata.

★ ★

A quem agradeço por minha felicidade?
A Deus! – e à minha costureira.

★ ★

Juventude: caverna florida.
Idade: sai dela um dragão.

★ ★

Sobrenome da nobreza, pernas bonitas,
e além disso um homem: ah, se *ele* fosse meu!

★ ★

Discurso curto, sentido longo
– para a jumenta, piso escorregadio!

237

Até agora, as mulheres foram tratadas pelos homens como pássaros que, de uma altura qualquer, caíram desorientados até eles: como algo mais fino, mas frágil, mais selvagem, maravilhoso e cheio de alma, como algo que se deve encarcerar para que dali saia voando.

238

Equivocar-se no problema fundamental "homem e mulher", eis aqui o mais abismal antagonismo e a necessidade de negar uma tensão de eterna hostilidade, aqui talvez sonhar com direitos iguais, igual educação, iguais reivindicações e obrigações: eis um sinal *típico* de superficialidade, e um pensador que nesse assunto perigoso se tenha mostrado superficial – superficial em instinto! – pode bem ser tomado como suspeito, mais ainda, como traído, como descoberto: é provável que, para todas as questões fundamentais da vida, mesmo da vida futura, ele seja por demais "curto" e não possa descer a *nenhuma* profundeza. Já um homem que tenha profundidade em seu espírito como em seus apetites, profundidade mesmo do bem querer, sendo capaz de rigor e dureza, com os quais facilmente se confunde, sobre a mulher ele pode pensar tão somente de modo *oriental*: deve conceber a mulher como posse, como propriedade a manter a sete chaves, como algo predestinado a servir e que só aí encontra a sua realização – quanto a isso deve se apoiar na prodigiosa[225] razão da Ásia, na superioridade instintual da Ásia: assim como outrora fizeram os gregos, estes melhores herdeiros e alunos da Ásia, que, como é sabido, de Homero até os tempos de Péricles, com *crescente* cultura e amplitude de sua força, fizeram-se passo a passo também mais *severos* contra a mulher, ou seja, fizeram-se mais orientais. *Quanto* isso era necessário, *quanto* era lógico, *quanto* era mesmo humanamente desejável: a esse respeito bem se poderia refletir!

239

Em tempo algum o sexo frágil foi tratado com tamanha consideração da parte dos homens como em nosso tempo – isso é da alçada do pendor democrático e seu gosto fundamental, o mesmo valendo para a não reverência à velhice: é de admirar que logo abusem dessa consideração? Deseja-se mais, aprende-se a exigir e por fim se acaba por considerar que tal tributo de estima é quase ofensivo, preferindo-se rivalizar, e mesmo francamente se bater por direitos: numa palavra, a mulher perde em pudor. Acrescentemos de pronto que ela também perde o gosto. Desaprende a temer o homem: mas ao "desaprender o temor", a mulher abandona seus mais femininos instintos. É bastante justo e fácil compreender que a mulher ouse avançar quando já não se quer nem se cultiva com vigor o que há de amedrontador no homem, dito mais precisamente, o que no homem é *homem*: o que é mais difícil de entender é que, ao fazê-lo, a mulher degenera. Isso acontece hoje em dia: não nos enganemos! Onde quer que o espírito industrial tenha

---

225. Como já se observou em nota anterior, é frequente o uso do *Ungeheure* por Nietzsche, adjetivo que revela ambiguidade: imenso, enorme, ou também o sentido negativo de monstruoso, ou ainda algo próximo do prodigioso. Esse último sentido foi o que se privilegiou aqui, já que o filósofo está se referindo a uma razão que não se resume à razão da assepsia dos encadeamentos lógicos, a pautar a compreensão do mundo por relações causa e efeito. Com "Ásia" e "modo *oriental*" a simbolizar, para além de seu sentido estrito, a não razão, o estranho, o estrangeiro que pode mesmo habitar em nós e a vida instintiva, trata-se aqui de uma razão que não é ocidental, ou seja, uma razão que envolve o corpo e toda a instintualidade que, para além de conservá-lo, o faz expressar vontades de potência.

vencido o espírito militar e aristocrático, a mulher passa a aspirar à autonomia econômica e jurídica de um escriturário: "a mulher como escriturário" está fixado na porta da sociedade moderna em formação. Enquanto desse modo ela se apossa de novos direitos, aspira a se tornar "senhora" e inscreve o "progresso" da mulher em suas bandeiras e bandeirolas, consuma-se com aterradora nitidez o inverso: *a mulher regride*. Desde a Revolução Francesa, a influência da mulher na Europa *decresceu* na proporção em que aumentaran seus deveres e reivindicações; e a "emancipação da mulher", sendo exigida e fomentada pelas próprias mulheres (e não apenas por superficiais cabeças masculinas), aparece assim como curioso sintoma de crescente fraqueza e embotamento dos instintos mais soberanamente femininos. Há nesse movimento uma *estupidez*, uma estupidez quase masculina, da qual a mulher bem lograda – que é sempre mulher inteligente – deveria sentir profunda vergonha. Perder o faro para o terreno em que se está mais seguro da vitória; descuidar do exercício do manejo de sua própria arma; deixar-se ir perante o homem, talvez até mesmo "a ponto de publicar", lá onde antes se impunha a disciplina e a humildade mais astuta e sutil; trabalhar, com virtuoso atrevimento, na crença masculina em um ideal fundamentalmente diferente, *dissimulado* na mulher, em algo eterno e necessariamente feminino; com uma insistência loquaz, dissuadir o homem de que a mulher deve receber atenção, proteção, cuidados, tal qual um delicado animal doméstico, estranhamente selvagem e muitas vezes agradável. As buscas desajeitadas e indignadas por tudo o que a posição da mulher na ordem social até agora comportou de escravo e servil (como fosse a escravidão um contra-argumento e não mais uma condição de toda cultura elevada, de toda elevação da cultura): o que tudo isso significa se não uma desagregação dos instintos femininos, uma desfeminização? Por certo, há bastantes imbecis inimigos da mulher e bastantes idiotas pervertidores da mulher entre os asnos eruditos do sexo masculino que a ela aconselham desfeminizar-se e dessa forma imitar todas as imbecilidades que na Europa acometem o "homem", a "masculinidade" europeia – quiseram rebaixar a mulher à "cultura geral", chegando a ponto de fazer com que leia jornais e se politize. Aqui e ali se quer fazer das mulheres livres-pensadoras e literatas: como não fosse uma mulher sem piedade, para homem profundo e ateu, algo de uma completa repugnância ou de ridículo; quase por toda parte, com a mais doentia e perigosa de todas as espécies de música (nossa mais nova música alemã), são postos a perder os nervos das mulheres, fazendo-as cada dia mais histéricas e incapacitadas para a sua primeira e última profissão, dar à luz filhos robustos. Deseja-se ainda mais "cultivá-las" e, pelo que se diz, tornar *forte* o "sexo frágil" por meio da "cultura": como se a história não estivesse a ensinar, de modo tão insistente quanto possível, que o "cultivo" do ser humano e o enfraquecimento, a desagregação, o adoecimento da *força de vontade* têm marchado sempre juntos, e que as mulheres mais poderosas e mais influentes do mundo (há pouco ainda era a mãe de Napoleão) têm devido seu poder e preponderância sobre os homens bem à sua força de vontade – e não aos mestres-escola! O que na mulher infunde respeito e, com bastante frequência, o temor é a sua *natureza*, "mais natural" que a do homem, sua autêntica e astuciosa agilidade felina, sua garra de tigre sob a luva, sua ingenuidade no egoísmo, sua ineducabilidade, o que nela há de internamente selvagem, de inapreensível, de amplidão, de caráter errante em seus desejos e virtudes. Em que pese todo o temor, o que inspira compaixão nesse belo e perigoso felino que é a "mulher" está em ela parecer mais dolente, vulnerável, mais necessitada de amor e condenada ao desengano do que qualquer outro animal. Temor e compaixão: com tais sentimentos o homem até agora enfrentou a mulher, já sempre com um pé na tragédia, que a um só tempo despedaça e deleita. Como? E isso agora deve estar no fim? Está em curso o *desencantamento* da mulher? Oh, Europa! Europa! Conhece-se o animal com chifres que te é mais atraente e sempre de novo te ameaça! Tua antiga fábula poderia voltar a se converter em "história" – a imbecilidade poderia voltar a se apossar de ti, a arrebatar-te! E sob ela não se ocultaria um deus, não!, e sim apenas uma "ideia", uma "ideia moderna!"...

CAPÍTULO VIII
POVOS E PÁTRIAS

240

Ouvi, de novo ainda uma vez pela primeira vez, a abertura de Richard Wagner[226] para *Os mestres cantores*: essa arte opulenta, sobrecarregada, grave e tardia, que tem o orgulho de pressupor que, para compreendê-la, continuam vivos dois séculos de música. É uma honra aos alemães que semelhante orgulho não se tenha equivocado! Que seivas e forças, que estações e riscados celestes não estarão aqui mesclados! Por vezes, parece-nos antiquada, outras vezes, estrangeira, áspera e mais que jovem, tão caprichosa quanto pomposamente tradicional, não raro sendo maliciosa e, com tanto mais frequência, grosseira e rude – tem fogo e coragem e, ao mesmo tempo, a pele frouxa e baça dos frutos que maduraram tarde demais. Corre ampla e cheia: e subitamente surge um instante de inexplicável vacilo, feito lacuna que se abre entre causa e efeito, uma pressão que nos faz sonhar, quase um pesadelo, mas eis que de novo torna a fluir, larga e ampliada, a velha corrente de um deleite, da felicidade antiga e nova, nela se contendo, e *muito*, a felicidade que sente o artista em si mesmo, da qual não quer fazer segredo, e sua consciência assombrada e feliz, a maestria dos meios que aqui emprega, meios artísticos novos, recém-adquiridos, ainda não provados, como nos parece revelar. Tudo somado, não se tem beleza, nem sul, nem a meridional e fina luminosidade do céu, não há graça, nem dança, nem apenas vontade de lógica; tem-se até mesmo um certo sem jeito, que ademais é ressaltado, como se o artista quisesse dizer: "é parte da minha intenção"; um adereço pesado, algo de voluntariamente bárbaro e solene, um cintilar de eruditas e veneráveis preciosidades e rendas; algo de alemão no melhor e no pior sentido da palavra, algo de complexo, informe e inesgotável à maneira alemã, que não teme se ocultar sob refinamentos da decadência – que talvez só ali se sinta perfeitamente à

---

226. Deve-se atentar também para procedimento recorrente em Nietzsche, aqui especialmente evidente, pelo qual se tem uma simetria de fundo, encoberta, sob uma aparente casualidade e desordem: "Povos e pátrias" inicia e termina com referência a óperas de Richard Wagner, referência primeira da cultura alemã à época de Nietzsche e em qualquer tempo.

vontade; um verdadeiro, autêntico emblema da alma alemã, que a um só tempo é jovem e senil, e ainda sobejamente madura e prenhe de futuro. Essa espécie de música é a que melhor expressa o que penso dos alemães: são de anteontem e de amanhã – *ainda não têm hoje*.

241

Nós, "os bons europeus":[227] também nós temos momentos em que nos permitimos uma substanciosa patriotice,[228] um salto e recaída em velhos amores e estreitezas – e dei uma prova disso –, horas de fervores nacionais, de sufocação patriótica e de toda ordem de antiquados transbordamentos sentimentais. Espíritos mais pesados que nós poderão tardar longos arcos temporais para se desembaraçar do que em nós transcorre e se conclui em poucas horas: alguns poderão tardar meio ano, outros, meia vida, em função da velocidade e da força com que digerem e segundo as quais funciona seu "metabolismo". Eu poderia perfeitamente conceber raças apáticas e hesitantes que, mesmo em nossa apressada Europa, demandariam meio século para sobrepujar tais acessos atávicos de tardice e de apego ao terror, para então voltar à razão, quero dizer, ao "bom europeísmo". E enquanto estou a divagar com essa possibilidade, de súbito me vejo a testemunhar uma conversa entre dois velhos "patriotas" – evidentemente que ambos ouviam mal, e por isso falavam tão alto. "Esse homem entende e sabe de filosofia tanto quanto um labrador ou um estudante afiliado a uma corporação – dizia um deles: ainda é inocente. Mas que importância isso tem hoje em dia? Estamos na época das massas: prostram-se ante tudo o que é de massas. E também *in politicis*.[229] Se um estadista para elas erguer uma nova Torre de Babel, um monstro qualquer de império e poder, elas o tomarão por "grande": que importa o fato de nós, que somos mais prudentes e reservados, continuarmos a não abjurar da velha crença pela qual só mesmo o pensamento grande é o que confere grandeza a uma ação e a uma casa. Supondo que um homem

---

[227]. Deve-se ressaltar quanto Nietzsche não está aqui a lidar com conceitos cunhados, estritamente delimitados e lastreados por um referente fixo. Na verdade ele lança mão de dispositivos linguísticos que, no presente contexto, expressam o que em outro contexto, em outro momento desta mesma obra, recebia outro nome, a saber, espírito livre, filósofos do futuro, filósofos novos, filósofos vindouros, imoralistas, ou seja, os que empreenderão a difícil tarefa de que se trata aqui.
[228]. O termo em alemão é mais um dos neologismos de Nietzsche, *Vaterländerei*, e, assim como sua tradução "patriotice", altamente pejorativo.
[229]. Em inglês, no original: "em política".

de Estado pusesse seu povo em situação de exercer a "grande política", para a qual ele é naturalmente maldisposto e mal preparado: desse modo, por amor a uma nova e problemática mediocridade, ele se veria obrigado a sacrificar suas virtudes velhas e mais seguras em nome de uma nova e duvidosa mediocridade, supondo que tal estadista aguilhoasse as paixões e apetites adormecidos de seu povo, e lhe transformasse em mácula a timidez e o prazer de até então em ficar à margem, e convertesse em culpa seu estrangeirismo e sua secreta infinitude, e desvalorizasse seus mais íntimos pendores, e lhe contornasse a consciência, e lhe tornasse intrincado o espírito, e o seu gosto, "nacional" – como? Um estadista que fizesse tudo isso, ao qual seu povo devesse expiar por todo o futuro, caso tenha futuro, tal estadista seria *grande*? "Sem dúvida alguma!", responde-lhe com veemência o outro velho patriota. "Sem isso, ele não teria podido fazê-lo! Seria talvez insensato desejar algo assim? Mas talvez tudo o que é grande comece por ser simplesmente insensato!" "Abuso de linguagem!", contrapôs o interlocutor a bradar: "Forte! Forte! Forte e insensato! Grande, *não*!". Os velhos visivelmente se agastaram ao lançar um ao outro suas "verdades"; eu, contudo, em minha felicidade e para além, ponderava que em pouco tempo o forte seria dominado por um ainda mais forte; e, também, que haveria uma compensação ao achatamento espiritual de um povo, qual seja, a que se realiza pelo aprofundamento de um outro.

242

Que se chame "civilização", "humanização" ou "progresso" o traço pelo qual hoje se procura diferenciar os europeus; que se chame, simplesmente, sem elogio nem blasfêmia, de uma fórmula política o movimento *democrático* da Europa; por detrás de todas as características morais e políticas de fachada a que essas fórmulas remetem, consuma-se um imenso processo fisiológico permanentemente em curso – o processo que torna os europeus semelhantes, sua crescente autonomia em relação às condições pelas quais as raças aparecem ligadas a um clima e a um Estado, sua crescente independência em relação a todo *milieu déterminé*[230] que ao longo dos séculos bem gostaria de se imprimir na alma e no corpo sob a forma

---

230. Em francês, no original, "meio *determinado*".

de exigências idênticas –, daí a lenta aparição de uma espécie de homens essencialmente supranacional e nômade que, para falar em termos fisiológicos, detém uma arte e uma habilidade de adaptação como traço característico. Esse processo do *europeu em vias de ser* pode ver seu tempo ralentado por meio de grandes recidivas, mas talvez ele ganhe e cresça em veemência e profundidade – dele forma parte o ainda furioso Sturm und Drang[231] do "sentimento nacional", e da mesma forma o anarquismo que recentemente assomou no horizonte: esse processo provavelmente trará resultados com que seus ingênuos promotores e panegiristas, os apóstolos das "ideias modernas", estão longe de contar. Essas mesmas novas condições, em favor das quais se desenvolverá, falando em termos gerais, uma nivelação e uma medianização[232] do homem – um homem animal de rebanho útil, laborioso, utilizável e competente em variados domínios –, estão sumamente propícias a originar homens de exceção, da qualidade a mais atraente e perigosa. Enquanto essa capacidade de adaptação, que minuciosamente ensaia condições sempre mutantes e inicia um novo trabalho a cada geração, quase a cada decênio, de modo algum torna possível a *potencialidade* do tipo: enquanto a impressão geral produzida por tais europeus futuros for provavelmente a de trabalhadores variados, charlatões, pobres de vontade e de extraordinária versatilidade, *necessitados* do senhor, daquele que comanda como quem necessita do pão de cada dia; se, por consequência, a democratização da Europa levar à produção de um tipo preparado para a *escravidão* no mais sutil sentido da palavra: nesse caso particular e excepcional, o homem *forte* se fará necessariamente mais forte e rico do que jamais foi até agora – em razão de sua educação isenta de preconceitos, da ingente multiplicidade de seu exercício, de sua arte e máscara. Eu quis dizer: a democratização da Europa é ao mesmo tempo uma organização involuntária para o cultivo de *tiranos* – entenda-se o termo em todos os sentidos, incluindo o espiritual.

---

231. O Sturm und Drang (Tempestade e Ímpeto) foi um movimento literário e político das últimas décadas do século XVIII na Alemanha, coincidindo com o que seria um Iluminismo tardio, e sendo sobretudo uma relação a ele, ao culto ao racionalismo, configurando-se um pré-romantismo. Nele se iniciaram Goethe, Schiller, mas sobretudo Gottfried Herder é eminente representante.
232. O termo *Vermittelmässigung*, que aqui traduzimos por "medianização", é um neologismo de Nietzsche, que já apareceu no aforismo 203 e designa homens não inteiros, que, no âmbito da modernidade, encontram-se privados de contato com sua singularidade pulsional – esta que, sim, se pode designar como profunda –, e isso porque foram "sequestrados" pela gregariedade.

243

Com satisfação ouço dizer que nosso Sol está a se aproximar em rápido movimento da constelação *Hércules*: e espero que o homem desta terra faça como o Sol. E nós à frente, os bons europeus!

244

Houve um tempo em que se tinha o costume de distinguir os alemães[233] qualificando-os como "profundos": agora que o mais exitoso tipo do novo germanismo encontra-se ávido por outras honrarias e lamenta a falta de "arrojo" em tudo o que há de profundidade, a dúvida sobre se em outro tempo não nos enganávamos com aquele elogio faz-se quase atual e patriótica; dúvida, em suma, sobre se a profundidade alemã não seria no fundo algo de outro e de pior – e algo que, graças a Deus, está--se em vias de exitosamente se desprender. Façamos então a tentativa de revisar nosso saber sobre a profundidade alemã. A alma alemã, antes de mais nada, é múltipla, de origem diversa, sendo mais um agregado e uma superposição do que uma verdadeira construção: deve-se isso à sua proveniência. Um alemão que se atrevesse a afirmar "duas almas, ah, habitam em meu peito" estaria por demais longe da verdade, ou, para dizê-lo melhor, estaria muitas almas por trás da verdade. Por ser um povo em que tenha havido a mais prodigiosa mistura de raças, talvez mesmo com uma predominância do elemento "pré-ariano",[234] "povo do meio" em todo sentido do termo, os alemães são os mais inapreensíveis, os mais amplos, os mais contraditórios, e desconhecidos, e incalculáveis, mesmo surpreendentes, mesmo aterrorizados, se se os comparar, tomados em si, aos outros povos: escapam à *définition* e já por isso fazem o desespero dos franceses. Aos alemães é característico o fato de que entre eles a pergunta "o que é alemão" jamais se extingue. Kotzebue[235] por certo conhecia bem seus alemães: "somos reconhecidos", diziam

---

233. Iniciando suas abordagens sobre os tipos nacionais, Nietzsche aqui, até o aforismo 247, tratará do tipo alemão.
234. No âmbito de um biologismo equivocado, oriundo do florescimento das ciências biológicas no século XIX, e sua separação da *philosophia naturalis*, as teorias raciais e uma pretensa pureza da raça ariana já proliferavam na Alemanha à época de Nietzsche. A elas o filósofo se opôs, como se tem aqui e em outros momentos, sobretudo o aforismo 272 de *Aurora*, intitulado justamente "A purificação da raça", e no *Crepúsculo dos ídolos*, "Os melhoradores da humanidade", § 4.
235. A referência aqui diz respeito ao dramaturgo August von Kotzebue (1761-1819), cujo assassinato, de cunho político, causou grande impacto na Alemanha e também na Europa.

para ele, jubilosos – mas mesmo *Sand*²³⁶ acreditava conhecê-los. Jean Paul sabia o que fazia quando furiosamente protestou contra as adulações e exageros mentirosos, mas patrióticos, de Fichte – Goethe, todavia, provavelmente pensava dos alemães algo distinto de Jean Paul, não obstante lhe desse razão no tocante a Fichte. O que teria Goethe realmente pensado sobre os alemães? Sobre muitas coisas à sua volta ele jamais falou claramente, e durante toda a vida foi especialista em calar com sutileza: é provável que tivesse boas razões para fazê-lo. Por certo que não foram "as guerras de libertação"²³⁷ que o fizeram erguer os olhos repletos de uma nova alegria, como tampouco foi a Revolução Francesa – o acontecimento que o fez *repensar* seu *Fausto* e todo o problema "homem" foi a aparição de Napoleão. Há enunciados em que Goethe deprecia com impaciente dureza, como se estivesse num país estrangeiro, o que os alemães têm por motivo de orgulho: chega mesmo a definir o famoso *Gemüth* [ânimo] alemão como "indulgência ante as fraquezas alheias e as próprias". E não teria razão em dizê-lo? Característico dos alemães é o fato de raras vezes se estar de todo equivocado a seu respeito. A alma alemã tem dentro de si passagens e passarelas a ligar as passagens, nela existem cavernas, esconderijos, calabouços; sua desordem em boa parte possui o atrativo do misterioso; o alemão é especialista em caminhos tortuosos que levam ao caos. E como toda coisa ama seu símile, o alemão ama as nuvens e tudo quanto é pouco claro, o que é obscuro, mutante, crepuscular, úmido e velado: o incerto, o não formado, o que se desloca, o que está em crescimento, sob todas as suas formas, ele o sente como "profundo". O próprio alemão não é, ele *se torna*, ele "se desenvolve". Por essa razão, o "desenvolvimento é o achado, o acerto autenticamente alemão no vasto reino das fórmulas filosóficas: um conceito soberano que, aliado à cerveja alemã e à música alemã, trabalha para germanizar toda a Europa. Os estrangeiros vivenciam estupefação e atração ante os enigmas com os quais se lhes deparam a natureza fundamentalmente contraditória da alma alemã (Hegel a pôs em sistema, e Richard Wagner, ultimamente, em música). "Bonomia e perfídia" – essa justaposição, absurda para qualquer

---

236. Ver nota anterior.
237. As "guerras de libertação", *Befreiungskriege* ou *Freiheitskriege*, designam as guerras que ocorreram na Europa entre 1813-1815 para se pôr um fim ao domínio francês de Napoleão.

outro povo, por desgraça se justifica com demasiada frequência na Alemanha: basta viver algum tempo entre os sábios! A gravidade do sábio alemão, sua insipidez social combina-se terrivelmente bem com uma arte de funambulismo interior e com uma audácia ligeira, que os deuses todos aprenderam a temer. Se se quiser uma demonstração *ad oculos*[238] do que é a "alma alemã", basta lançar um olhar ao interior do gosto alemão, das artes e dos costumes alemães: quanta indiferença camponesa para com o "gosto"! Quão justapostos se fazem o nobre e o mais comum! Quão desordenada e rica é toda essa economia psíquica! O alemão se arrasta com sua alma; ele se arrasta com tudo o que vivencia. Digere mal seus acontecimentos e com eles jamais está "pronto"; a profundidade alemã frequentes vezes é apenas uma "digestão" pesada e vacilante. E assim como todos os doentes crônicos e todos os dispépticos têm inclinação para a comodidade, assim também o alemão ama a "franqueza" e a "retidão": quão *cômodo* é ser honesto e franco! Talvez hoje o disfarce mais perigoso e mais exitoso em que o alemão é especialista consista nesse caráter familiar, complacente, de cartas sobre a mesa da *probidade* alemã: essa é sua autêntica arte mefistofélica, e com ela "ainda pode ir longe!". O alemão se deixa ir, contemplando com seus olhos alemães, azuis, leais e vazios – e os povos estrangeiros de pronto o confundem com sua camisola! Eu queria dizer: seja o que for a "profundidade alemã" – não poderemos aqui talvez rir dela? –, fazemos bem em continuar honrando a sua aparência e seu renome e em não vender nossa antiga reputação de povo da profundidade pelo "arrojo" prussiano, pelo engenho e pela areia de Berlim. Para um povo é algo inteligente se deixar passar por profundo, inábil, bonachão, probo, não inteligente: isso poderia até mesmo ser profundo! E enfim: devemos honrar nosso próprio nome – não em vão nos chamamos *das "tuische" Volk, das Täusche-Volk* – o povo "teutão", o povo enganoso...[239]

---

238. Em latim, no original: "a olhos vistos".
239. A etimologia do termo *deutsch* remete ao termo em alemão para "alemão", *diutisc* (ou *diot*, "povo"). No alto alemão arcaico, esse termo designava as línguas germânicas, que eram a língua do povo, em oposição ao latim, língua da elite intelectual e política. Isso significa que a etimologia de que aqui se vale Nietzsche seria mais um gracejo, a assinalar seu sarcasmo em relação ao alemão, que, aliás, permeia todo este aforismo.

245

Os "velhos bons" tempos já se foram, em Mozart lhe ouvimos o canto do cisne: como somos felizes que seu rococó ainda fale a nós, que sua "boa sociedade", sua delicada exaltação, seu prazer infantil no chinês e no floreio, sua cortesia de coração, sua aspiração ao que é gracioso, amoroso, dançante, feliz até as lágrimas, sua fé no sul ainda possam apelar a algum *resíduo* presente em nós! Ah, mas virá um dia em que até isso terá passado! E quem duvidará de que até antes disso vá se esvair a compreensão e o gosto por Beethoven! – ele que mais não foi do que a última ressonância de uma transição de estilo e de uma ruptura de estilo, e *não*, a exemplo de Mozart, o acorde final de um grande gosto europeu que perdurou por séculos. Beethoven é o evento a mediar entre uma alma velha e macilenta, que a todo tempo se alquebra, e uma alma futura e mais que jovem, sempre a chegar; sobre sua música se estende aquela meia-luz da eterna perda e eterna dissipadora esperança – a mesma luz em que a Europa esteve banhada quando com Rousseau se pôs a sonhar, quando dançando circundou a árvore da liberdade da Revolução e, por fim, quase adorou Napoleão. Mas com que rapidez esvanece agora esse sentimento, quão difícil é hoje saber algo *desse* sentimento – quão estranha soa a nossos ouvidos a língua daqueles Rousseau, Schiller, Shelley, Byron, junto aos quais, tomados em conjunto, ela encontrou o caminho para a palavra que em Beethoven soube cantar! A música alemã que veio depois faz parte do romantismo, e isso significa de um movimento que no cômputo histórico é ainda mais breve, mais fluido e superficial que aquele grande entreato, aquela passagem da Europa de Rousseau a Napoleão e à aparição da democracia no horizonte. Weber: mas o que é hoje para nós o *Freischütz* e o *Oberon*! Ou *Hans Heiling* e *O vampiro*, de Marschner! E até mesmo o *Tannhäuser*, de Wagner! Isso é música já extinta, por mais que ainda não tenha sido esquecida. Além do mais, toda essa música do romantismo não era suficientemente aristocrática, nem suficientemente música, para conseguir se impor também em lugares outros que não o teatro e perante a multidão; desde o início, era música de segunda classe, que entre verdadeiros músicos era pouco levada em conta. Diferente foi com Felix Mendelssohn, aquele alciônico mestre que, por ter alma mais leve, mais pura, mais afortunada, foi rapidamente celebrado e, não obstante, rapidamente esquecido: como o belo interregno da música alemã. Mas no que diz respeito a Robert Schumann, que a tudo levava a sério e que desde o início também foi levado a sério – foi o último a fundar uma escola –, "hoje entre nós não se considera uma felicidade, um respiro de alívio, uma libertação, em razão de precisamente esse romantismo schumaniano estar superado? Schumann, refugiado na "Suíça saxônica" de sua alma, um tanto à maneira de Werther, um tanto à de Jean Paul, por certo que não à de Beethoven! Por certo que não à de Byron! – sua música sobre o *Manfredo* é um desacerto e um erro que chega à injustiça –, e Schumann, com seu gosto que no fundo era um gosto *pequeno* (ou seja, um pendor perigoso entre os alemães, duplamente perigoso para o lirismo tranquilo e para a embriaguez do sentimento), um homem que a todo tempo se põe de lado, se encolhe e se retrai com timidez, uma nobreza delicada, que se refestelava em felicidade e dor puramente anônimas, desde o início uma espécie de mocinha e de *noli me tangere*:[240] pois esse Schumann na música não foi mais que um acontecimento alemão, não um acontecimento europeu, como foi Beethoven, como o tinha sido Mozart em tanto maior medida – com ele a música alemã correu seu máximo perigo, de perder a voz *para a alma da Europa* e se rebaixar a ser, ela própria, mera patriotice.[241]

246
Que martírio são os livros escritos em alemão para quem tem o *terceiro ouvido*! Quão contrariado este se detém junto ao pântano que, a lentamente se voltar, é de sons sem harmonia, ritmos sem dança, que entre os alemães é chamado "livro"! Mas e o alemão que lê livros? Quão preguiçosa, contra a vontade e ruim é a maneira como o lê! Quantos alemães sabem e exigem de si saber que em toda boa frase se esconde *arte* – arte que deseja ser adivinhada tanto quanto o enunciado quer ser entendido! Por exemplo, um mal-entendido sobre seu *tempo*: e o próprio enunciado é mal compreendido! Não se admitir dúvidas sobre quais as sílabas decisivas para o ritmo, sentir como desejada e atraente a ruptura da simetria por demais rigorosa, dar ouvidos finos e pacientes

---
240. "Não me toques."
241. Também aqui o neologismo *Vaterländerei*, versão pejorativa para a ideia de patriotismo.

a todo *staccato*, a todo *rubato*, adivinhar o sentido na sucessão de vocais e ditongos e quão terna e abundantemente podem adotar uma cor e mudar de cor na sequência? Quem, entre os alemães leitores de livros, terá suficiente boa vontade para reconhecer tamanhos deveres e exigências e terá ouvidos para toda essa arte e intenção na língua? No fim das contas, carece-se justamente de "ouvidos para isso": e os mais fortes contrastes estilísticos passam despercebidos, e o talento artístico mais refinado *se dissipa* como que diante de surdos. Foram esses meus pensamentos quando percebi com quanta grosseria e obtusidade eram confundidos dois mestres na arte e na prosa, a quem as palavras gotejam hesitantes e frias, como se caíssem do teto de uma caverna úmida – ele conta com seus sons e ecos sufocados; e outro que maneja a língua ao modo de uma adaga flexível e do braço aos dedos dos pés sente a perigosa felicidade da lâmina vibrante e mais que afiada, a desejar morder, sibilar, cortar.

247

Que o estilo alemão tem bem pouco a ver com a sonoridade e com os ouvidos revela-se pelo fato de que justamente nossos bons músicos escrevem mal.[242] O alemão não lê em voz alta, não lê para o ouvido, mas lê apenas com os olhos: tem os ouvidos encerrados numa gaveta. O homem antigo, quando lia – acontecia muito raramente –, recitava para si mesmo, e é verdade que em voz alta; as pessoas se admiravam quando alguém lia em voz baixa e indagavam-se pelos motivos. Em voz alta: isso quer dizer com todas as entonações, inflexões, mudanças de tom e variações de *tempo* que faziam a alegria do *público* antigo. As leis do estilo escrito eram então as mesmas do estilo falado; e as leis deste dependiam em parte da assombrosa formação, das refinadas necessidades dos ouvidos e da laringe, e em parte da força, duração e potência dos pulmões antigos. No sentido dos antigos, um período é sobretudo um todo fisiológico, uma vez que está contido numa única respiração. Tais períodos, como os que aparecem em Demóstenes, em Cícero, a inflar e

---

242. Note-se que este arrazoado sobre a sonoridade da língua alemã, sobre a declamação e exigências fisiológicas para tal, sobre a extensão dos períodos e a respiração inscrevem-se na questão mais ampla do *tempo* do estilo de uma língua, fisiologicamente rastreável e intraduzível, como se tem no aforismo 28.

desinflar por duas vezes, e tudo isso numa única respiração: são deleites para os homens *antigos*, que por sua própria educação sabiam apreciar a virtude que há no ato raro e difícil de declamar um período: *nós* já não temos nenhum direito a um *grande* período, nós, modernos, nós, homens de alento curto em todo e qualquer sentido! Esses antigos eram, sim, todos diletantes da oratória, e desse modo conhecedores, desse modo críticos – e por isso impeliam seus oradores a extremos; da mesma forma no século passado, quando todos os italianos e italianas eram versados em cantar, e o virtuosismo do canto (e com ele também a arte da melodia) foi levado ao ápice. Mas na Alemanha (até os tempos mais recentes, quando uma espécie de eloquência de tribunos agita suas alas jovens com bastante timidez e grosseria) na verdade não houve mais do que um único gênero de técnica oratória pública a se *aproximar* da arte: a que vinha do púlpito. Na Alemanha, só mesmo o predicante sabia o que pesava numa sílaba, numa palavra, até que ponto uma sentença golpeia, salta, se precipita, corre, se esvai,[243] só mesmo ele tinha consciência nos ouvidos, com muita frequência uma má consciência: pois motivos não faltam para pensar que o alemão alcança habilidade na oratória raras vezes, sempre tarde demais. Por isso, a obra-prima da prosa alemã é obviamente a obra-prima do predicante: a *Bíblia* foi até agora o melhor livro alemão. Comparados à *Bíblia* de Martinho Lutero quase todos os demais são apenas "literatura" – algo que não cresceu na Alemanha, razão pela qual tampouco cresceu e cresce nos corações alemães: como o fez a *Bíblia*.

248

Existem duas espécies de gênio: uma que antes de tudo fecunda e quer fecundar, e outra que aprecia se deixar fecundar e dar à luz. Da mesma forma, entre povos geniais existem aqueles a quem coube o problema feminino da gravidez e a tarefa secreta de plasmar, de madurar, de consumar – os gregos, por exemplo, foram um povo desse tipo, assim como os franceses; e outros, que têm de fecundar e se tornam a causa de novos ordenamentos da vida, assim como os judeus,

---

243. Também aqui se tem um jogo de linguagem que no alemão é propiciado – e Nietzsche valoriza enormemente essa possibilidade da língua – com a mudança do sentido do verbo por seu prefixo: *läuft* ("corre"), *ausläuft* ("se esvai").

os romanos e, perguntando com toda a humildade, os alemães? – povos atormentados e encantados por febres desconhecidas, povos irresistivelmente arrastados para fora de si mesmos, enamorados e ávidos por raças estranhas (por raças que "se deixem fecundar") e com isso ansiosos por domínio, como tudo o que se sabe pleno de forças fecundadoras e, consequentemente, "beneficiário pela graça de Deus". Essas duas espécies de gênio buscam-se como homem e mulher; mas desentendem-se uma com a outra – feito homem e mulher.

249

Todo povo tem a sua própria tartuferia, e a chama de suas virtudes. O que se tem de melhor não se conhece – não se pode conhecer.

250

O que a Europa deve aos judeus? Muitas coisas, boas e ruins, e sobretudo uma, que é a um só tempo a melhor e a pior: o grande estilo na moral, o horror e a majestade de exigências infinitas, significados infinitos, o inteiro romantismo e sublimidade das problemáticas morais – por conseguinte justo a parte mais atraente, mais insidiosa e mais seleta daqueles jogos de cores e seduções que incitam a viver, em cuja fulgurância hoje incandesce – talvez se apague – o céu de nossa cultura europeia, o seu céu crepuscular. Por isso nós, artistas, entre os espectadores e filósofos, nós sentimos gratidão pelos judeus.

251

Não se deve surpreender se um povo, que padece de febre nervosa nacional e de ambição política, quiser padecer – todo tipo de nuvens e perturbações recobrem seu espírito ou, dito brevemente, pequenos acessos de imbecilização: nos alemães de hoje, por exemplo, ora a estupidez antifrancesa, ora a antijudaica, ora a antipolonesa, ora a cristã-romântica, ora a wagneriana, ora a prussiana (que se considerem esses pobres historiadores, esses Sybel[244] e Treitzschke e suas cabeças

---

244. Sobre Heinrich von Sybel (1817-1895), historiador e político alemão, há referências do Nietzsche estudante de filologia tendo-o ouvido palestrar sobre política. Heinricht Gotthard von Treitschke (1834-1896) foi igualmente historiador e político, mas, ao contrário do primeiro, foi partidário de Bismarck.

comprimidas por espessas bandagens), e como quer que se queira chamar esses pequenos enevoamentos do espírito e da consciência moral alemã. Queiram me desculpar se eu, por ocasião de uma breve estada em região tão infecta, de modo algum tenha sido poupado pela doença e tenha começado, como todo mundo, a conceber pensamentos sobre coisas que não me dizem respeito: primeiro signo de infecção política. Por exemplo, sobre os judeus: que se ouça. Ainda não encontrei alemão algum que mostrasse simpatia pelos judeus; e por incondicional que possa ser a repulsa à autêntica antissemitice por parte de todos esses cautelosos e políticos, mesmo essa cautela e essa política não se dirigem ao gênero mesmo do sentimento, mas tão só à sua perigosa imoderação, sobretudo contra a expressão insossa e desonrosa desse sentimento imoderado – quanto a isso, não há do que se iludir. Que a Alemanha tenha judeus em suficiente abundância, que o estômago alemão, que o sangue alemão necessite deles (necessitarão ainda por muito tempo) mesmo que só para digerir esse *quantum* "judeu" – como o fizeram o italiano, o francês, o inglês, graças a uma digestão mais vigorosa –, isso é o que diz e expressa claramente um instinto geral, ao qual se deve ouvir, segundo o qual se deve agir. "Não mais deixar entrar novos judeus" e, sobretudo, trancafiar as portas para o leste (igualmente para a Áustria)!" É o que ordena o instinto de um povo cuja natureza é ainda fraca e indeterminada, de modo que facilmente se poderia fazer com que desaparecesse, facilmente ela poderia ser eliminada por uma raça mais forte. Mas sem dúvida os judeus são a raça mais forte, mais tenaz e mais pura que hoje vive na Europa; são mestres em se impor mesmo sob as piores condições (o que fazem melhor do que sob condições favoráveis), em razão de certas virtudes que hoje se prefere rotular como vícios – graças, sobretudo, a uma fé decidida, que não precisa se envergonhar ante as "ideias modernas"; os judeus se modificam, *quando* se modificam, sempre da mesma forma com que o Império Russo faz suas conquistas – como um império que tem tempo e não é de ontem: de modo preciso, de acordo com a máxima "o mais lentamente possível!". Um pensador que tenha sobre sua consciência o futuro da Europa contará, em todos os projetos que traz em seu interior sobre esse futuro, com os judeus como com os russos, tomando-os como os fatores por ora mais seguros e prováveis no grande jogo e luta de forças. O que hoje na Europa se chama "nação", e que na verdade é mais uma *res facta*[245] que *nata* (e mesmo por vezes se assemelha a uma *res ficta et picta*,[246] até se confundir com ela), em todo caso é algo que está em devir, algo jovem, de fácil deslocamento, ainda não é uma raça e muito menos algo *aere perennius*,[247] como é a raça judia: essas nações deveriam, pois, com muito cuidado evitar toda e qualquer concorrência e toda hostilidade nascidas de cabeças inflamadas! Certo é que, se os judeus quisessem – ou se se os forçasse a isso, como parecem desejar os antissemitas –, seguramente poderiam ter já agora a preponderância e até mesmo, falando de modo completamente literal, o domínio sobre a Europa; é igualmente seguro que *não* trabalham nem fazem planos para tal. O que querem e desejam no momento, até com alguma insistência, é muito mais ser absorvidos e sugados na Europa, pela Europa, anseiam por finalmente estar fixados em algum lugar, ser permitidos, respeitados e dar cabo a uma vida nômade, ao "judeu eterno";[248] e seria o caso de atentar e mostrar condescendência para com essa tendência e impulso (que talvez já expressem um abrandamento dos instintos judeus): para tanto talvez fosse útil expulsar os vociferantes antissemitas do país. Acolher de modo prudente, seletivo; um tanto como o faz a nobreza inglesa. Fica evidente que quem poderia com eles se relacionar sem o menor escrúpulo são tipos de nova germanidade que sejam mais fortes, configurados de modo firme, por exemplo, o oficial nobre da Marca;[249] haveria muito interesse em ver se não se poderia fazer um enxerto, um cruzamento entre a arte herdada de mandar e obedecer – em ambas a mencionada região é hoje clássica – e o gênio do dinheiro e da paciência (em especial um pouco de espírito e espiritualidade,[250] de que muito carece o referido lugar). Porém neste ponto convém interromper minha serena alemanzice e meu solene discurso: pois já toco no que para mim é *sério*,

---

245. *Res facta*: uma coisa construída; *nata* [de *res nata*]: uma coisa inata, de nascença.
246. Em latim, no original: "Coisa imaginada e pintada".
247. Em latim, no original: "Mais perene do que o bronze".
248. Também conhecido como o mito do "judeu errante", diz respeito a Aasvero, judeu contemporâneo de Jesus, que o teria agredido verbal ou fisicamente durante o Calvário, ao que Jesus o amaldiçoou e o condenou a errar pelo mundo até o fim dos tempos.
249. Nietzsche aqui se refere à Marca de Brandemburgo, região ao norte de Berlim, de onde provinha a maioria dos oficiais prussianos.
250. Aqui, ao tratar da assimilação dos judeus na Europa, ainda que com sarcasmo e ironia, Nietzsche explicita métodos implicados pelo processo de cultivo.

o "problema europeu", tal como o compreendo, no cultivo[251] de uma nova casta a governar a Europa.

252

Não são uma raça filosófica – esses ingleses: Bacon significa um *atentado* ao espírito filosófico, tanto quanto Hobbes, Hume e Locke significam um rebaixamento e diminuição de valor do conceito de "filósofo" por mais de um século. *Contra* Hume, Kant se insurgiu e se levantou; de Locke, Schelling *pôde* dizer: "*je méprise Locke*"; na luta contra a imbecilização anglo-mecânica do mundo estiveram conformes Hegel e Schopenhauer (com Goethe), estes dois irmãos inimigos de gênio em filosofia, que aspiravam a polos opostos do espírito alemão e por isso faziam injustiça um ao outro como só se fazem irmãos. O que falta e sempre faltou à Inglaterra, sabiam-no suficientemente bem aquele semicomediante e reitor, a insossa cabeça confusa de Carlyle,[252] que sob caretas apaixonadas tratava de ocultar o que sabia por si mesmo: era bem o que *faltava* a Carlyle – autêntica *potência* de espiritualidade, autêntica *profundidade* de olhar espiritual, em suma, filosofia. A essa não raça filosófica é característico o fato de se ater rigorosamente ao cristianismo: deste ela necessita a disciplina "moralizadora" e "humanizadora". O inglês, mais sombrio, mais sensual, mais forte na vontade e mais brutal que o alemão – justamente por ser entre os dois o mais vulgar –, e também mais piedoso que o alemão: ele tem ainda *mais necessidade* do cristianismo. Para narinas mais sutis, esse mesmo cristianismo inglês exala ainda um eflúvio genuinamente inglês de *spleen*[253] e de excessos alcoólicos contra os quais com boas razões ele é usado como remédio – ou seja, tem-se o remédio mais sutil contra o mais grosseiro: entre os povos rudes, um envenenamento mais sutil representa um progresso,

---

251. Ainda aqui, a questão do cultivo (*Züchtung*) a permear o projeto nietzschiano na presente obra.
252. Objeto de análise a que Nietzsche recorre algumas vezes, Thomas Carlyle (1795-1881) foi um historiador da literatura e escritor escocês, originário de família calvinista. É tendo em vista a sua historiografia, sua *História da Revolução Francesa* (1837), que Nietzsche opõe a República dos gênios à "história da massa", na "Segunda consideração extemporânea". No *Crepúsculo dos ídolos*, Carlyle, o apóstata do calvinismo, é um ateísta inglês para quem não ser calvinista era questão de honra. No *Ecce homo*, é ainda uma vez desdenhado em razão de seu "culto do herói", referido como "grande falsário inconsciente e involuntário" (NIETZSCHE, F. *Ecce homo*. Trad. Paulo César de Souza. São Paulo: Companhia das Letras, 2011, p. 52).
253. Em inglês, no original: "tédio".

um degrau para a espiritualização. A rudeza e a rústica seriedade inglesa encontram seu disfarce mais suportável ou, dito mais corretamente, suas mais suportáveis interpretação e reinterpretação na linguagem gestual e no ato de orar e entoar salmos: e para esse gado de embriagados e dissolutos, que outrora aprendeu a grunhir moralmente sob o poder do metodismo, e agora como "exército da salvação", uma convulsão de penitência pode na verdade ser a mais alta realização de "humanidade" a que se pode alçar: é algo com que se pode razoavelmente concordar. Mas o que se faz ofensivo mesmo ao inglês mais humano é sua falta de música, para falar em metáfora (e sem metáfora): nos movimentos de sua alma e de seu corpo o inglês não tem compasso nem dança, mais ainda, nem mesmo tem o desejo por compasso e dança, por "música". Ouçam-no falar; vejam *caminhar* as inglesas mais belas — em nenhum país do mundo haverá pombas e cisnes mais belos —, enfim: ouçam-nas cantar! Mas assim exijo demais...

253

Existem verdades tais que são as cabeças medíocres as que melhor as reconhecem, pois lhe são as mais conformes, e há verdades tais que possuem atrativos e forças de sedução apenas para espíritos medíocres: a essa tese, talvez desagradável, somos impelidos precisamente agora, desde que o espírito de alguns ingleses, estimáveis, porém medíocres — nomeio Darwin, John Stuart Mill e Herbert Spencer —, começa a ganhar preeminência na zona média do gosto europeu. Na verdade, quem duvidaria que seria útil a dominação temporária de *tais* espíritos? Seria um erro considerar que precisamente os espíritos de mais elevada linhagem, que planam à parte, seriam especialmente hábeis para detectar muitos pequenos fatos vulgares, para os colecionar e reduzir a fórmulas — muito mais, na condição de exceções, eles carecem de atitude favorável para com as "regras". Afinal, têm mais a fazer do que apenas conhecer — a saber, *ser* algo de novo, *significar* algo novo, *representar* novos valores! O abismo entre saber e poder talvez seja mais amplo, também mais misterioso do que se pensa: aquele que pode em grande estilo, o criador, terá de ser possivelmente um ignorante, enquanto, por outro lado, para descobertas científicas do tipo das de Darwin, uma certa estreiteza, aridez e uma diligência aplicada, em suma, algo de inglês, não constituem má disposição. E por fim não se deve esquecer de que os ingleses, por sua profunda mediania, já uma vez causaram uma depressão geral no espírito europeu: o que se chama de "ideias modernas" ou "as ideias do século XVIII" ou também "as ideias francesas" – portanto, aquilo contra o que o espírito *alemão* se alçou com asco profundo – era de origem inglesa, isso não há que negar. Os franceses fizeram-se apenas macacos e atores dessas ideias, e isso inclui seus melhores soldados, ao mesmo tempo que, infelizmente, suas *vítimas* primeiras e mais radicais; pois a maldita anglomania das "ideias modernas" acabou por tornar *l'âme française*[254] tão rarefeita e macilenta que com quase incredulidade recordamos hoje seus séculos XVI e XVII, sua força profunda e apaixonada, sua nobreza inventiva. Contudo, é preciso se agarrar com firmeza a essa tese de equidade histórica e defendê-la contra o momento presente e contra a aparência: a *noblesse* europeia – de sentimento, de gosto, de costumes, enfim, a palavra em seu mais elevado sentido – é obra e invenção *da França*, enquanto a vulgaridade europeia, o plebeísmo das ideias modernas, da *Inglaterra*.

254

A França é ainda hoje a sede da cultura mais espiritual e refinada da Europa, como também a alta escola do gosto: mas é preciso saber encontrar essa "França do gosto". Os que a ela pertencem estão bem escondidos: pode ser que aqueles em que ela se encarna e vivifica sejam em número pequeno, sendo ademais homens de pernas pouco vigorosas, em parte fatalistas, sombrios, doentios, em parte melindrosos e afetados, tendo a *ambição* de se ocultar. Todos têm algo em comum: fecham os ouvidos ante a estupidez enfurecida e às ruidosas exclamações da *bourgeois*[255] democrata. E de fato é uma França imbecilizada e grosseira a que hoje se assoma em primeiro plano – recentemente, por ocasião das obséquias de Victor Hugo, celebrou-se uma verdadeira orgia de mau gosto e, a um só tempo, de autoadmiração. E têm ainda outra coisa em comum: uma boa vontade para se defender da germanização espiritual – e uma tanto

---

254. Em francês, no original: "alma francesa".
255. Em francês, no original: "burguesia".

maior incapacidade de lográ-lo! Talvez Schopenhauer esteja mais em casa e seja menos estranhado nessa França do espírito, que é também uma França do pessimismo, do que algum dia pôde estar na Alemanha; para não falar de Heinrich Heine, que já há algum tempo se fez carne e sangue junto aos poetas líricos mais sutis e mais exigentes de Paris, ou de Hegel, que hoje em dia, sob a forma de Taine[256] – isso significa o *primeiro* dos historiadores vivos –, exerce uma influência quase tirânica.

No que diz respeito a Richard Wagner: quanto mais a música francesa aprende a se configurar de acordo com as necessidades reais da *âme moderne*,[257] tanto mais ela "se wagneriza", e isso bem se pode prever – pois já agora ela o faz! No entanto, existem três coisas que os franceses ainda podem orgulhosamente referir como sua herança e patrimônio, e como testemunho duradouro de uma cultura de superioridade sobre a Europa, em que pese toda a voluntária ou involuntária germanização e plebeização do gosto: em primeiro lugar a capacidade de sentir paixões artísticas, de se entregar à "forma", e para tal capacidade se inventou a expressão "*l'art pour l'art*":[258] isso é coisa que há três séculos vem existindo na França, a possibilitar, graças à veneração pelo "pequeno número", uma espécie de música de câmara da literatura, que em vão se buscará em todo o resto da Europa. O segundo elemento sobre o qual os franceses podem hoje fundar sua superioridade sobre a Europa é a sua antiga e complexa cultura moralista, a fazer com que, mesmo em pequenos *romanciers*[259] de periódicos e casuais *boulevardiers*[260] *de Paris*, encontre-se uma excitabilidade e uma curiosidade psicológicas de que na Alemanha, por exemplo, não se tem a menor ideia (e muito menos a coisa!). Para isso faltam aos alemães alguns séculos de arte moralista, dos quais, como temos dito, a França não se eximiu; quem com isso chamar os alemães de "*naiv*"[261] converterá um defeito num elogio. (Em

---

256. Hippolyte Taine (1828-1893), historiador, psicólogo e ensaísta francês. Nietzsche o admirava por sua nova ciência psicológica, que contava com uma dissolução do sujeito e da alma até então concebida como átomo, isto é, indivisível; porém Nietzsche também logo se fez crítico de seu determinismo estrito, ou seja, da concepção de uma tirania do meio sobre o indivíduo.
257. Em francês, no original: "alma moderna".
258. Em francês, no original: "arte pela arte".
259. Em francês, no original: "romancistas".
260. "Frequentadores de bulevares".
261. "Ingênuo".

oposição à inexperiência e à inocência alemãs *in voluptate psychologica*,²⁶² às quais estreitamente se aparenta com o aborrecimento suscitado pelo contato com os alemães, e como expressão mais bem-sucedida de uma curiosidade e de um talento inventivo autenticamente franceses para esse reino de estremecimentos delicados, pode-se fazer valer Henry Beyle, esse notável antecipador e precursor que, com um *tempo*²⁶³ napoleônico, atravessou *sua* Europa, por muitos séculos de alma europeia, a rastrear e descobrir essa alma: foram necessárias duas gerações para de algum modo *alcançá-lo*, para tardiamente adivinhar alguns dos enigmas que atormentavam e deleitavam esse prodigioso epicúreo e homem--ponto de interrogação, o último grande psicólogo da França.) Existe ainda um terceiro título de superioridade: na essência dos franceses há uma síntese semilograda do norte com o sul, isso os faz apreender muitas coisas e fazer outras tantas que um inglês jamais compreenderá; seu temperamento que periodicamente se atrai e se repele pelo sul, no qual de tempos em tempos fervilha o sangue provençal e ligúrico, preserva-o do pavoroso grisalho em cinza do norte e dos espectros conceituais e da anemia pela falta de sol – nossa enfermidade alemã do gosto, contra cujo excesso se prescreveu, por ora, e com firme resolução, sangue e ferro,²⁶⁴ quero dizer: a "grande política" (em virtude de uma técnica de cura perigosa, que até agora me ensinou a esperar e esperar, mas não ainda a esperança). Também agora continua a existir na França uma prévia compreensão e uma acolhida daqueles homens raros e raras vezes satisfeitos, que são por demais abrangentes para encontrar satisfação numa patriotice qualquer e sabem amar no norte o sul, no sul o norte – para os mediterrâneos natos, os "bons europeus". Para eles *Bizet*²⁶⁵ compôs sua música, ele, o último gênio a ver uma beleza e uma sedução novas – que descobriu um fragmento *de sul*²⁶⁶ *em música*.

---

262. Na voluptuosidade psicológica.
263. "Tempo" aqui no sentido musical de pulsação.
264. A expressão "sangue e ferro" se tornou referência descritiva de sua política externa, relacionada, obviamente, aos esforços, mesmo beligerantes, pela unificação alemã e ao expansionismo alemão.
265. Nietzsche faz um elogio especialmente expressivo a *Carmen* de Bizet no Prefácio de *O caso Wagner*.
266. Sobre a diferença entre sul e norte para Nietzsche, ver, aqui no capítulo II, o aforismo 50, bem como o aforismo 358 de *A gaia ciência*, ali no contexto da religião cristã. Em *O caso Wagner*, § 3, Nietzsche dirá, em francês, *Il faut méditerraniser la musique* ("É preciso mediterranizar a música", preconizando "retorno à natureza, à saúde, à alegria, à juventude, à virtude").

255

Ante a música alemã, a cautela se impõe em diversos aspectos. Supondo que se ame o sul, como eu amo, ao modo de uma grande escola de cura,[267] no sentido mais espiritual e mais sensual, ao modo de indomáveis plenitude e transfiguração solar, que se espalham por uma existência soberana, que tem fé em si: ora, esse homem aprenderá a se pôr um tanto em guarda ante a música alemã porque, ao deteriorar e fazer regredir seu gosto, deteriora e faz regredir a saúde. Tal homem do sul, não por ascendência, mas por *fé*, se jamais ele sonha com o futuro da música, necessariamente sonhará com uma redenção da música do norte, e nos ouvidos terá necessariamente o prelúdio a uma música mais profunda, mais potente, música talvez mais misteriosa e má, a uma música supra-alemã que não esvaneça, e ante o espetáculo do mar azul, voluptuoso, e da claridade do céu mediterrâneo, não amareleça nem empalideça como toda a música alemã, e nos ouvidos terá o prelúdio a uma música supraeuropeia, que se afirme também ante os pardos poentes do deserto, cuja alma se assemelhe à palma e saiba sentir-se em casa entre grandes e belos solitários animais de rapina, e vaguear no meio deles... Eu poderia conceber uma música cuja mais rara magia consistisse em não mais saber de bem e mal, sobre a qual talvez passasse aqui e ali alguma nostalgia de navegante, algumas sombras douradas e ternas fraquezas: uma arte que de muito longe avistasse acorrer a ela as cores de um mundo *moral* em declínio, tornado quase incompreensível, e que seria por demais hospitaleiro e profundo para receber esses tardios fugitivos.

256

Graças ao mórbido estranhamento que a demência do nacionalismo instaurou e continua a instaurar entre os povos da Europa, igualmente graças aos políticos de visão estreita e mão ligeira, que hoje estão no andar de cima e nem minimamente suspeitam de até que ponto sua

---

267. O sul, o meridional, com sua leveza e expressividade, com sua porosidade em relação ao instintivo e ao pulsional, representa em Nietzsche a possibilidade de vicejamento de novas e diferentes formas de vida, com morais múltiplas que devidamente expressem essa pluralidade. É importante notar que a diferença não é um fim em si mesma, e sim é função da pluralidade, que por sua vez deve fazer jus às singularidades que, pela via da linguagem, estão encobertas por diversas camadas de gregariedade.

política desagregadora mais não pode ser do que política de entreato; em razão de todas essas coisas, e de várias outras hoje inexpressáveis, é de maneira arbitrária e mentirosa que se negligenciam ou se reinterpretam os signos menos equívocos por meio dos quais se expressa o fato de que a *Europa quer se tornar una*.[268] Em todos os homens mais profundos e mais abrangentes deste século, a verdadeira orientação integral no misterioso trabalho de sua alma consistiu em preparar a via para essa nova *síntese* e em antecipadamente experimentar o europeu do futuro: é só mesmo em seus aspectos mais superficiais, ou em suas horas de maior fraqueza, como com o avançar da idade, que eles pertencem às "pátrias" – mais não fazem do que repousar de si mesmos, ao se tornar "patriotas". Penso em pessoas como Napoleão, Goethe, Beethoven, Stendhal, Heinrich Heine, Schopenhauer: não me leve a mal se entre eles também conto Richard Wagner, com relação ao qual não é o caso de se deixar seduzir por seus próprios mal-entendidos – gênios de sua espécie raras vezes têm o direito de compreender a si mesmos. Menos ainda se deve deixar seduzir pelo incivilizado ruído com que na França de hoje se resiste a Richard Wagner e dele se defende: segue sendo fato, não obstante, que o *tardio romantismo francês* dos anos 40 e Richard Wagner sejam aparentados do modo mais estreito e mais íntimo. São aparentados, radicalmente aparentados nas alturas e profundidades todas de suas necessidades: é a Europa, a Europa una, cuja alma pressiona e aspira a se evadir e se elevar por meio de sua arte múltipla e impetuosa – para onde? para uma nova luz? para um novo sol? Mas quem poderia expressar com precisão o que todos esses mestres de novos meios de linguagem não souberam expressar com clareza? Por certo que os atormentava a mesma tempestade e ímpeto,[269] uma vez que de igual maneira *buscavam*, esses últimos grandes buscadores! Eles todos dominados pela literatura, até em seus olhos e ouvidos – os primeiros artistas dotados de formação literária mundial –, na maioria das vezes até mesmo escritores, poetas, intermediários e amalgamadores das artes e dos sentidos (na condição de músico, Wagner compõe o grupo dos pintores,

---

268. Após aforismos dedicados à mulher, às nacionalidades e ao nacionalismo, ao judeu, o último aforismo do capítulo é dedicado à política de Nietzsche justamente *contra* os nacionalismos, que devem ser integrados, e não meramente fundidos.
269. Sobre o *Sturm und Drang*, movimento pré-romântico alemão, ver nota 231 ao aforismo 242.

na condição de poeta, o dos músicos, e, como artista, em geral, o grupo dos atores); todos eles fanáticos da *expressão* "a todo custo" — e aqui realço Delacroix, o mais estreitamente aparentado a Wagner —, todos grandes descobridores no reino do sublime, e também do feio e do horroroso, tanto mais descobridores em matéria de efeitos, de exposição, de arte de vitrines, todos talentosos muito além de seu gênio, virtuosos da cabeça aos pés, detentores de acessos secretos a tudo o que seduz, atrai, constrange, submete, inverte, inimigos natos da lógica e das linhas retas, ávidos pelo estrangeiro, pelo exótico, pelo monstruoso, pelo torto, pelo que contradiz; na condição de homens, Tântalos da vontade, plebeus que ascenderam e se sabem incapazes, em sua vida e sua criação, de um tempo nobre, de um *lento* — pense-se em Balzac, por exemplo —; trabalhadores desenfreados, quase autodestruidores por força do trabalho; antinomistas e rebeldes nos costumes, ambiciosos e insaciáveis sem equilíbrio nem desfrute; todos, enfim, aquebrantados e prostrados (e isso com toda a razão: quem deles teria sido suficientemente profundo e originário para uma filosofia do *Anticristo*?), no todo, uma espécie de homens superiores, de temerária audácia, suntuosa violência, que voa alto e arrebata, que a seu século — e é o século da *multidão*! — teve de ensinar o conceito de "homem superior"... Que possam os amigos alemães de Richard Wagner meditar perguntando-se se há na arte wagneriana algo de absolutamente alemão, ou se o que a distingue não advirá justamente de fontes e impulsos *supra-alemãs*: com isso não se pode subestimar a contribuição indispensável à formação integral de seu tipo que se teve precisamente em Paris, para a qual a profundidade de seus instintos o mandou ansiar na época mais decisiva, tampouco o fato de que toda a sua maneira de entrar em cena, de se fazer apóstolo de si mesmo, pôde se consumar tão somente em face da imagem dos socialistas franceses. Numa comparação mais sutil, quem sabe não se vá descobrir, para a honra da natureza alemã de Richard Wagner, que este em tudo foi mais forte, mais audacioso, mais duro e superior a um francês do século XIX, isso graças ao fato de que nós, alemães, nos mantemos mais próximos da barbárie que os franceses; quem sabe até mesmo o que Richard Wagner criou de mais notável seja inacessível, inexperimentável, inimitável para toda a raça latina tão tardia: a figura de *Siegfried*, esse homem *muito livre*, que na verdade é livre demais, duro demais, e por demais alegre, saudável, demasiadamente *anticatólico* para o gosto de povos velhos de cultura macilenta. Até mesmo ele poderia ter incorrido num pecado contra o romantismo, esse Siegfried antirromântico: ora, Wagner abundantemente expiou esses pecados, nos dias nebulosos de sua velhice, quando começou a percorrer, se não a pregar – no que se antecipou a um gosto que nesse ínterim se tornou político – *o caminho para Roma* com a veemência religiosa que lhe é própria. Para que não se entendam mal essas últimas palavras, quero me valer de algumas rimas vigorosas, que mesmo aos ouvidos de não grande sutileza revelarão o que desejo – o que desejo quando me oponho ao "último Wagner" e à música de seu *Parsifal*.

– Será esse ainda alemão?
De um coração alemão terá vindo esse alarido sufocante?
E será próprio do corpo alemão esse descarnar a si mesmo?
E alemão será esse espalmar a mão sacerdotal,
Essa excitação dos sentidos com aroma de incensos?
E alemão ainda esse se chocar, cair, cambalear,
Esse incerto bimbambolear?
Esses olhares de freira, esse repique de campanário,
Esse inteiro falsamente extasiado ansiar além do céu?
– Será isso ainda alemão?
Considerem! Ainda estão junto à porta:
Pois é Roma o que ouvem – *a fé de Roma, sem palavras*!

CAPÍTULO IX
O QUE É NOBRE?

257

Toda elevação do tipo "homem" foi até agora obra de uma sociedade aristocrática – e assim será para sempre: é uma sociedade que crê em uma ampla escala hierárquica e em uma diferença de valor entre homem e homem, e necessita da escravidão em algum sentido. Sem o *pathos da distância*,[270] como surge da diferença encarnada entre as posições, do olhar constante de longe e de cima a baixo lançado pela classe dominante aos súditos e instrumentos, e de seu exercício, também ele permanente, de obediência e de comando, de manter subjugados e distanciados, de modo algum poderia surgir aquele outro *pathos*, o desejo de sempre aumentar a distância da própria alma,[271] a elaboração de estados cada vez mais elevados, mais raros, mais longínquos, mais amplos, mais abrangentes, em suma, justamente a elevação do tipo "homem", a contínua "superação de si do homem", para tomar uma formulação moral em um sentido extramoral. Por certo: não devemos nos entregar a ilusões humanitárias quanto à história da gênese de uma sociedade aristocrática (quanto ao pressuposto da elevação do tipo "homem", portanto): a verdade é dura. Digamos sem rodeios de que modo *se iniciou* toda a cultura superior sobre a Terra até o presente! Homens providos de uma natureza ainda natural, bárbaros em todos os sentidos, terríveis, em todos os sentidos da palavra, homens de rapina, ainda detentores de vontade e de apetites de poder intactos, lançaram-se sobre raças mais débeis, mais civilizadas, mais pacíficas, possivelmente dedicadas ao comércio ou ao pastoreio, ou sobre velhas culturas macilentas, nas quais

---

270. O *pathos* da distância é um sentimento, traço característico do nobre, de uma sociedade aristocrática, bem como de uma época forte e superior, a fazer com que seus membros sempre de pronto hierarquizem e valorem, a referência fundamental para tanto sendo a primazia de seu sentimento de potência, ou seja, de sempre e antes de mais nada se afirmar a si próprio na posição mais alta.
271. Observe-se aqui a súbita passagem operada por Nietzsche entre dois *pathos*, entre dois sentimentos de distância, o da distância social e o da distância no âmbito da alma, obtida mediante o cultivo. Com isso deve ficar claro que os referidos sentimentos, a superioridade e o domínio, não são de natureza política ou social, mas sim com a passagem à alma vem se evidenciar o lastro dessas relações, que é, propriamente, o pulsional.

a derradeira força vital se extinguia em reluzentes fogos de artifício de espírito e de corrupção. No início, a casta nobre foi uma casta de bárbaros: sua preponderância não residia em primeiro lugar na força física, mas sim na força anímica – eram homens inteiros (o que significa também, em todos os níveis, "bestas mais inteiras").

258

A corrupção, como expressão do fato de que no seio dos instintos ameaça a anarquia, e de que se encontra abalada a estrutura fundamental dos afetos, a que se chama "vida":[272] a corrupção é algo de fundamentalmente diferente a depender da configuração vital em que se mostra. Se, por exemplo, uma aristocracia, como a da França no início da Revolução, renuncia a seus privilégios com uma sublime repugnância, e a si própria sacrifica por um excesso de seu sentimento moral, aí se tem corrupção: na verdade foi apenas o ato final daquela corrupção que durava séculos, em virtude da qual se renuncia com sublime repugnância a suas prerrogativas de dominação e se rebaixa à condição de *função* da monaquia (e enfim torna-se até mesmo seu ornamento e vestido de gala). Mas o elemento essencial em uma boa e saudável aristocracia está em ela *não* se ressentir como função (seja da monarquia, seja da comunidade), mas sim como seu sentido e suprema justificação; está em que ela por isso, com boa consciência, aceite o sacrifício de um sem-número de seres humanos, que *por causa dela* devem ser rebaixados e reduzidos até se converterem em homens incompletos, em escravos, em instrumentos. Sua crença fundamental deve ser justamente que a sociedade *não* tem o direito de existir para a sociedade, mas sim como estrutura e andaime a permitir que uma espécie de seres escolhidos se eleve à sua tarefa superior e, de modo geral, a um *ser* superior: à semelhança daquelas plantas trepadeiras, ávidas de sol, de Java – chamam-nas cipó-matador –, que com seus braços de tal modo e por tanto tempo envolvem um carvalho que por cima dele, nele apoiadas, acabam por abrir a coroa e exibir sua felicidade em plena luz.

---

272. A vida como fenômeno resultante das relações de dominação intrínsecas a essa "estrutura fundamental dos afetos" encontra-se assim similarmente referida ao final do aforismo 19.

259

Abster-se mutamente da ofensa, da violênica da exploração, situar a vontade sua e a do outro em pé de igualdade: em certo grosseiro sentido, isso pode produzir boas maneiras entre indivíduos, contanto que estejam reunidas as condições para tal (a saber, uma efetiva semelhança em quantidade de força e critérios de valor no seio de um único corpo). Mas tão logo se quiser estender esse princípio e, mesmo, se possível, fazer dele o *princípio fundamental da sociedade*, ele de pronto mostrará a que veio: vontade de *negação* da vida, princípio de desagregação e decadência. Aqui se faz necessário pensar radicalmente a fundo e defender-se contra toda a debilidade sentimental: a vida mesma é *essencialmente* apropriação, ofensa, conquista do que é estrangeiro e mais fraco, opressão, dureza, imposição de suas próprias formas, incorporação e, no mínimo, no mais suave dos graus, exploração – mas por que se deveria sempre empregar tais palavras, de há muito cunhadas com intenção difamatória? Também aquele corpo, em cujo interior, como aqui já foi suposto, os indivíduos se tratam como iguais – isso se dá em toda aristocracia saudável –, deve, se for um corpo vivaz e não moribundo, fazer a outros corpos tudo o que os indivíduos se abstêm de fazer uns contra os outros: terá de ser a vontade de potência encarnada, quererá crescer, estender-se, atrair para si, ganhar em preponderância – não em razão de qualquer moralidade ou imoralidade que seja, mas sim porque ele vive, e porque vida é, precisamente, vontade de potência. Mas em aspecto algum a consciência comum aos europeus se revela mais renitente ao ensinamento do que neste: hoje em dia, por toda parte, e mesmo sob os disfarces científicos, sonha-se com estados vindouros da sociedade, nos quais "o caráter explorador" desaparecerá: aos meus ouvidos isso soa como se se prometesse inventar uma vida que se abstivesse de todas as funções orgânicas. A "exploração" não é algo inerente a uma sociedade corrompida ou imperfeita e primitiva: é inerente à *essência* do vivo, como função orgânica fundamental, é a consequência da própria vontade de potência, que é a própria vontade de vida. Supondo que tal seja uma inovação como teoria, como realidade é o *fato originário* de toda a história: que se seja honesto consigo até esse ponto!

260

Em minha peregrinação pelas muitas morais que, mais refinadas e mais grosseiras, até agora dominaram e continuam a prevalecer sobre a Terra, encontrei certos traços que se repetem e se associam entre si de modo regular: até que por fim se me revelaram dois tipos fundamentais, dos quais sobressai uma diferença fundamental. Há uma *moral de senhores* e uma *moral de escravos*; eu de pronto acrescento que em todas as culturas superiores e de maior mescla assomam também tentativas de mediação de ambas as morais, e com tanto maior frequência assoma o embaralhamento entre elas e seu recíproco mal-entendido, e mesmo, por vezes, uma dura justaposição – isso no mesmo homem, no seio de *uma só* alma. As diferenciações de valor morais surgem ou no seio de uma espécie dominante, que, com um sentimento de bem-estar, fez-se consciente de sua diferença em relação à espécie dominada, ou entre os dominados, os escravos e dependentes em qualquer grau. No primeiro caso, quando são os dominadores que determinam o conceito de "bom", são os estados de alma elevados, orgulhosos, que se fazem sentir como o que proporciona distinção e determina a hierarquia. O homem nobre separa de si os indivíduos em que se expressa o contrário de seus estados elevados e orgulhosos: ele os despreza. Note-se que nessa primeira espécie de moral a oposição "bom" e "ruim" significa tanto quanto "nobre" e "desprezível" – a oposição "bom" e "*mau*" é de outra procedência. Desprezado é o covarde, o medroso, o mesquinho, aquele que pensa segundo a estreita utilidade; da mesma forma o desconfiado com seu olhar servil, aquele que se humilha, a espécie de homem assemelhada aos cães, que se deixa maltratar, o adulador mendicante, sobretudo o mentiroso – a crença fundamental de todos os aristocratas é que o povo comum é mentiroso. "Nós, verazes" – eis como se designavam na Grécia Antiga os homens de nobreza.[273] É flagrante que por toda parte as designações de valor morais de início se aplicaram a *homens*, e só depois, de forma derivada e tardia, a ações.[274] daí então os

---

273. "Eles se denominam, por exemplo, 'os verazes'; primeiramente a nobreza grega, cujo porta--voz é o poeta Teógnis de Megara", lê-se na *Genealogia da moral*, I, § 5 (cf. NIETZSCHE, F. *Genealogia da moral*. Trad. Paulo César de Souza. São Paulo: Companhia das Letras, 2010, p. 19).
274. Essa formulação está presente também em sua contraposição à rebelião escrava na moral, na *Genealogia da moral*, I, § 9, 10.

historiadores da moral cometerem um erro crasso ao assumir questões de partida como "por que se louva a ação compassiva?". O tipo de homem nobre sente a *si* mesmo como aquele que determina valores, não tem necessidade de aprovação e julga "o que me é nocivo é nocivo em si"; ele se sabe como o primeiro a conferir honra às coisas, é *criador de valores*. Honra tudo o que sabe lhe pertencer: tal moral é autoglorificação. Em primeiro plano posicionam-se o sentimento de plenitude, da potência que quer transbordar, a felicidade da elevada tensão, a consciência de uma riqueza que gostaria de oferecer e doar – o homem nobre também deseja ajudar o infeliz, porém não ou quase não por piedade, e sim, ao contrário, pela pressão engendrada pelo excesso de poder. O homem nobre honra em si mesmo o que é potente, e também aquele que exerce potência sobre ele, que entende de falar e calar, que tem prazer em exercer o rigor e a dureza para consigo mesmo e a veneração por tudo quanto é rigoroso e duro. "Um coração duro que Wotan pôs em meu peito", ele o diz em uma saga escandinava: assim é a justa expressão poética da alma de um viking orgulhoso. Tal espécie de homem chega a ser orgulhosa de *não* ser feita para a piedade: por isso o herói da saga acrescenta em tom de advertência: "quem não teve já na juventude um coração duro não o terá jamais". Nobres e corajosos que pensam desse modo são o mais afastados possível daquela moral, que vê precisamente na piedade ou na ação exercida para outro ou no *désintéressement*[275] o sinal da moral; a crença em si mesmo, o orgulho de si, uma radical hostilidade e ironia pelo "desinteresse" fazem parte da moral aristocrática, exatamente da mesma forma que um ligeiro menosprezo e cautela ante os sentimentos piedosos e de "coração cálido". Os potentes são aqueles que *entendem* de honrar, é sua arte, seu reino de invenção. O profundo respeito pela velhice e pela tradição – todo o direito se apoia nesse duplo respeito –, a fé e o preconceito favoráveis aos antepassados e desfavoráveis aos vindouros são típicos da moral dos potentes; e se, no sentido inverso, os homens das "ideias modernas" quase instintivamente acreditam no "progresso" e no "futuro" e cada vez têm menos respeito pela velhice, isso um tanto já revela a

---

275. Em francês, no original: "desinteresse".

procedência não aristocrática dessas "ideias". Mas o que faz uma moral dos dominadores parecer mais estranha e embaraçosa ao gosto atual é o rigor de seu princípio básico, que versa sobre ter deveres somente para com seus iguais; quanto aos indivíduos de grau inferior, quanto a tudo o que é estranho, tem-se o direito de agir a seu bel-prazer ou "como manda o coração" e, em todo caso, "para além do bem e do mal" é aí que a compaixão e sentimentos assemelhados têm lugar. A capacidade e o dever de sentir um longo reconhecimento e uma longa vingança – um e outro tão somente no seio de seus iguais –, a sutileza na represália, o refinamento do conceito da amizade, certa necessidade de ter inimigos (ao modo de canais de escoamento para os afetos de inveja, de belicosidade e soberba, para no fundo poder ser *bom* amigo); todos esses são traços típicos da moral nobre, que, como se sugeriu, não é a moral das "ideias modernas", razão pela qual hoje é difícil senti-la e é igualmente difícil exumá-la e descobri-la. As coisas são bem outras quanto ao segundo tipo de moral, a *moral dos escravos*. Supondo que os vitimados pela violência, pela opressão, pelo sofrimento, pela ausência de liberdade, os incertos e cansados de si mesmos façam eles próprios sua moral, qual será o traço homogêneo de suas avaliações morais? Provavelmente expressarão uma suspeita pessimista contra a inteira situação do homem, talvez a condenação sua e a de sua condição. O escravo não tem bons olhos para a virtude dos potentes: cético e desconfiado, é pleno de *refinamento* na desconfiança para com todo o "bem" que é honrado por ele – gostaria de se convencer de que a própria felicidade nele não é autêntica. No sentido inverso, as qualidades que servem para aliviar a existência de quem sofre são postas em relevo e inundadas de luz: honradas, nesse caso, são a compaixão, a mão afável e auxiliadora, o coração cálido, a paciência, a aplicação no trabalho, a humildade, a amabilidade – pois essas são as mais úteis qualidades e quase os únicos meios para suportar a pressão da existência. A moral dos escravos é essencialmente moral da utilidade. Eis aqui o lugar em que se gerou aquela célebre oposição "bem" e "*mal*": no que é mal sente-se a potência e a periculosidade, certo caráter terrível, certa sutileza e robustez, que não permitem que apareça o desprezo. Assim, segundo a moral dos escravos, aquele que é "mau" inspira temor; segundo a moral dos senhores, é precisamente o "bom" que inspira e quer inspirar temor, enquanto o homem "mau" é sentido como desprezível. A oposição atinge o cume quando, por uma consequência lógica da moral dos escravos, um sopro de menosprezo – que pode bem ser leve e benevolente – acaba por se aderir mesmo ao "bom" dessa moral, pois no seio desse modo de pensar de escravos o bom deve, em todo caso, ser o homem *não perigoso*: ele é bonachão, fácil de enganar, talvez um pouco estúpido, *un bonhomme*.[276] Por toda parte onde a moral dos escravos se torna preponderante, a língua mostra uma inclinação a aproximar as palavras "bom" e "estúpido". Uma última diferença fundamental: o anseio pela *liberdade*, o instinto para a felicidade e as sutilezas do sentimento de liberdade, também isso pertence necessariamente à moral e à moralidade dos escravos com a mesma necessidade com que a arte e o entusiasmo na veneração, na entrega, são o sintoma regular de um modo de pensar e valorar aristocrático. Isso nos permite compreender sem mais por que o amor *como paixão* – é nossa especialidade europeia – deve ser inelutavelmente de ascendência nobre: sabe-se que sua invenção se deve aos cavaleiros-poetas provençais, aqueles homens esplêndidos e inventivos do *gai saber*,[277] aos quais a Europa deve tantas coisas e deve quase a si mesma.

261

Entre as coisas que talvez sejam as mais difíceis de entender para um homem nobre está a vaidade: ele ficará tentado a negá-la mesmo lá onde uma outra espécie de homem pensará segurá-la com as duas mãos. Para ele, o problema estará em imaginar seres que busquem suscitar sobre esse assunto uma boa opinião, que eles próprios não têm – e tampouco "merecem" –, e não obstante acabam mesmo por *acreditar* nessa boa opinião. Isso lhe parece em parte uma falta de gosto e de respeito para consigo, e por outra parte uma irracionalidade que é barroca a ponto de ele preferir pensar ser a vaidade uma exceção, tendo-a por duvidosa na maior parte dos casos de que se fala. Ele dirá, por exemplo: "posso me enganar acerca de meu valor e por outro lado ainda assim exigir que tal valor seja reconhecido por outros exatamente como fixado

---
276. Em francês, no original: "um bom homem".
277. "Gaia ciência".

por mim — mas aí não se tem nenhuma vaidade (e, sim, presunção ou, com mais frequência, o que se chama "humildade" ou "modéstia").". Ou ainda: "por muitas razões posso me alegrar da boa opinião de outros homens, talvez pelo fato de honrá-los, amá-los e me alegrar com cada uma de suas alegrias, talvez também porque a boa opinião alheia, mesmo nos casos em que eu não a compartilhe, não obstante é útil ou assim promete ser, porém nada disso é vaidade.". Só mesmo por meio de esforço, com o auxílio da história, o homem nobre pode claramente considerar que, desde tempos imemoriais, em todas as camadas populares de algum modo dependentes, o homem comum *era* tão somente o que *valia*: de maneira alguma estava habituado a ele próprio fixar valores, nem mesmo atribuía valor outro que não o atribuído por seus senhores (criar valores é propriamente prerrogativa senhorial). Como consequência de um enorme atavismo pode-se bem entender o fato de que o homem comum continue sempre a *aguardar* uma opinião sobre si, para então submeter-se instintivamente a ela; mas não somente a uma "boa" opinião, mas também à opinião ruim e injusta (pense-se, por exemplo, na maior parte das autoapreciações e autodepreciações que as mulheres crédulas aprendem de seus confessores, que sobretudo o cristão crédulo aprende de sua Igreja). Na realidade, em razão da lenta aparição da ordem democrática das coisas (e sua causa, a mescla de sangue entre senhores e escravos), o ímpeto originalmente nobre e raro de tão somente por si atribuir-se um valor e por si "pensar bem" se vê cada vez mais encorajado e disseminado: mas a todo momento ele tem por adversário um pendor mais antigo, mais amplo e mais radicalmente incorporado, e no fenômeno da "vaidade" esse pendor mais antigo vem subjugar o mais recente. O vaidoso se alegra com *toda* boa opinião que ouve sobre si (de forma inteiramente independente de todos os pontos de vista de sua utilidade, independente mesmo de sua verdade e falsidade), da mesma forma como sofre com cada opinião ruim: pois ele se submete a ambas, ele se *sente* por elas submetido, por aquele antiquíssimo instinto de submissão que nele irrompe. "O escravo" que há no sangue do vaidoso, um resíduo de picardia do escravo — e quanto de "escravo" subsiste ainda hoje, por exemplo, na mulher! —, é esse que intenta nos *seduzir* a ter boas opiniões sobre ele; em todo caso é o escravo o que logo em seguida vem se prostrar ante essas opiniões, como se não as tivesse provocado. E seja dito ainda uma vez: a vaidade é um atavismo.

262

Uma *espécie* surge, um tipo se faz firme e forte por meio de um longo embate sob condições *desfavoráveis* essencialmente idênticas. No sentido inverso, pelas experiências dos cultivadores se sabe que as espécies a que se dá nutrição superabundante e, de modo geral, um suplemento de proteção e de cuidado tendem mais intensamente à variação do tipo e são abundantes em prodígios e monstruosidades (também em vícios monstruosos). Considere-se agora uma comunidade aristocrática,[278] algo como uma antiga *pólis* grega ou de Veneza, por exemplo, como uma instituição, seja voluntária, seja involuntária, tendo por fim o *cultivo*:[279] têm-se ali homens que convivem e se interdependem, desejosos de impor sua espécie, o mais das vezes porque é necessário triunfar ou incorrer no risco terrível de se ver exterminar. Aqui falta aquela vantagem, aquela superabundância, aquela proteção que favorecem a variação; a espécie[280] tem necessidade de si mesma como espécie, como algo que, graças precisamente à sua dureza, à sua uniformidade, à simplicidade da forma, pode triunfar e se fazer perdurar no embate constante com os vizinhos e contra os oprimidos que se sublevam ou ameaçam se sublevar. A essa espécie, a mais variegada experiência ensina sobre a quais propriedades ela deve o fato de continuar a existir e a triunfar, a despeito de todos os deuses e homens: a essas propriedades ela chama virtudes, e só a essas virtudes ela cultiva. Ela o faz com dureza, ela mesma quer a dureza; toda e qualquer moral aristocrática é intolerante, na educação da juventude, no modo com que dispõe das mulheres, nos costumes matrimoniais, nas relações entre velhos e

---

278. Embora em notas ao aforismo 260 tenha se feito atentar a algum paralelismo da presente abordagem com a da *Genealogia da moral*, deve-se ter claro, sobretudo com a ênfase em "comunidades aristocráticas", que a história da moralidade é aqui narrada pela perspectiva do nobre, como lá o foi pela perspectiva dos escravos.
279. Ainda aqui, no capítulo IX, tem-se a ênfase na ideia de cultivo (contando três ocorrências neste aforismo), ressaltando-se as sociedades aristocráticas – a *pólis* grega e Veneza como sociedades em que se realizava o cultivo – cultivo, bem entendido, dos impulsos hierarquizados que constituem o homem.
280. A recorrência a espécie e a uma história evolutiva para se tratar de sociedades humanas é um recurso metafórico; porém mais uma vez se tem, e deve-se aqui ressaltar, o caráter premente do pano de fundo científico da época.

jovens, nas leis penais (que só consideram os que se desviam): ela conta a própria intolerância entre as virtudes, sob o nome de "justiça". Um tipo de poucos traços, porém muito fortes, uma espécie de homens belicosos, que sabem se calar de modo perspicaz, de homens estreitamente unidos e reservados (e como tais providos de sentido sutilíssimo para a mágica das nuances da sociedade) faz-se assim fixada por sobre a mudança de gerações; como se disse, o embate contínuo com as mesmas condições *desfavoráveis* sempre idênticas é que é a causa de um tipo se tornar firme e duro. Mas por fim algum dia nasce uma situação feliz, e a formidável tensão se arrefece; talvez não haja quaisquer inimigos entre os próximos, e os meios para se viver, e mesmo para desfrutar da vida, existem em abundância. Com um só golpe se desfaz o liame, a coação da antiga disciplina: ela já não é sentida como necessidade, como condicionadora da existência – se quisesse persistir, só o poderia como uma forma de *luxo*, como *gosto* arcaizante. A variação, seja como desvio em relação à espécie (produzindo algo de mais elevado, mais sutil, mais raro), seja como degeneração e monstruosidade, entra em cena subitamente com máxima plenitude e magnificência, o indivíduo se atreve a ser indivíduo e se apartar.[281] Nessas viragens da história mostram-se lado a lado e não raro um no outro, intrincado e entrelaçado, um esplêndido, multiforme e selvático crescer e tender para o alto, uma espécie de tempo[282] *tropical* a se rivalizar no crescimento, e um formidável perecer e arruinar-se, em razão dos egoísmos a se combater selvagemente, a como que a explodir, que lutam entre si "pelo sol e pela luz" e aos quais a moral de até ali já não pode impor limites, nem contenção ou consideração alguma. Foi bem essa moral que acumulou medidas enormes da força que estendeu o arco de forma ameaçadora – agora ela é, ela se faz "ultrapassada". Chegou-se ao ponto perigoso e inquietante em que uma vida maior, mais complexa, mais ampla *vive deixando para trás* a antiga moral; o

---

281. O teor dessa afirmação não deve nos levar a inferir uma importância do indivíduo – um "individualismo" – para Nietzsche. O que se tem é bem o contrário: um indivíduo de modo algum lhe é fundamental. Fundamentais são os impulsos, dos quais o indivíduo é configuração temporária. Fundamental é o fato último e mais incontornável dos impulsos, a saber, vontade de potência, esta que os indivíduos, mesmo em sociedade, devem expressar.
282. No sentido de pulsação musical.

"indivíduo"²⁸³ se põe ali, forçado a se dar a sua própria legislação, suas próprias artes e astúcias de autoconservação, autoelevação e autorredenção. São novos todos os para quês, todos os de que modo, não há nenhuma fórmula em comum, o mal-entendido e o desprezo aparecem aliados entre si, a decadência, a corrupção e os mais elevados anseios a formar um pavoroso nó, o gênio da raça a transbordar por todos os cantos a abundância de bem e mal, uma coincidência funesta de primavera e outono, repleta de novos encantos e véus próprios da corrupção recente, ainda inesgotada e não fatigada. De novo ali o perigo, mãe da moral, desta vez transposto no indivíduo, no próximo e no amigo, na rua, em seu próprio filho, em seu próprio coração, em tudo quanto o desejo e a vontade têm de mais próprio e de mais secreto: que haverão de predicar agora os filósofos da moral que por esta época assomam no horizonte? Esses observadores argutos e ociosos descobrem que rapidamente se chega ao fim, que tudo se corrompe e corrompe à sua volta, que nada fica para amanhã de manhã, excetuando-se uma espécie de homem, os *medíocres* incuráveis. Só mesmo os medíocres têm uma perspectiva de continuação e de propagação – eles são os homens do futuro, os únicos sobreviventes; "Seja como eles! Faça-se medíocre!", eis doravante a única moral que ainda tem sentido, que ainda encontra ouvidos. Mas é difícil de se pregar, essa moral dos medíocres! – ela jamais pode admitir o que é e o que quer! Tem de falar de medida, de dignidade, de dever e de amor ao próximo – terá necessidade de *ocultar sua ironia*!

263

Existe um *instinto de classe* que em si já é, mais do que tudo, signo de uma classe elevada;²⁸⁴ existe um *prazer* nas nuances da reverência que permite adivinhar procedência e hábitos aristocráticos. A sutileza, a bondade e a elevação de uma alma encontram-se perigosamente

---

283. As aspas aqui, como em inúmeros outros casos em Nietzsche, devem-se ao filósofo não acreditar no termo – em Nietzsche não há indivíduos, já que as configurações pulsionais que assim se mostram são sempre decomponíveis – e não obstante ser obrigado a usá-lo pelo contexto e pela trama textual. Assim, pretende deixar claro um uso funcional, não uma crença ou postulação da entidade a que o termo se refere.
284. Aqui, o mesmo *pathos* da distância do aforismo 257 como traço de sociedades aristocráticas, que em Nietzsche não estão relacionadas a categoria social ou política, mas ao cultivo pulsional passível de propiciar o florescimento não do que é (mera) civilização, mas do que é autêntica cultura.

postas à prova quando por eles passa algo de primeira classe, mas ainda não protegido das insistentes intrusões e grosserias pelo tremor da autoridade: algo que segue o seu caminho feito vivente pedra de toque, sem ainda ter sido catalogado nem descoberto, tentador, talvez voluntariamente ocultado e travestido. Aquele cuja tarefa e prática implica a perscrutação das almas, este se servirá precisamente dessa arte sob diversificadas formas, a fim de estabelecer o valor último de uma alma, a hierarquia irreversível e inata a que pertence: ele a porá à prova quanto a seu *instinto de reverência*. *Différence engendre haine*:[285] o caráter comum a tantas naturezas jorra subitamente feito água suja, quando diante delas se faz passar algum vaso sagrado, algum objeto precioso vindo de armários fechados, algum livro a transmitir sinais do grande destino; e por outro lado há um emudecimento involuntário, um vacilo do olhar, uma imobilização de todos os gestos em que se expressa o fato de uma alma *sentir* a proximidade do que há de mais venerável. A maneira com que até agora se mantém, em seu conjunto, o respeito pela *Bíblia* na Europa talvez seja o mais belo caso de disciplina[286] e de refinamento de costumes que a Europa deve ao cristianismo: para a sua proteção, tais livros de profundidade e de importância última demandam uma tirania da autoridade que venha de fora, a fim de conquistar esses milênios de *duração*, necessários para esgotá-los e decifrá-los. Muito se conseguiu quando na grande maioria (aos superficiais e aos intestinos velozes de todo tipo) se infundiu o sentimento de que não se deve tocar tudo; de que há vivências sagradas ante as quais se deve tirar os sapatos e manter distanciada a mão suja – tem-se aí quase que a sua máxima elevação em humanidade. Inversamente, entre os chamados homens cultos, nos crentes nas "ideias modernas" talvez não haja nada que produza tanta repugnância quanto a sua falta de pudor, sua cômoda insolência do olho e da mão, com a qual a tudo estão a tocar, a lamber, a apalpar; e é possível que haja hoje no povo, no povo baixo, mesmo entre camponeses, mais nobreza *relativa* de gosto e tato do que nesse semimundo de espírito dado à leitura de jornais, entre os homens cultos.

---

285. Em francês, no original: "diferença engendra ódio".
286. O termo em alemão é *Zucht*, etimologicamente aparentado a *Züchtung*, cultivo.

264

Não se pode apagar da alma de um homem o que seus ancestrais fizeram com o máximo do gosto e da constância: se tiverem sido, por exemplo, aplicados poupadores e peças de escrivaninha ou de caixa-forte, modestos e burgueses em seus apetites, modestos também em suas virtudes; ou se viveram habituados a comandar de manhã à noite, propensos a distrações grotescas e talvez também a deveres e responsabilidades tanto mais rudes; ou que um dia ou outro tenham acabado por sacrificar todas as prerrogativas de nascimento e de posse a fim de viver plenamente por sua fé – seu "Deus" –, como fossem homens de consciência inflexível e delicada, a ruborizar ante qualquer compromisso. É absolutamente impossível que um homem *não* tenha no corpo as propriedades e preferências de seus pais e antepassados: por mais que as aparências possam dizer o contrário. Este é o problema da raça. Supondo que se conheça algo de seus pais, permite-se daí inferir algo do filho: algo de uma repugnante incontinência, de uma inveja mesquinha, um modo torpe de sempre se dar razão – essa tríade que, reunida, em todos os tempos constituiu o verdadeiro tipo plebeu – são traços que devem passar ao filho de modo tão certo quanto o sangue putrefato; e com o auxílio da melhor educação e formação não mais se consegue além de *enganar* acerca dessa herança; outra coisa não querem hoje a educação e a formação! Em nossa época tão popular, quero dizer plebeia, a "educação" e a "formação" *devem* ser essencialmente a arte de enganar – enganar quanto à proveniência, quanto à plebe herdada em corpo e alma. Um educador que hoje pregasse antes de tudo a veracidade e constantemente invocasse a seus discípulos "Sejam verdadeiros! Sejam naturais! Mostrem-se como são!" –, mesmo tal asno de virtude e ingenuidade em pouco tempo aprenderia a tomar aquela *furca* de Horácio, para *naturam expellere*: com que êxito? "Plebe" *usque recurret*.[287]

265

Com o risco de desagradar a ouvidos inocentes, eu afirmo: o egoísmo pertence à essência da alma nobre, e refiro-me a essa crença imutável na necessidade de que, por natureza, os outros seres estejam submetidos

---

[287] Cf. Horácio, *Epístolas*, I, 10, 24: *"Naturam expelles furca, tamen usque recurret"* ("Ainda que expulses a natureza a golpes de forcado, ela sempre voltará").

a um ser "tal como nós" e tenham de se sacrificar por eles. A alma aristocrática aceita esse fato de seu egoísmo sem nenhum ponto de interrogação e sem nenhum sentimento de dureza, coação, arbitrariedade, e sim muito mais como algo que possa estar fundado na lei primordial das coisas — se se buscasse um nome para isso, ela diria "é a justiça mesma". E em condições que de início a fazem hesitar, ela admite haver outros com os mesmos direitos; tão logo esclarece para si essa questão de hierarquia, ela se move entre seus iguais de iguais direitos com a mesma segurança de pudor e delicado respeito que em sua relação consigo mesma, segundo um mecanismo celeste e inato que todos os astros entendem. São uma parcela *a mais* de seu egoísmo esse refinamento e autolimitação em suas relações com os iguais — toda estrela é um egoísta desse gênero: a si própria ela honra neles e nos direitos que a eles concede, não duvida que a troca de honras e direitos, como *essência* de toda relação, seja parte integrante do estado natural das coisas. A alma nobre dá como toma, animada por um instinto passional e excitável de retribuição, que reside em seu fundo. *Inter pares*[288] o conceito de "graça" não tem sentido nem perfume agradável; pode ser que haja um modo sublime de deixar cair sobre si os presentes que vêm de cima, e de avidamente bebê-los como se fossem gotas: mas para essa arte e atitude a alma nobre carece de disposição. Seu egoísmo a impede: não é de bom grado que olha para "cima", mas olha *diante de* si, horizontal e lentamente, ou para baixo: *ela se sabe nas alturas*.

266
"Só se pode ter verdadeira estima por quem não se *busca* a si mesmo."
Goethe ao conselheiro Schlosser.

267
Os chineses têm um provérbio que as mães ensinam aos filhos: *siao-sin*, "faça pequeno o seu coração!". Tem-se aí o autêntico e fundamental pendor das civilizações tardias: não duvido de que, também entre nós, europeus de hoje, um grego antigo reconhecesse antes de mais nada esse autoapequenamento — isso bastaria para que lhe "repugnássemos o gosto".

---

288. Em latim, no original: "entre pares".

268

O que é, afinal de contas, a vulgaridade?[289] As palavras são signos sonoros para conceitos; mas os conceitos são sinais-imagem mais ou menos determinados para designar sensações que muitas vezes são recorrentes e associadas, para grupos de sensações. Não basta usar as mesmas palavras para se compreender mutuamente: é preciso também usar as mesmas palavras para designar o mesmo gênero de vivências interiores, é preciso enfim ter a própria experiência *em comum*. É por isso que os homens pertencentes a um mesmo povo se entendem melhor entre si que os de povos diferentes, ainda que se valham da mesma língua; ou, mais ainda, se por um longo tempo os homens viveram juntos em condições semelhantes (de clima, de solo, de perigo, de necessidades, de trabalho), *surge* neles algo que "se compreende" um povo. Em todas as almas, quantidade igual de vivências não raro recorrentes obtêm primazia sobre as que são mais raras: com base nelas as pessoas se entendem de modo sempre mais rápido – a história da língua é a história de um processo de abreviação; com base nessa rápida compreensão, elas se ligam de modo cada vez mais estreito. Quanto maior a periculosidade, maior a necessidade de rápida e facilmente se pôr em acordo quanto ao que lhes falta:[290] não se compreender mal em meio ao perigo, eis algo de que os homens de modo algum podem prescindir em suas relações. E em toda amizade ou relação amorosa se faz esta mesma prova: elas não duram, tão logo se perceba que um dos dois sob a mesma palavra sente diferente, pensa, pressente, anseia, receia de modo diferente do outro. (O temor ante o "eterno mal-entendido": eis o gênio benevolente, que com tanta frequência previne que pessoas de sexos diferentes contraiam uniões precipitadas, como a lhes aconselhar no sentido e no coração – e *não* algum schopenhaueriano "gênio da espécie"![291])

---

289. Também o aforismo 354 de *A gaia ciência* proporciona uma abordagem a relacionar linguagem e gregariedade, lá tendo Nietzsche elaborado uma hipótese para o surgimento da linguagem no seio da espécie humana.
290. A conversão da necessidade (de comunicar) em capacidade é justamente o que, segundo a hipótese do aforismo 354 de *A gaia ciência*, faz com que o homem engendre a linguagem verbal articulada, e com isso prevaleça sobre uma renitente necessidade, que é mesmo uma ameaça, imposta pela natureza.
291. "O gênio da espécie" é justamente o título do aforismo 354 de *A gaia ciência*, o referido "gênio" não sendo um indivíduo, mas sim o ardil da espécie que a faz traduzir para a gregariedade a individualidade de sua experiência.

Quais grupos de sensações em uma alma são os mais rápidos a despertar, tomar a palavra, dar ordens,[292] aí se tem quem decide sobre a inteira hierarquia de seus valores, que por fim determina sua tábua de bens. As valorações de uma pessoa revelam algo da *estrutura* de sua alma, falam-nos daquilo no qual ela vê suas condições de vida, sua real necessidade. Supondo, então, que a necessidade tenha desde sempre aproximado homens capazes de com sinais semelhantes indicar necessidades semelhantes, vivências semelhantes, disso resulta, no cômputo geral, que a necessidade de fácil *comunicabilidade* da necessidade, que é em última instância o fato de só se vivenciarem vivências medianas e *vulgares*, deve ser o mais poderoso de todos os poderes que até agora dispuseram do ser humano. Os homens mais similares, os mais habituais tiveram e terão sempre a vantagem; os mais seletos, os mais sutis, os mais raros, mais difíceis de compreender, facilmente ficam sós, em seu isolamento sucumbem aos reveses e raras vezes se propagam. Devem-se invocar formidáveis forças contrárias para poder se opor a esse *progressus in simile*[293] natural, demasiado natural, para o avanço rumo ao semelhante, habitual, ao mediano, ao gregário – ao *vulgar*!

269

Quanto mais um psicólogo – um psicólogo e adivinhador de almas nato, inevitável – volta-se para os casos e para os homens mais excepcionais, maior se torna o risco de ele sufocar de piedade: tem a necessidade de dureza e serenidade como nenhum outro homem. A corrupção, a destruição dos homens superiores, das almas de constituição mais estranha faz-se, com efeito, a regra: é algo terrível ter sempre tal regra sob os olhos. O martírio multiforme do psicólogo que descobriu essa ruína, que certa vez descobriu primeiro e então *quase* sempre, ao longo de toda a história, essa inteira "incurabilidade" interna do homem superior, esse eterno "tarde demais!" em todos os sentidos, talvez um dia possa se converter em causa de se voltar com amargura contra a sua própria sorte e

---

292. As relações de mando ("dar ordens") e da obediência, pelo ato de aquiescer à força daquele que comanda, foi o modelo fisiopsicológico a que chegou Nietzsche para dar conta das interações pulsionais; de modo algum se dariam, por exemplo, por relações causais, que pressupõem interstícios e distâncias entre causa e efeito inexistentes entre os processos pulsionais. Sobre esse modelo de interação, ver aforismo 19.
293. Em latim, no original: "progresso no semelhante".

fazer uma tentativa de autodestruição – de a si mesmo "se corromper". Em quase todo psicólogo se perceberão os reveladores predileção e prazer no contato com homens prosaicos e bem ordenados: revela-se aí que ele precisa sempre de uma cura, que demanda uma espécie de fuga e esquecimento, para longe do que na consciência lhe colocaram suas percepções e incisões, seu "ofício". O medo de sua memória lhe é peculiar. Ante o juízo dos outros ele facilmente emudece: com o rosto impassível, ele escuta como honram, como admiram, como amam e transfiguram ali onde ele *viu*, ou mesmo esconde seu emudecimento, aquiescendo expressamente a alguma opinião de fachada. É possível que o paradoxo de sua situação chegue a extremos terríveis, a ponto de a multidão, os cultos, os entusiastas de sua parte aprenderem o grande respeito bem ali onde ele aprendeu a grande compaixão com o grande desprezo – a veneração pelos "grandes homens" e animais prodigiosos em razão dos quais se abençoam e se honram a pátria, a terra, a dignidade dos homens e de si mesmo, estes que se recomendam aos jovens na condição de modelos, de educadores... E quem sabe se até agora não está a se dar em todos os grandes casos precisamente a mesma coisa: a multidão a adorar um Deus, e o "Deus" ser apenas um pobre animal de sacrifício! O êxito tem sido sempre o maior mentiroso, e a "obra" mesma é um êxito; o grande estadista, o conquistador, o descobridor se disfarçam em suas criações, a ponto do irreconhecível; a "obra", obra do artista, do filósofo, é a invenção de quem a criou, de quem deve tê-la criado; os grandes "homens", tal como se os venera, são pequenas criações ruins, feitas depois; no mundo dos valores históricos *domina* a moedaria falsa. Esses grandes poetas, por exemplo, esses Byron, Musset, Poe, Leopardi, Kleist, Gogol – tal qual no momento são e talvez tenham de ser: homens de instantes, homens entusiasmados, sensuais, pueris, homens frívolos e repentinos na desconfiança e na confiança; em suas almas via de regra se dissimula uma ruptura; homens que em suas obras tantas vezes se vingam de um maculamento interior; e tantas vezes em seus voos buscam se esquecer de uma memória por demais fiel, e tantas vezes se extraviam no lodo e dele quase se enamoram, até semelharem a fogos-fátuos dos pântanos e *se fingirem* estrelas – o povo então os chama de idealistas –, tantas vezes a lutar com prolongada náusea, com um fantasma de incredulidade que sempre volta, que os torna frios e os força a se consumir pela glória e a se devorar pela "crença em si", tomando-a das mãos de inebriados aduladores: que *martírio* são esses grandes artistas e, de modo geral, os homens superiores para quem um dia os decifrou! É bastante compreensível que a mulher – que é clarividente no mundo do sofrimento e também ansiosa em ajudar e salvar, e lamente-se que o seja muito além de suas forças – esteja tão pronta a fazer com que precisamente eles experimentem as explosões da *compaixão* a mais ilimitada e abnegada, esta que a multidão, em especial a multidão que venera, não compreende e acumula interpretações plenas de curiosidade e autossatisfação. Essa compaixão via de regra se ilude acerca de sua força; a mulher gostaria de acreditar que o amor *tudo* pode, é sua autêntica fé. Ah, o versado no coração bem imagina quão pobre, estúpido, desamparado, presunçoso, desacertado, mais destruidor do que salvador, vem a ser até mesmo o amor melhor e mais profundo! É possível que entre a fábula e o disfarce sagrados da vida de Jesus se esconda um dos casos mais dolorosos de martírio do *saber acerca do amor*: o martírio do coração mais inocente e mais pleno de desejos, que jamais tivera o bastante com nenhum amor de homem, que *exija* amor, ser amado e nada além, com dureza, com delírio, com terríveis acessos ante os que lhe recusassem amor; a história de um pobre insaciado e insaciável no amor, que teve de inventar o inferno para a ele enviar aqueles que não o queriam *amar* e que, por fim, tornando-se versado sobre o amor humano, teve de inventar um deus que é inteiro amor, inteiro *capacidade* de amar, que tem piedade do amor humano por ele ser tão pobre, tão ignorante! Quem sente assim, quem dessa maneira *conhece* o amor, *procura* a morte. Mas por que sonhar acordado com coisas tão dolorosas? Supondo que não se tenha de fazê-lo.

270

A soberba e a náusea espirituais de todo homem que padeceu profundamente – a hierarquia quase determinada pelo *tanto* de sofrimento e profundidade a que pode chegar um homem –, a estremecedora certeza com que é completamente impregnado e tingido, de por meio de seu sofrimento *saber mais* do que podem saber os mais sagazes e mais sábios, de ser conhecido e ter estado alguma vez "em casa" em muitos mundos longínquos e terríveis dos quais "*vocês* nada sabem!"... essa altivez espiritual e muda daquele que sofre, esse orgulho do eleito do conhecimento, do "iniciado", do quase sacrificado, demandam todas as formas de disfarce para se proteger do contato de mãos inoportunas e compassivas e sobretudo do que não lhe é igual na dor. O sofrimento profundo enobrece; ele separa. Uma das mais sutis formas de disfarce é o epicurismo e certa valentia do gosto, doravante exibida, que toma com leveza o sofrimento e defende-se de tudo quanto é triste e profundo. Existem "homens serenos" que se servem de sua serenidade, porque ela permite que sejam mal compreendidos: eles *querem* ser mal compreendidos. Existem "homens de ciência" que se servem da ciência, porque ela confere a eles uma aparência de serenidade e a cientificidade leva a concluir ser o homem superficial: *querem* seduzir para uma falsa conclusão. Existem espíritos livres e insolentes que gostariam de se ocultar e se negar, porque são corações despedaçados, orgulhosos e incuráveis; e por vezes a própria estultície é a máscara de um saber desafortunado, demasiado certo. Segue-se daí que um traço distintivo da humanidade refinada é a reverência "pela máscara" e o não exercer sua psicologia e sua curiosidade no lugar errado.

271

O que mais profundamente separa dois homens é um sentido e um grau diferente de limpeza. Que importa a inteira honradez e utilidade recíprocas, que importa a inteira boa vontade mútua: no final sempre se volta ao mesmo ponto – eles "não conseguem se cheirar!". O supremo instinto de limpeza posiciona quem dele é dotado no mais singular e mais perigoso isolamento, como um santo: pois justamente isso é a santidade – a suprema espiritualização do referido instinto. Ter alguma ciência de uma indescritível plenitude na felicidade do banho, certo ardor, certa sede a continuamente impelir a alma da noite à manhã, a deixar a sombra, o "sombrio",[294] e adentrar o claro, o resplandecente, o profundo, o sutil: da mesma forma que um tal pendor *distingue*, ele também separa. A compaixão do santo é a compaixão pela *imundície* do humano, demasiado humano. Existem graus e alturas em que a própria compaixão é por ele sentida como contaminação, como imundície...

---

294. Destaque-se aqui o exercício do estilo por Nietzsche, em mais um jogo de palavras: *aus dem Trüben, der "Trübsal"*.

272

Sinal de nobreza: jamais pensar em rebaixar nossos deveres a deveres para todos; não renunciar à própria responsabilidade, não a querer partilhar; contar seus privilégios e seu exercício entre seus *deveres*.

273

Um homem que aspira a coisas grandes considera todo e qualquer homem como quem se encontra em sua rota, seja na condição de meio ou de retardo e obstáculo — ou como leito de repouso temporário. Sua bondade peculiar, de alta linhagem para com o próximo se faz possível tão somente quando ele está em seu apogeu e domina. À impaciência e sua consciência de, até então, ter estado sempre condenado à comédia — já que mesmo a guerra é uma comédia e faz ocultar, como todo meio oculta o fim — todo contato humano o põe a perder: esse tipo de homem conhece a solidão e o que ela tem em si de mais venenoso.

274

O problema dos que esperam. São necessários golpes de sorte, além de muitas coisas incalculáveis, para que um homem superior, no qual dormita a solução de um problema, chegue a atuar em tempo oportuno — "em erupção", como se poderia dizer. Via de regra isso não ocorre, e em todos os cantos da Terra existem homens que esperam e mal sabem até que ponto esperam, e menos ainda que esperam em vão. Às vezes também chega demasiado tarde o chamado que desperta, aquele acaso que "autoriza", quando o melhor da juventude e da força de agir já se consumiu pela inação; e muitos viram com espanto, ao "se pôr de pé", os membros adormecidos e o espírito pesado demais! É tarde demais" — ele se diz, feito descrente de si mesmo e dali em diante para sempre inútil. No reino dos gênios, o "Rafael sem mãos",[295] termo entendido no mais amplo sentido, talvez não seria a exceção, e sim a regra? Talvez o gênio não seja tão raro; mas sim as quinhentas mãos de que necessita para tiranizar o καιρός, "o tempo certo" — e pegar o acaso pelos cabelos!

---

295. A referência é à expressão de Gotthold E. Lessing (1729-1781), em sua *Emilia Galotti*, ato I, cena IV.

275
Quem não *quer* ver o que há de elevado no homem fixa seu olhar de modo tanto mais penetrante no que nele há de mais baixo e superficial – e com isso trai a si mesmo.

276
Em toda espécie de injúria e perda a alma inferior e mais grosseira sai-se melhor do que a alma nobre: os riscos dessa última têm de ser maiores, a probabilidade de sofrer uma desgraça e perecer chega a ser enorme, pela multiplicidade de suas condições de vida. Num lagarto o dedo perdido volta a crescer: não é assim entre os homens.

277
Tanto pior! Sempre a velha história! Quando se acaba de construir a casa nota-se que, ao fazê-lo, sem perceber se aprendeu algo que absolutamente *se tinha* de saber antes de começar a construir. O eterno e pesaroso "tarde demais!" A melancolia de tudo o que está *pronto!*...

278
Quem és tu, viandante? Eu te vejo trilhar por teu caminho, sem sarcasmo, sem amor, com olhar indecifrável; úmido e triste feito uma sonda que, insaciada, torna a voltar de toda profundeza – o que buscava lá embaixo? – com um peito que não suspira, com um lábio a ocultar sua náusea, com uma mão que agarra apenas lentamente: quem és tu? O que fizeste? Recupera-te aqui: este lugar é hospitaleiro para todo mundo, recupera-te! E quem quer que sejas: o que te apetece agora? De que te serve o recobrar-te? Basta que o nomeies: o que tenho te ofereço! "Para recuperar-te? Para reconfortar-te? Oh, tu, curioso, o que estás a dizer? Mas dá-me." "O quê? O quê? Diga-me o quê!" "Mais uma máscara! Uma segunda máscara!"...

279
Os homens de tristeza profunda se traem quando são felizes: têm um modo de apreender a felicidade, como se a quisessem estrangular e afogar, por ciúme – ah, eles bem sabem como ela lhes escapa!

280

"Mau, muito mau! Como? Estará ele – a recuar? Sim? Mas vocês o compreendem mal, quando se queixam disso. Ele recua como todo aquele que deseja dar um salto grande."

281

"Acreditarão em mim? Mas eu exijo que me acreditem: em mim, sobre mim, tenho sempre só pensado mal, só mesmo em casos muito raros, só mesmo de maneira forçada, sempre sem prazer "pelo assunto", pronto a desviar-me de "mim", sempre sem fé no resultado, graças a uma indomável desconfiança quanto à *possibilidade* de autoconhecimento, que me tem levado longe a ponto de perceber uma *contradictio in adjecto*: esse inteiro fato é quase o que de mais certo sei sobre mim. Tem de haver em mim uma espécie de aversão à ideia de *crer* em algo que seja determinado a meu respeito. Haveria aí talvez um enigma? Provavelmente: mas por felicidade não será para meus próprios dentes. Talvez isso revele a que espécie eu pertenço? Mas não para mim: e é bem isso que me convém."

282

"Mas o que se passou contigo?" "Eu não sei", disse ele, hesitante; "possivelmente as harpias tenham passado voando sobre minha mesa." Hoje acontece por vezes de um homem doce, comedido, reservado, subitamente se enraivecer e se pôr a quebrar a louça, virar a mesa, vociferar, fulminar e injuriar o mundo inteiro – para finalmente se pôr de parte, envergonhado, irado consigo mesmo. Ir aonde? Que fazer? Para morrer de fome em seu canto? Para se deixar sufocar com a lembrança? Quem tem anseios próprios de alma elevada e seleta e apenas raramente encontra sua mesa posta, a refeição servida, em todas as épocas correrá um grande perigo: mas este hoje é extraordinário. Lançado em um século ruidoso e plebeu, com o qual não deseja partilhar sua refeição, pode facilmente perecer de fome e sede, ou então, se, no entanto, vier a finalmente "se servir", de uma náusea repentina. É provável que todos já tenhamos nos sentado a mesas a que não pertencíamos; e bem os mais espirituais entre nós, que são os mais difíceis a nutrir, conhecem essa perigosa dispepsia, que suscita a repentina percepção e decepção sobre nosso prato e sobre os vizinhos de mesa – a *náusea da sobremesa*.

283
Supondo que se queria elogiar, é um autodomínio a um só tempo sutil e nobre elogiar tão somente quando *não* se está de acordo: do contrário se estaria a elogiar a si mesmo, o que vai contra o bom gosto – sem dúvida é um autodomínio que proporciona motivação e ímpeto para ser continuamente *mal compreendido*. Para que possamos nos permitir esse autêntico luxo de gosto e moralidade, temos de viver não entre ineptos do espírito, mas entre homens a quem mesmo os mal-entendidos e equívocos venham a divertir, em razão de seu refinamento – ou então havemos de pagar caro! "Ele me elogia: *portanto* me dá razão!" – essa asneira em forma de dedução põe a perder meia vida de nós, eremitas, pois traz o asno à nossa vizinhança e amizade!

284
Viver em um estado de impassibilidade formidável e orgulhosa; sempre para além. Seus afetos, seus prós e contras, aquiescê-los, durante horas; *montá-los*, como em cavalos, não raro como em asnos: com efeito, se deve saber aproveitar tanto de sua estupidez quanto de seu fogo. Conservar suas trezentas fachadas; também os óculos escuros: pois existem casos em que ninguém nos deve olhar nos olhos, muito menos em nossas "razões". E escolher por companhia esse vício velhaco e sereno, a cortesia. E manter-se dono de suas quatro virtudes, a coragem, a lucidez, a simpatia, a solidão. Pois a solidão é em nós uma virtude, como um sublime pendor e impulso para a limpeza, a entrever que, no contato entre homem e homem – em "sociedade" –, as coisas se fazem inevitavelmente impuras. Toda comunidade torna-se de algum modo, em algum lugar, alguma vez, "vulgar".

285
Os maiores acontecimentos e pensamentos – mas os maiores pensamentos são os maiores acontecimentos – são aqueles compreendidos mais tarde: as gerações que são suas contemporâneas não *vivenciam* esses acontecimentos – vivem passando-lhe ao largo. Passa-se algo tal como

no reino das estrelas. A luz das mais longínquas estrelas é a que mais tarda a chegar aos homens; e, antes de ela chegar, o homem *nega* que lá existam estrelas. "De quantos séculos precisa um espírito para se fazer compreender?" – eis aí também um critério de medida, para que se criem uma hierarquia e um etiqueta do modo como é necessário: para o espírito e para a estrela.

286

"Aqui a visão é livre, o espírito se eleva."[296] Mas aqui existe uma espécie invertida de homens a habitar os cumes e a igualmente desfrutar de uma visão livre – mas a olhar *para baixo*.

287

O que é nobre? O que significa para nós ainda hoje a palavra "nobre"? No que se revela, no que se reconhece o homem nobre sob esse céu pesado, encoberto pelo domínio incipiente da plebe, que a tudo torna opaco e plúmbeo? Não são as ações que dele constituem uma prova – ações são sempre ambíguas, sempre insondáveis; tampouco são as "obras". Hoje, entre artistas e eruditos há aqueles que por suas obras revelam ser movidos por um desejo profundo de aceder *ao que* é nobre: mas bem essa necessidade *do que* é nobre é fundamentalmente diferente das necessidades da própria alma nobre, e na verdade é testemunho eloquente e perigoso de sua ausência. Não são as obras, é a *fé*[297] que decide aqui, que aqui estabelece a hierarquia, para retomar uma antiga fórmula religiosa em um entendimento novo e mais profundo: algo de uma certeza fundamental que a alma nobre possui sobre si, algo que não se busca, que não se encontra e talvez tampouco se perde. *A alma nobre tem respeito por si mesma.*

288

Existem homens que inevitavelmente têm espírito, ainda que possam torcê-lo e virá-lo como queiram, e por mais que encubram com as mãos

---

296. Do *Fausto* de Goethe, parte II, quinto e último ato, versos de Doctor Marianus antes de se dirigir à Rainha do Céu.
297. Referência à divisa de Martinho Lutero e do luteranismo, segundo a qual a justificação se dá não pelas obras, mas pela fé.

os olhos delatores (como se as mãos não traíssem!): por fim sempre resulta que eles têm algo a ocultar, a saber, espírito. Um dos meios mais sutis para enganar, ao menos durante o maior tempo possível, e para com êxito se fingir mais estúpido do que se é – coisa que na vida comum é tão desejável quanto um guarda-chuva –, chama-se *entusiasmo*: acrescentando-lhe o que dele faz parte, por exemplo, a virtude. Pois, como diz Galiani, que tinha de sabê-lo: a *virtude é entusiasmo*.

289

Nos escritos de um eremita ouve-se sempre um tanto de eco do deserto, um tanto de sussurro e do tímido olhar próprio à solidão; até em suas palavras mais fortes, mesmo em seu grito, continua a ressoar um tipo novo e mais perigoso do calar, do ocultar alguma coisa. Aquele que ano após ano, dia e noite, manteve-se sentado sozinho com sua alma, a partilhar uma discórdia e uma conversa na intimidade, aquele que, no fundo de sua caverna – pode ser um labirinto, mas também uma mina de ouro – transformou-se em urso de cavernas ou em escavador de tesouros, ou em guardião de tesouros e dragão: mesmo esses conceitos acabam por assumir a coloração crepuscular que lhes é própria, um aroma de profundeza tanto quanto de mofo, algo de incomunicável e reticente que com um sopro frio envolve quem passa. O eremita não crê que algum dia um filósofo – supondo que um filósofo foi sempre antes um eremita – tenha expressado suas opiniões autênticas e derradeiras em livros: mas não se escrevem livros bem para ocultar o que se traz em si? Ele duvidará mesmo que um filósofo de algum modo *possa* ter opiniões "últimas e derradeiras", e que nele não haja, não possa haver caverna ainda mais profunda por trás de toda caverna – um mundo mais amplo, mais estranho, mais rico, para além de uma superfície, um abismo por trás de cada chão, por trás de cada "fundação".[298] Toda filosofia é uma filosofia de fachada – eis o juízo do eremita: "Há algo de arbitrário no fato de *ele* se deter aqui, de ter olhado para trás, olhado em volta, de não ter cavado mais profundamente *aqui*, pondo de lado a pá, nisso há também algo de suspeito". Toda filosofia também *esconde*

---

298. Há aqui todo um jogo de palavras a envolver a raiz *Grund*: tem-se primeiramente *Abgrund*, abismo, *Grund*, que pode ser fundo, fundamento e em outros contextos também razão, e *Begründung*, como fundamentação.

uma filosofia; toda opinião é também um esconderijo, toda palavra, também uma máscara.

290
Todo pensador profundo receia mais ser compreendido do que ser mal compreendido. Nesse último caso talvez sofra a sua vaidade; mas o primeiro faz sofrer seu coração, sua simpatia, a dizer sempre: "ah, por que desejam vocês que as coisas pesem tanto quanto sobre mim?".

291
O homem, animal múltiplo, mentiroso, artificial e impenetrável para os outros animais, não tanto pela força, como pela astúcia e inteligência, inventou a boa consciência, para por fim fruir de sua alma como de uma alma *simples*: e a inteira moral é uma longa e resoluta falsificação, e em razão dela de modo geral se faz possível fruir do espetáculo da alma. Desse ponto de vista, o conceito "arte" talvez inclua muito mais do que comumente se acredita.

292
Um filósofo: eis um homem que o tempo todo vive, vê, desconfia, espera, sonha com coisas extraordinárias; que é tocado por seus próprios pensamentos como que de fora, como de cima e de baixo,[299] pensamentos que se constituem em *sua* espécie de acontecimentos e raios; que é talvez ele próprio uma tempestade, a seguir prenhe de novos raios; um homem funesto, sempre rodeado de murmúrios e bramidos, irrupções e inquietações. Um filósofo: ah, também um ser que não raro corre para longe de si, não raro tem medo de si, mas que é por demais curioso para não "voltar a si" outra vez...

293
Um homem que diz: "Eis algo que é do meu gosto, eu o tomo para mim, vou protegê-lo, defendê-lo contra todos": um homem que é

---

299. Com alguma frequência aparecem referências como essa, às direções espaciais, cujo sentido pode admitir diversas leituras. Estas por certo devem passar pelo não isolamento da atividade filosófica num sem-tempo, num sem-espaço, tão ao gosto da metafísica, pela questão das sempre novas e infinitas perspectivas possíveis, como também sinalizam que a todo tempo, em tudo o que se percebe em qualquer direção, há, intrinsecamente, interpretações.

capaz de conduzir uma causa, realizar uma decisão, manter-se fiel a um pensamento, fixar-se a uma mulher, castigar e abater um temerário; um homem que tem sua cólera e sua espada, a quem os fracos, os sofredores, os aflitos, também os animais achegam-se com gosto e pertencem por natureza; em suma, um homem *senhor* por natureza – se um tal homem sente compaixão, pois bem! *Essa* compaixão tem valor! Mas que importa a compaixão dos que sofrem? Ou daqueles que pregam a compaixão? Na Europa, existe hoje quase por toda parte uma sensibilidade e irritabilidade doentias para a dor, assim como uma repugnante incontinência na queixa, um enternecimento que gostaria de se adornar de religião e de trastes filosóficos, de maquiar-se em algo mais elevado – existe um culto formal do sofrimento. A *ausência de virilidade*, que nesses meios exaltados se batiza de "compaixão", parece-me ser o que primeiro salta aos olhos. Essa novíssima espécie de mau gosto deve ser vigorosa e radicalmente banida; e eu desejo, por fim, que contra isso se ostente, em volta do pescoço e do coração, o bom amuleto *gai saber – fröhliche Wissenschaft*, para dizê-lo de uma forma que seja acessível aos alemães.

294

O vício olímpico. A despeito desse filósofo que, como autêntico inglês, intentou imputar má reputação ao riso em todas as cabeças pensantes – "o rir é uma enfermidade maligna da natureza humana, que todo espírito pensante se esforçará para superar (Hobbes) –, e eu me permitiria até mesmo estabelecer uma hierarquia dos filósofos, a depender do grau de seu riso – até chegar aos que são capazes do riso *de ouro*. E, supondo que também deuses filosofem,[300] suposição essa a que fui impelido por mais de uma razão, eu não duvido que eles saibam igualmente rir de um modo novo e além-humano – acerca inclusive das coisas mais sérias! Os deuses são sarcásticos: parece que eles não podem deixar de rir nem mesmo em atividades sagradas.

---

300. Com a crucial diferença de Nietzsche – com a associação do deus Dioniso aos impulsos orgânicos – trazer o referido deus para os recônditos dos impulsos orgânicos, a referência aqui é a Platão, de seu *Banquete*: "Deus algum filosofa ou deseja tornar-se sábio, pois já é" (cf. PLATÃO, *O banquete*. Trad. Donaldo Schüler. Porto Alegre: L&PM, 2008, p. 95).

295

O gênio do coração, tal como o possui aquele grande oculto, o deus tentador[301] e nato enfeitiçador de consciências, cuja voz sabe descer ao submundo de toda alma, que não diz palavra, que não lança olhar algum em que não haja ideia e ponta de sedução, de cuja maestria participa o saber parecer – e não aquilo que é, mas o que constitui, para os que o seguem, uma constrição mais incitante a se lhe apegar sempre mais estreitamente, a segui-lo de modo sempre mais íntimo e mais radical; o gênio do coração, que sabe impor silêncio a tudo quanto é sonoro e satisfatório de si, e lhe ensina a auscultar, e alisa as almas ásperas e a elas faz saborear novo anseio – pôr-se imóvel como um espelho, para que em tais almas se reflita um céu profundo; o gênio do coração, que à mão rude e exaltada ensina a hesitar e a prender com maior graça; que adivinha o tesouro oculto e esquecido, a gota de bondade e doce espiritualidade recoberta pelo opaco e espesso gelo, que é vara de condão para toda pepita de ouro por longo tempo sepultada na prisão de muito lodo e areia; o gênio do coração, a cujo contato cada qual sai mais rico, não como que tocado pela graça e estupefato, nem beneficiado e oprimido por um bem alheio, e sim mais rico de si mesmo, mais novo do que antes, desabrochado, acariciado e auscultado por um vento brando, possivelmente incerto, e mais delicado, mais alquebrado, porém pleno de esperanças que ainda não têm nome, pleno de vontade nova e de um fluxo novo, pleno de nova contravontade e de novo refluxo... Mas de quem estou a falar, meus amigos? Distraí-me a tal ponto de nem mesmo lhes dizer o nome? A não ser que já não tenham adivinhado quem será esse problemático deus e espírito que deseja ser de tal modo *louvado*. Assim como se passa com todo aquele que desde tenra idade esteve a caminho e em país estrangeiro, também em meu caminho cruzei muitos espíritos singulares e bem pouco inofensivos, em especial esse de que acabo de falar, nada menos que o deus *Dioniso*,

---

301. Sobre a ambiguidade de *Versuch* e *Versucher*, e sobre o jogo que Nietzsche com ela opera, já fizemos atentar nas notas 75 (aforismo 36) e 78 (aforismo 42). Sobre a aplicação dessa própria ambiguidade em especial sobre a conjugação da noção de experimentação ao deus Dioniso, saliente-se que se têm as ideias a ele associadas, a saber, o supremo e incontornável gozo na e da existência, o contínuo criar e destruir, o descentramento, e se tem, do lado da experimentação, a ideia de experimento associada à transformação do homem por meio do cultivo de seus impulsos.

esse grande e ambíguo deus tentador, a quem outrora, como sabeis, ofereci meu primogênito com todo o segredo e veneração – e fui o último, ao que me parece, a ter lhe rendido *sacrifício*: pois não encontro ninguém que tenha entendido o que então eu fazia. Nesse ínterim aprendi muito e tanto mais sobre a filosofia desse deus, e, como disse, de boca a boca, eu, o último discípulo e iniciado do deus Dioniso: e quem sabe eu pudesse enfim começar por dar a vocês, meus amigos, um pouco, o tanto que me for permitido saborear dessa filosofia? À meia-voz, como convém: pois trata-se aí de muitas coisas ocultas, novas, estranhas, prodigiosas, inquietantes. Que Dioniso seja um filósofo, que também deuses filosofem, a mim parece novidade, que não deixa de ser insidiosa, e talvez suscite desconfiança justamente entre filósofos; entre vocês, amigos meus, há já menos oposição a ela, exceto a que chega tarde e inoportuna: pois, como se me revelou, vocês hoje não estão inclinados a crer em deus e em deuses. E, na franqueza de minha narração, quem sabe também eu não tenha de ir mais além do que é agradável aos hábitos rigorosos de seus ouvidos? Por certo que nesse tipo de diálogo o deus de que vos falo foi sempre mais além, muito mais além, e esteve sempre muitos passos adiante de mim... Sim, se me fosse permitido eu lhe atribuiria, pelo costume dos homens, nobres e solenes títulos de gala e de virtude, eu faria um grande elogio à sua coragem de investigador e descobridor, à sua intrépida probidade, à sua veracidade e seu amor à sabedoria. Mas um deus feito esse não sabe como lidar com todo esse venerável fausto de quinquilharias. "Guarde--as contigo", ele dirá, "para ti e para teus semelhantes e quem mais tiver necessidade disso! Eu – não tenho motivo algum para cobrir minha nudez!" Adivinha-se: talvez não falte pudor a essa espécie de divindade e de filósofo? Assim o declarou um dia: "Sob certas circunstâncias amo os seres humanos – e ao dizê-lo fazia alusão a Ariadne, que estava presente: o homem me é um animal agradável, valente, inventivo, sem igual sobre a Terra, e ainda sabe encontrar seu caminho em todos os labirintos. Eu lhe quero bem: não raro reflito sobre a maneira com que eu poderia fazê-lo avançar, e torná-lo mais forte, mais malvado e mais profundo do que é". "Mais forte, malvado e profundo?", perguntei, assustado. "Sim, ele repetiu, "mais forte, malvado e profundo: também mais belo" – e com isso o deus tentador pôs-se a rir um riso alciônico, como se tivesse acabado de dizer uma encantadora gentileza. Aqui ao mesmo tempo se vê: não é apenas pudor que falta a essa divindade; e, de modo geral, existem boas razões para supor que, em algumas coisas, os deuses conjuntamente poderiam aprender lições de nós, homens. Nós, homens, somos mais humanos...

296

Ah, que são vocês, pois, meus pensamentos escritos e pintados! Não faz muito tempo, eram ainda tão multicores, jovens e perversos, cheios de espinhos e aromas secretos, que me faziam espirrar e rir – e agora? Agora já se despojaram de sua novidade, e alguns de vocês, eu o temo, estão dispostos a os converterem em verdades: exalam algo de tão imortal, de tão desesperadamente honrado, tão aborrecido! E se algum dia fosse diferente? Que tipo de coisa escrevemos e pintamos nós, mandarins de pincel chinês, nós, eternizadores das coisas que se *deixam* escrever, que coisas somos capazes de pintar? Ai, que só mesmo o que está a ponto de murchar e perder o seu aroma! Ai, que só mesmo as tempestades a se distanciar, exauridas, e sentimentos amarelados e tardios! Ai, que só mesmo pássaros que voam e revoam cansados e se deixam apanhar com a mão – com a *nossa* mão! Nós eternizamos o que já não pode viver e voar, tão somente coisas cansadas e bem passadas! E é tão somente para pintar a sua *tarde*, meus pensamentos escritos e pintados, é que eu tenho cores, talvez muitas cores, muitas ternuras multicores e cinquenta amarelos castanhos verdes vermelhos: mas, ao vê-los, ninguém adivinhará como teriam parecido em sua manhã, vocês, fagulhas e prodígios súbitos de minha solidão, vocês, meus velhos e amados – *maus* pensamentos!

Do alto dos montes
Cantos em epílogo

Oh, meio-dia da vida! Hora solene!
    Oh, jardim de verão!
Felicidade inquieta em se deter, atentar e aguardar:
Espero pelos amigos, dia e noite preparado,
Onde estão vocês, amigos? Venham! É tempo! É tempo!

Não foi por vocês que o cinza do glaciar
Se adornou hoje de rosas?
Por vocês busca o riacho, e ansiosos afluem e se batem
Vento e nuvens no mais alto, para o azul,
Para avistá-los a distância, feito pássaros à espreita.

A grande altura preparei-lhes minha mesa:
    Quem mora ali tão próximo
Das estrelas, das escuras distâncias do abismo?
Meu reino – que reino estendeu-se mais do que ele?
E o meu mel – quem o terá provado?

Aí estão vocês, amigos! Ai, pois não será a mim
Que desejam encontrar?
Vocês hesitam, surpresos – pois preferível seria que tivessem rancor!
Eu – já não sou mais? Mudaram minha mão, meu rosto, meu passo?
É o que *sou* para vocês, amigos – não sou?
Um outro terei me tornado? Estranho para mim mesmo?
    Evadido de mim?
Um lutador que tantas vezes a si mesmo subjugou?
Que tantas vezes se opôs à própria força?
Ferido e detido por sua própria vitória?

Busquei-o lá onde sopra mais cortante o vento?
    Aprendi a viver
Lá onde ninguém vive, em zonas desertas de ursos brancos,
Desaprendi Deus e Homem, oração e maldição?
Tornei-me um espectro que vaga por sobre glaciares?

Vocês, velhos amigos! Vejam! Agora pálido é seu olhar,
Repleto de amor e de horror!
Que vão embora, pois! Não se aborreçam por aqui! Aqui – não podem habitar:
Aqui, neste mais longínquo reino de gelo e rochedos.

Aqui é preciso ser caçador, tal e qual a cabra montesca.
Em um *mau* caçador eu me tornei! Vejam, quão
tenso está meu arco!
Foi o mais forte quem logrou essa tensão!
Mas cuidado, agora! A flecha é perigosa
Como *nenhuma* flecha que há! – pois fora daqui! Para o seu
próprio bem!...

Pois já se vão? Oh, coração, um bom tanto suportaste,
Forte se manteve tua esperança:
A tua porta, mantém aberta para *novos* amigos!
Deixa para lá os velhos! Deixa a lembrança!
Foste um dia jovem, e agora – és tanto melhor em tua juventude!

Já não mais são amigos, são – como então chamá-los?
Apenas espectros de amigos!
Que ainda à noite vêm bater, em meu coração, em minha janela,
Olham para mim e dizem: "mas não éramos amigos?"
– Oh, palavras murchas, outrora cheiravam como rosas!

Oh, aspiração de juventude, que não se compreendia!
Aqueles por quem eu aspirava com ardor,
Que eu tomava, como eu, por transformados, de mim
aparentados,
Porque envelheceram, afastaram-se de mim:
Só mesmo quem muda mantém-se a mim aparentado.

Oh, meio-dia da vida! Segunda juventude!
Oh, jardim de verão!
Felicidade inquieta a se deter, atentar e aguardar!
Espero pelos amigos, noite e dia preparado,
Pelos *novos* amigos! Venham! É tempo! É tempo!

É o fim desta canção – a melancolia em grito doce
De meus lábios se extinguiu:
Um mago foi que o fez, o amigo da hora certa,